세상의 속도를
따라잡고 싶다면

Do it!

피그마 최신판 반영

개정판

초보 디자이너의 시행착오 1년 치를 줄여 준다!

실무 순서로 배우는
프로덕트 디자인
with 피그마

일터에서 진짜 중요한 UI 디자인을 빠르게 배우는 책!

👤 디자이너 **이상효** 지음

이지스 퍼블리싱

세상의 속도를
따라잡고 싶다면

Do it! 실무 순서로 배우는 프로덕트 디자인 with 피그마
Do it! Product Design with Figma in a hands-on sequence

초판 발행 • 2023년 12월 11일

지은이 • 이상효
펴낸이 • 이지연
펴낸곳 • 이지스퍼블리싱(주)
출판사 등록번호 • 제313-2010-123호
주소 • 서울특별시 마포구 잔다리로 109 이지스빌딩 4층(우편번호 04003)
대표전화 • 02-325-1722 | **팩스** • 02-326-1723
홈페이지 • www.easyspub.co.kr | **페이스북** • www.facebook.com/easyspub
Do it! 스터디룸 카페 • cafe.naver.com/doitstudyroom | **인스타그램** • instagram.com/easyspub_it

총괄 • 최윤미 | **기획** • 이희영, 한승우 | **책임편집** • 박현규, 강민철 | **IT 2팀** • 한승우, 신지윤, 이소연
교정교열 • 박명희 | **표지 및 본문 디자인** • 박세진 | **인쇄** • 보광문화사
마케팅 • 박정현, 한송이, 이나리 | **독자지원** • 박애림, 오경신
영업 및 교재 문의 • 이주동, 김요한(support@easyspub.co.kr)

ISBN 979-11-6303-533-6 13000
가격 22,000원

이런 사람이 보면 좋아요

디자인 업무 시간을 반으로 줄이고 싶은 모두에게

"피그마에 숨어 있는 세부 기능은 물론,
실무에 적용할 수 있는 디자인 프로세스를
여러분의 손을 잡고 이끌어 주는 책입니다."

 학부생인데요, 프로덕트 디자인 직무에 관심이 생겼어요!

 요즘 많이 쓰는 툴이라면서요. 피그마는 어떤 툴인가요? 궁금해요!

 디자인 회사 취업을 준비하고 있어요.
나만의 프로덕트 디자인 포트폴리오를 갖고 싶어요!

 옆 부서 디자이너와 협업하고 싶은데, 좋은 방법이 있나요?

 실제 앱 서비스 출시를 앞두고 있어요.
디자인 업무를 어떻게 해야 할지 궁금해요!

선배들이 추천해요

"실무 디자이너라면 꼭 알아야 할 내용이 담겨 있어요!"

프로덕트 디자인이 무엇이냐고 질문했을 때 그 개념을 명쾌하게 설명할 수 있는 디자이너는 많지 않을 것입니다. 15년 넘게 이 일을 하고 있는 저도 누군가 'UI는 대체 뭔가요?'라고 질문하면 생각이 길어지거든요. 이 책은 UI가 무엇인지, 실무에서는 이를 어떻게 풀어내야 할지 고민하는 디자이너에게 꼭 필요한 내용을 담았습니다. 그뿐만 아니라 실무를 잘 해내려면 알아야 할 지식과 피그마를 활용한 '단단한 UI 제작 방법'을 실습 예제와 함께 설명합니다. 여러분도 이 책을 읽고 나면 프로덕트 디자인에 대해 명쾌하게 설명할 수 있을 것입니다.

김석희(원티드랩 디자인플랫폼 팀 리드, 16년 차)

"디자이너에게 프로덕트 디자인의 해답을 제시하는 나침반과 같은 책!"

요즘 디자인 정보를 얻기 위해 검색을 하다 보면 '디자인 분야의 정보 수준이 상향 평준화되어 있어서 정보 수준을 따라가기 어렵다'는 생각이 듭니다. 가끔은 전문가 입장에서도 '프로덕트 디자인에 대해 쉽게 설명한 자료는 없을까?'하는 생각도 들고요. 이 책은 프로덕트 디자인이 무엇인지 쉽고 명쾌하게 설명합니다. 게다가 실무에서 무척 중요한 협업을 어떻게 해야하는지 조언도 놓치지 않았습니다. 이 책이 프로덕트 디자인을 입문하는 사람에게도, 또 현업에 계신 실무 디자이너 모두에게 해답을 내어주는 나침반이 될 수 있으리라 생각합니다.

길형진(원티드랩 디자인플랫폼 팀 UX 엔지니어, 8년 차)

"디자인 팀과 협업해야 하는 모든 직군에게 진주 같은 필독서!!"

어느 회사든 서비스 기획자라면 디자이너와 협업하는 경우가 많습니다. 이때 업무를 원활하게 진행하려면 디자인 관련 자료를 자주 찾아봐야 하죠. 그런데 그런 자료들은 대부분 UI 관련 기술 표현이나 도구 사용에 관한 것들이 많아서 디자이너와 어떻게 협업해야 하는지 이해하기는 조금 힘듭니다. 하지만 이 책은 달랐습니다. 마치 실제 디자인 팀과 함께 프로젝트를 진행하고 있다는 착각이 들 정도로 현실을 잘 반영해서 구성했더군요. 본문 설명도 상세하고 실질적이었고요! 만약 '디자인 팀과 잘 협업하고 싶다', '간단한 와이어프레임 정도는 센스 있게 그려보고 싶다' 이런 생각을 해봤다면 이 책을 강력히 추천합니다!

캘빈 킴(네이버 서비스 기획, 8년 차)

"실무자에게 유익한 노하우가 담겨 있습니다!"

실무를 처음 시작할 때 이 책을 먼저 읽었다면 얼마나 좋았을까요. 책을 한 장 한 장 넘길 때마다 마치 옆자리에 10년 차 디자인 선배가 있는 듯한 느낌을 받았습니다. 여러분도 분명 같은 경험을 했을 것입니다. 학부 시절에는 실무 분위기를 모르니 늘 막막하기 마련이니까요.

이 책에는 상효 쌤의 경험이 많이 녹아 있습니다. 같은 지식이어도 인터넷과는 결이 달랐어요. 오히려 더 정확했습니다. 거기다 친절한 설명까지! 그리고 요즘 핫한 디자인 프로그램, 아니 이제는 넘버원 도구가 되어 버린 피그마의 활용 방법과 노하우가 세심하게 적혀 있습니다. 이제 막 디자인을 시작한 분들과 실무에 계신 모두에게 이 책을 적극 추천합니다.

윤민희(디자인 시스템 디자이너, 6년 차)

"UI/UX의 기초를 알고 싶고, 프로토타입을 직접 만들고 싶다면?"

이 책에도 나와 있듯이 요즘 UX와 UI는 경계가 많이 허물어졌고, 이제는 디자이너뿐만 아니라 제품을 만드는 메이커 모두가 UX/UI를 이해하는 데 노력을 기울이고 있습니다. 개발이든 디자인이든 모든 분야에서 사용자의 문제를 해결해야 하고, 이때 UX/UI가 가장 중요한 역할을 하기 때문입니다. 따라서 사용자를 돕고 문제를 해결하기 위해 UX/UI의 기초부터 확실하게 알고 싶은 분, 더 나아가 프로토타입을 직접 만들어 보고 싶은 분, 또는 디자이너는 아니지만 디자이너의 일을 잘 이해하고 싶은 분이라면 이 책이 좋은 선택지가 될 것입니다.

마현지(당근 프로덕트 디자이너, 6년 차)

"디자인 업무를 다각도로 고민해서 담은 저자의 꿀단지를 가져가세요!"

10년 넘게 디자인 업무를 해오면서 '함께 성장하기 위해 자신이 잘하는 것을 다른 사람과 나눌 줄 아는 사람이 주변에 있는지'가 매우 중요하다는 것을 알았습니다. 이 책을 쓴 상효 쌤처럼 말이죠! 상효 쌤의 책을 보면서 '디자인 업무를 다각도로 치열하게 고민했구나'라는 생각을 많이 했습니다.

또한 디자인 전반에 걸친 실무 과정을 적절한 피그마 예제로 풀어내는 점도 인상 깊었습니다. 꿀단지 같은 정보라 풀어내기 아까웠을 텐데, 이런 꿀팁을 기꺼이 나눌 생각을 해주신 상효 쌤께 감사 인사도 드리고 싶네요. 프로덕트 디자이너 직무에 관심있는 분들에게 큰 도움이 될 책이라 생각합니다. 모쪼록 이 책을 통해 우리나라 피그마 커뮤니티와 프로덕트 디자이너 여러분이 성장할 수 있기를 기원합니다!

조현아(버즈빌 프로덕트 디자이너 & PM, 12년 차)

머리말

프로덕트 디자인, UI, 피그마!
시행착오와 노하우가 담긴 이 책으로 공부해 보세요!

"안녕하세요, 이상효입니다." 저는 창업으로 디자인 커리어를 시작했고, 애드테크 회사 버즈빌을 거쳐 현재 커리어 플랫폼 원티드랩에서 플랫폼 디자이너로 일하며 디지털 프로덕트를 디자인하고 있습니다.

"학부 시절에는 지금 하는 일과 전혀 상관없는 '섬유 디자인'을 전공했습니다." 그래서 처음에 무작정 UI 디자인 분야에서 일을 시작했을 때 고민을 많이 했습니다. 무엇부터 공부해야 하는지 전혀 감이 잡히지 않았거든요. 돌이켜 생각해 보면 수많은 시행착오를 겪었습니다. 그리고 회사에서 일을 시작한 후에도 좌충우돌하며 1~2년을 보냈던 것 같네요. 아마 이 책을 펼친 여러분 중에는 그때 저와 비슷한 분이 많을 것입니다. 이 책은 제가 경험한 시행착오를 여러분이 조금이라도 겪지 않았으면 하는 마음으로 썼습니다.

"천 리 길도 한 걸음부터."라는 속담이 있듯이 여러분은 《Do it! 실무 순서로 배우는 프로덕트 디자인 with 피그마》와 함께 첫발을 뗐다는 사실을 다시금 말씀드리고 싶어요. 이 책은 제가 UI 디지털 화면을 디자인하며 경험한 실무 과정을 시간, 중요도 순서로 담았습니다. 처음에는 UI 디자인에 필요한 역량을 알아보고 피그마라는 도구를 살펴봅니다. 그런 다음에는 실무에서 일하는 것처럼 초기 UI를 만들고 실제 제품을 기획해 보는 과정까지 실습합니다. 마지막에는 디자이너가 알아야 할 디자인 시스템의 기초 개념과 디자인 툴을 활용한 협업에 관련된 내용도 함께 다룹니다.

"이 책의 원고는 100% 피그마로 작업했습니다!" 집필하면서 원고를 기반으로 강의할 기회가 몇 번 있었는데, 감사하게도 많은 분이 좋아해 주셔서 출판하기에 이르렀습니다. 이 책이 나오기까지 2년 남짓 걸렸네요. 그동안 피그마도 여러 번 업데이트되었는데 업무를 하는 디자이너로서 기능이 향상되어 반갑기도 했지만 출판하는 과정에서는 어려움이 계속 이어졌습니다. 하지만 최신 정보를 여러분에게 알려 주고 싶다는 마음이 앞서 끝이 나지 않을 것 같은 수정 작업도 견딜 수 있었어요. 이 책이 프로덕트 디자인을 공부하려는 독자 여러분에게 유용한 책이 되기를 바랍니다. 출판하기까지 고생해 주신 모든 분께 감사 인사를 드립니다!

이상효(artpen90@gmail.com)

학습 계획표

모바일 앱 UI 이론 + 실무 전 과정을 완성하는 15차시 코스

상효 쌤과 함께라면 15차시 안에 프로덕트 디자인 실무 전 과정을 완전 정복할 수 있습니다!

차시	공부할 내용	공부한 날짜
1	01장 UI 디자인 시작하기	/
2	02장 피그마와 가까워지기(1/2)	/
3	02장 피그마와 가까워지기(2/2)	/
4	03장 피그마 핵심 인터페이스 익히기(1/2)	/
5	03장 피그마 핵심 인터페이스 익히기(2/2)	/
6	04장 피그마로 다채롭게 그려 보기(1/2)	/
7	04장 피그마로 다채롭게 그려 보기(2/2)	/
8	05장 새로운 서비스 디자인하기	/
9	06장 서비스 구체화하기(1/2)	/
10	06장 서비스 구체화하기(2/2)	/
11	07장 디자인 시스템 만들기(1/2)	/
12	07장 디자인 시스템 만들기(2/2)	/
13	08장 디자인 툴 밖에서 협업하기(1/2)	/
14	08장 디자인 툴 밖에서 협업하기(2/2)	/
15	완독 후 프로덕트 디자인 프로젝트 진행해 보기	/

학습 설계도

이 책은 이렇게 공부하세요!

'Do it! 시리즈'는 '직접 해보며 배우기(learning by doing)' 학습 방법론을 구현해서 중요한 학습 내용을 독자가 직접 실천하면서 배울 수 있습니다. 'Do it! 시리즈'만의 효과적인 학습 설계를 체험해 보세요!

용어 사전

> UX, UI 분야에서 쓰는 전문 용어가 낯설어도 걱정하지 마세요.
> 꼭 알아야 할 실무 용어를 정확하게 설명해 줍니다.

🔍 **톤앤매너**

톤앤매너(tone and manner)는 색감, 분위기, 스타일 등을 활용해 브랜드를 통일된 콘셉트로 표현하는 것을 말합니다.

Do it! yourself

> 상효 쌤이 직접 내준 숙제! 내용을 읽기만 하고 넘어가면 남는 게 없습니다.
> 학습한 내용을 바탕으로 한번 더 생각하고 움직이며 복습해 보세요.

Do it! yourself 프로젝트 섬네일 만들기 ● ● ●

지금까지 배운 8가지 툴을 활용해 피그마 파일의 섬네일을 만들어 보세요. 피그마에서 섬네일이란 책의 표지와 같은 역할을 하며 피그마 파일 리스트에 뜨는 이미지를 가리킵니다. [Frame]으로 섬네일 프레임을 만들고 [Pen], [Pencil], [Shape] 등을 이용해 꾸민 다음 [Text]로 섬네일에 쓸 글자를 입력해 보세요. 간단하게 도형과 텍스트로만 꾸며도 좋습니다. 섬네일 디자인을 모두 마쳤다면 마우스 오른쪽 버튼을 클릭하고 [Set as thumbnail]을 눌러 완성해 보세요.

궁금해요!

> 공부하다 보면 생기는 궁금증과 의문들! 상효 쌤도 그랬다고 합니다.
> 여러분의 궁금증을 시원하게 풀어 드립니다.

✅ **궁금해요!** 가이드라인 문서는 꼭 읽어야 하나요?

앞서 애플과 구글의 디자인 가이드라인 문서를 볼 수 있는 사이트를 소개했는데요. 사실 입문 단계에서 가이드라인 문서를 정독하는 것은 추천하지 않습니다. 우선 양이 무척 많은데다 영어로 작성되어 있어 언어에 익숙하지 않다면 자칫 초반부터 흥미를 잃어버릴 수 있습니다. 우선 '이런 가이드도 있다'라는 것만 알아 두고 이후 직접 툴을 다루면서 디자인할 때 참고하는 정도가 좋습니다.

UI 디자인 도구인 피그마의 메뉴에는 전문 용어나 외래어가 많습니다.
사전만 찾아서는 이해하기 어려운 메뉴를 상효 쌤이 친절히 설명해 줍니다.

기능 사전

★ 캐러셀 UI

캐러셀 UI란 한 페이지에 더 많은 정보를 보여 주기 위해 수평으로 스와이프할 수 있도록 구성된 UI입니다.

Do it!

이제는 손과 눈이 움직일 시간! 피그마 도구를 직접 사용해 UI 작업을 해볼까요? 상효 쌤이 미리 제공하는 피그마 파일도 활용해 보세요. 피그마 화면 상단의 검색창에서 'Do it! 실무 순서로 배우는 프로덕트 디자인 with 피그마'를 입력하면 책의 예제 파일을 확인할 수 있습니다.

Do it! [Move]로 오브젝트 이동하기

1. 피그마 왼쪽 상단에서 █를 클릭하거나 단축키 V를 눌러 [Move]를 활성화합니다. 카드 UI 오브젝트 전체를 드래그하거나 카드 UI 상단 왼쪽의 오브젝트 이름을 클릭해 선택됩니다.

☑ 아직 아무 툴도 사용하지 않았다면 [Move]가 기본으로 활성화되어 있습니다.

영역별 기능 설명

피그마를 처음 사용한다면 헷갈리는 게 당연하죠. 걱정 마세요.
상효 쌤이 하나하나 손가락으로 짚으면서 설명해 주시니까요.

Assets 패널의 기본 기능과 특징은 다음과 같습니다.

❶ **Search assets**: 원하는 컴포넌트나 애셋의 이름을 검색해서 찾을 수 있습니다.

❷ **Show as list/grid**: 컴포넌트의 목록을 리스트 또는 그리드 형태로 볼 수 있습니다.

❸ **Team library**: 다른 피그마 파일의 컴포넌트를 사용할 수 있는 라이브러리 창을 엽니다(단, 프로페셔널 플랜부터 제대로 이용할 수 있습니다).

☑ Alt + 3 을 누르면 [Team library] 창을 더 빠르게 열 수 있습니다.

❹ **Local components**: 지금 작업 중인 피그마 파일 컴포넌트를 보여 줍니다.

❺ **Used in this file**: 이 피그마 파일에서 사용된 모든 컴포넌트를 보여 줍니다. 컴포넌트의 섬네일을 캔버스에 끌어다 놓으면 손쉽게 컴포넌트를 불러올 수 있습니다.

차례

01장
UI 디자인
시작하기

도구를 잘 쓰는 것에 집중하기보다는 어떤 문제를
어떻게 풀 것인지에 집중해야 합니다.

- 마현지(당근 프로덕트 디자이너)

01-1 UI 디자이너의 일

UI 디자인이란?

사용자 인터페이스, 즉 **UI** ^{user interface} 디자인이란 무엇일까요? 인터페이스란 '접속, 접점'을 말하죠. 그럼 만나는 접점을 디자인한다는 건가? 이게 무슨 소리일까요? 다음처럼 친구에게 전화를 거는 상황을 떠올려 보면서 스마트폰의 UI 디자인을 살펴보겠습니다.

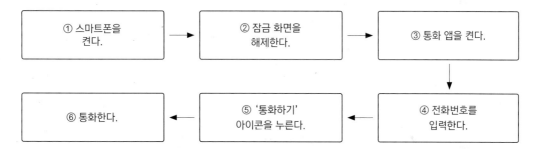

사용자가 스마트폰 화면에서 볼 수 있는 아이콘, 숫자 패드, 텍스트 등 모든 그래픽이 모두 UI의 결과물입니다. 사용자가 '통화'라는 목표를 효과적으로 달성할 수 있도록 시각적으로 안내하는 거죠. UI라는 개념은 스마트폰이 없었던 시절에도 컴퓨터, 자동차, 게임 등 다양한 분야에서 쓰였습니다. 이제 UI 개념이 모바일 앱이나 웹으로 확장되면서 더 쉽게 찾아볼 수 있게 되었을 뿐이죠.

UI 디자인의 가치

컴퓨터 앞에 앉아 UI를 구상하기 전 디자이너는 어떤 가치를 염두에 두는 것이 좋을까요? 바로 심미성, 논리와 효율성 그리고 디자인 툴 활용 능력과 디지털 환경의 이해입니다. 실무 디자인에서는 이러한 가치에 어떤 의미를 두는지 하나씩 짚어 보겠습니다. 여러분도 디자인에서 중요하게 여겨야 할 가치는 무엇인지 생각하고 비교해 보세요.

브랜드와 어울리면서도 깔끔한 UI는 사용자에게 만족스러운 서비스 경험을 제공합니다. 하지만 심미성을 단순히 '아름다운 화면을 만든다'라는 관점보다 넓게 볼 필요가 있습니다. 브랜드의 전략과 동떨어진 심미성은 의미가 없기 때문입니다. 화면에 들어갈 아이콘, 일러스트레이션 등을 제작할 때 목표 고객에 적합한 톤앤매너 tone and manner 를 사용하거나 복잡한 기능을 쓰기 쉽게 정돈하는 것도 브랜딩과 연결 지어 생각해 볼 수 있습니다. 심미성을 고려한 시각 작업물은 브랜드 경험과 신뢰도에 기여합니다.

> **🔍 톤앤매너**
>
> **톤앤매너**(tone and manner)는 색감, 분위기, 스타일 등을 활용해 브랜드를 통일된 콘셉트로 표현하는 것을 말합니다.

가치 2 논리와 효율성

UI 디자인이 주로 시각적인 부분을 다루다 보니 종종 서비스를 단순히 예쁘게 꾸며 주는 것으로 오해받기도 합니다. 하지만 **논리** 없는 UI 디자인은 아무리 보기 좋아도 최종 결과물에 반영되기 어렵습니다. 조직 또는 팀의 목표를 이해하고 그에 맞는 옷을 입히는 것이 UI 디자인의 목적이기 때문입니다.

예를 들어 손님이 햄버거를 시켰는데 콜라가 나온다면 콜라를 담은 컵이 아무리 예뻐도 클레임을 피할 수 없겠죠. 그러므로 UI 디자이너라면 돋보이는 디자인을 생각하기보다 먼저 프로젝트의 목표를 이해하고 달성할 수 있도록 하려면 어떻게 디자인해야 하는지 고민해야 합니다.

UI 디자인을 **효율성** 면에서 바라보는 것도 중요합니다. 같은 화면을 반복해서 그린다거나 레퍼런스 없이 맨땅에서 시작하는 것과 같이 효율성을 고려하지 않는 작업 방식은 디자이너 자신은 물론이고 협업하는 개발자와 조직에도 부정적인 영향을 미칩니다.

가치 3 디자인 툴 활용 능력

디자이너라면 논리적이고 심미적인 디자인을 구현하면서도 효율성을 위해 어떤 툴을 사용해야 할지 판단하고 활용할 수 있어야 합니다. 피그마, Adobe XD, 스케치, 프로토파이 등 다양한 UI 디자인 툴 가운데 프로젝트, 조직, 현재 상황 등을 고려해 적합한 툴을 선정하고 적절히 활용해서 머릿속에 있는 UI를 표현할 수 있어야 합니다.

가치 4 **디지털 환경의 이해**

제품·서비스의 완성도를 높이려면 무엇보다 **디지털 환경**을 이해해야 합니다. 벡터나 비트맵과 같은 디지털 이미지를 표현하는 방식뿐 아니라 모바일과 데스크톱의 차이, 안드로이드와 iOS 운영체제에 따른 모바일 환경의 차이까지 알아야 합니다. 이를 바탕으로 공통 UI 컴포넌트의 구조, 인터랙션 등을 효과적으로 설계한다면 반복 작업을 최소화할 수 있고 프로토타입도 실제로 구현할 제품에 가깝게 제작할 수 있습니다.

UI 디자이너가 사용하는 다양한 툴

요즘 가장 UI 제작에 가장 많이 쓰이는 툴은 **피그마** Figma라는 툴인데요. 실시간 협업, 올인원 등 다양한 장점을 갖고 있습니다. 피그마가 나오기 불과 몇 년 전까지만 해도 UI 디자이너들이 자주 쓰는 툴은 **스케치**라는 프로그램이었고, 그 전에는 **포토샵**을 사용했습니다. 이 밖에 Adobe XD, **프로토파이**, **프레이머** 같은 다양한 툴이 있는데요. 각각 장점과 특징이 있으므로 목적에 맞게 선택하는 것이 좋습니다.

UI 디자이너에게 툴보다 중요한 것은 논리적, 구조적으로 생각하고 표현하는 능력입니다. 그러므로 디자인 툴이 어떻게 변화하는지 주기적으로 확인해서 툴의 특성을 파악해 두고, 필요하면 언제라도 바꿀 수 있어야 합니다. 이 책에서는 최신 디자인 툴인 피그마를 활용해 실습을 진행하려고 합니다. 피그마는 02장부터 찬찬히 살펴볼 예정이니 지금은 나머지 대표적인 UI 디자인 툴 4가지를 소개해보겠습니다.

> ✅ 일부 툴은 UI 단계에서 와이어프레임을 제작할 때도 유용하게 사용할 수 있습니다.

UI 디자인 툴 1 스케치

스케치 Sketch는 UI 디자인 툴 시장의 전통적인 강자로, 강력한 UI 디자인 기능과 다양한 플러그인을 제공합니다. 하지만 맥에서만 실행할 수 있고 유료인데다 로컬 클라이언트를 기반으로 하므로 공유·협업을 하려면 **제플린** zeplin, **앱스트랙트** abstract 등과 같은 협업, 버전 관리 툴을 함께 사용해야 합니다.

스케치(출처: sketch.com)

Adobe XD

Adobe XD는 포토샵을 만든 어도비의 UI 디자인 툴입니다. UI 디자인과 프로토타이핑 기능이 뛰어날 뿐 아니라 애프터 이펙트, 포토샵, 일러스트레이터 등 Adobe의 다른 툴과 호환성이 좋습니다. 윈도우에서도, 맥에서도 실행할 수 있어 사용자의 작업 환경에 구애받지 않는다는 것도 장점입니다.

하지만 컴포넌트 기능이 다른 툴에 비해 고도화되어 있지 않고 점, 선을 이용해 세밀하게 그리는 패스 드로잉 path drawing 에는 적합하지 않습니다. 클라우드에 기반한 실시간 협업 기능이 있지만, 이 기능을 제대로 사용하려면 유료 결제를 해야 합니다.

Adobe XD(출처: adobe.com)

UI 디자인 툴 3 **프로토파이**

디자인된 화면을 보는 것만으로는 이 화면이 어떻게 동작하는지 한눈에 파악하기가 어렵습니다. 따라서 프로토타입을 제작할 때는 실제 출시된 제품·서비스처럼 버튼을 클릭하면 눌러지거나 페이지가 이동하는 상호작용 효과, 즉 **인터랙션** interaction 기능을 넣기도 합니다. Adobe XD, 피그마, 스케치 등에서는 대부분 프로토타이핑 기능을 지원하지만 UI 디자인에 주요 기능이 맞춰져 있어서 섬세한 부분은 다소 부족한 편입니다. 그래서 프로토타이핑 전용 툴로 **프로토파이** Protopie 를 사용하곤 합니다. UI 디자인 툴에서 완성한 디자인 시안을 프로토파이로 옮기면 실제 디지털 제품과 유사한 디자인을 구현할 수 있습니다.

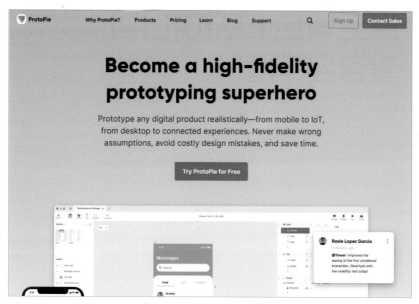

프로토파이(출처: protopie.io)

UI 디자인 툴 4 | 프레이머

프레이머^{Framer}는 코드를 입력해 프로토타이핑할 수 있는 툴입니다. 그러나 코딩을 할 줄 몰라도 UI 드로잉, 디자인 기능을 적용할 수 있어서 활용도가 높습니다. 최근에는 AI를 활용해 클릭 한 번으로 랜딩 페이지를 디자인해 주고, 바로 웹에 올릴 수 있게 만들어 주는 기능도 추가되었습니다. 디자이너가 UI 개발 로직을 함께 고민한다면 개발자와 협업해 하나의 컴포넌트를 디자인과 개발에 모두 활용할 수도 있습니다. 우리나라에서는 금융 서비스인 '토스'의 디자인 시스템^{TDS} 활용 사례가 유명합니다.

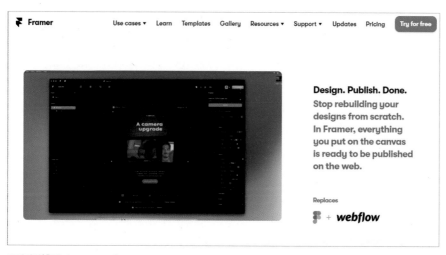

프레이머(출처: framer.com)

01-2 | 프로덕트 디자이너의 확장된 역할

프로덕트 디자인이란?

UI 디자인 툴은 불과 몇 년 사이에 획기적으로 발전했습니다. 다양한 템플릿과 플러그인, 프레임워크가 쏟아져 나오면서 디지털 디자이너들은 이를 활용함으로써 단순 반복 작업이 줄어들어 제품·서비스 자체를 충실히 고민할 시간과 기회가 많아졌죠. 그리고 이런 환경에서 **프로덕트 디자인** product design 이라는 용어가 나타났습니다.

프로덕트 디자인이란 직역하면 '제품 디자인'을 뜻하므로 가구, 인쇄물 등 실체가 있는 제품을 디자인하는 것으로 생각되지만 요즘에는 제품과 서비스, 즉 웹, 앱 등 디지털 제품을 기획·디자인하는 것을 말합니다. 디지털 제품의 맥락을 이해하고 설계하는 **프로덕트 디자이너** product designer 의 업무는 시각 디자인 외에도 기획, UX, 개발 커뮤니케이션 등 다양한 영역에 퍼져 있습니다.

실무에서 프로덕트 디자이너의 역할이 어떻게 확장되고 있는지 살펴볼 수 있는 가장 좋은 곳은 채용 공고 사이트입니다. 예전에는 'GUI, 웹 디자이너'처럼 한 분야에 특화된 직무 위주였다면, 요즘에는 UI와 UX를 함께 고민해 디자인하는 'UI/UX 디자이너'의 비중이 높아졌죠.

더 나아가 비즈니스, 데이터, UX 플로, 제품 릴리즈 등 제품·서비스의 총체적인 관점을 고려해 디자인하는 '프로덕트 디자이너', 디자인 시스템을 담당하는 '플랫폼 디자이너'라는 직무도 확인할 수 있습니다.

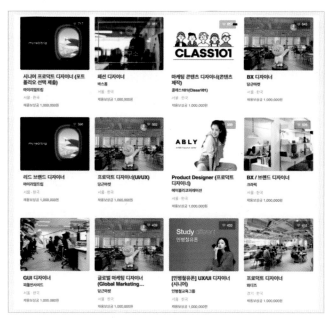

채용 플랫폼 '원티드'의 디자이너 채용 공고(출처: wanted.co.kr)

그렇다면 프로덕트 디자이너는 무엇을 고민해야 할까요? 크게 **사용자, 데이터와 비즈니스**라는 2가지 요소로 정리해 보았습니다.

사용자 이해하기

UI 디자인은 사용자의 편의를 고민하는 것부터 시작됩니다. 디자이너 혼자만의 직관에만 의존하는 것은 위험한데요. 디자이너 본인이 제품, 서비스의 핵심 사용자가 아니기 때문입니다. 사용자를 이해하려는 시도는 무척 중요한데요. 그래야만 더 좋은 문제를 정의할 수 있고, 알맞은 해결책에 가까워질 수 있기 때문입니다.

신규 서비스를 구축할 때도 마찬가지지만 이미 출시한 제품·서비스의 디자인을 바꿀 때에는 사용자를 이해하는 것이 더욱 중요합니다. 사용자에게 가장 거부감을 주지 않는 UI는 이미 익숙한 현재 UI일 수도 있기 때문이죠. 이러한 사용자의 심리를 고려해 가설을 세우고 확인하기 위해 개선안을 지속적으로 테스트해야 더 나은 서비스를 만들 수 있습니다.

팀원과 이해관계자의 의견을 경청하는 것도 중요합니다. 하나의 관점에 매몰되지 않고 다양한 관점에서 서비스를 생각해 볼 수 있고 실제 구현 난이도는 어떨지, 대안은 무엇인지 등 풍부하게 고민할 수 있기 때문입니다. 초기 디자인 시안을 팀원에게 빠르게 공유하고 의견을 취합하다 보면 혼자서는 생각해 내지 못했던 개선점을 발견하기도 합니다.

데이터와 비즈니스 이해하기

데이터는 사용자의 니즈를 파악하는 중요한 수단입니다. 특히 최근 업계에서는 기술의 발전으로 데이터에 쉽게 접근할 수 있게 되면서 디자이너에게도 데이터에 기반한 사고력을 요구하고 있습니다. 이제 디자인 업데이트의 효과를 정량적 데이터로 측정할 수도 있고 인터뷰나 설문 조사 등을 통해 사용자의 목소리를 직접 담아 정성적 데이터로 쌓기도 합니다. 이렇게 수집한 데이터로 가설을 세우고 제품을 개선하는 과정을 반복한다면 사용자에게 더 나은 경험을 제공할 뿐 아니라 재방문율, 구매 전환율과 같은 주요 지표를 발견하고 개선할 수 있습니다.

물론 데이터나 비즈니스 지표만으로는 측정하기 힘든 디자인 영역도 있습니다. 그렇지만 측정하기 위해 노력하고 데이터로 만들어서 이를 근거로 의사결정을 하면 비즈니스와 브랜드에 긍정적인 영향을 끼칠 수 있습니다.

Do it! yourself **프로덕트 디자이너의 JD 분석하기** ● ● ●

JD란 Job Description의 줄임말로, 채용 공고를 내는 기업에서 요구하는 상세 직무를 말합니다. 프로덕트 디자이너 채용 공고를 3개 이상 살펴보고, 다음 예시와 같이 공통 키워드를 뽑아 보세요. 여기서 패턴을 발견해 자신만의 포트폴리오 전략을 구상해 볼 수 있습니다.

예시: 여러 채용 공고를 토대로 재구성한 프로덕트 디자이너의 JD

자격 요건
- 자사 서비스의 UI/UX 설계 및 디자인
- 사용자 리서치, 데이터에 기반한 인사이트를 확보하고, 이를 제품 로드맵에 반영해 본 경험
- 개발, 마케팅 팀 등 다른 직군과의 원활한 커뮤니케이션 능력
- 피그마, 스케치 등을 이용한 웹/앱 UI 디자인 능력
- 프린서플(principle) 툴 등을 이용한 프로토타이핑 능력
- 실제 서비스를 출시, 운영, 개선해 본 경험

우대 사항
- 데이터 수집/분석 툴이나 A/B 테스트 툴로 디자인을 평가하고 개선한 경험
- HTML/CSS 등에 관한 이해와 활용 능력
- 디자인 시스템 운영 경험
- 애자일, 스프린트 방식으로 제품을 개발한 경험

01-3 | 모바일 기기 디자인 환경 이해하기

구글, 삼성, 애플 등에서는 사용자의 마음을 사로잡기 위해 매년 기능뿐만 아니라 화면 크기, 선명도 등을 업데이트한 스마트폰과 태블릿을 출시하죠. 이때 화면 크기와 선명도는 디지털 화상을 구성하는 최소 단위인 **픽셀** pixel 로 표현합니다. 픽셀은 화소라고도 하며, 모니터나 모바일 화면, 사진, 영상 등 디지털 산출물의 비율과 선명도를 나타내죠. 즉, 픽셀이 많을수록 해상도가 높아 정밀하게 표현할 수 있습니다.

✅ 픽셀은 px(pixel), 해상도는 dpi라는 단위로 나타냅니다. px(pixel)은 picture element의 줄임말이고, dpi는 dots per inch의 머리글자입니다.

해상도에 따른 정밀도의 차이(출처: Android Developers)

예를 들어 크기가 똑같은 모니터라도 HD 모니터와 4K 모니터의 해상도는 다릅니다. HD 모니터는 1280×720px, 4K 모니터는 3840×2160px로, 4K 모니터의 해상도가 훨씬 높아 선명하고 깔끔한 화면을 볼 수 있죠.

해상도는 모니터뿐만 아니라 모바일 기기에도 무척 중요합니다. 스마트폰, 태블릿, 웨어러블 기기 등이 점차 다양해지는 만큼 디자이너는 모바일 환경의 특징을 충분히 이해해야 합니다. 이번에는 현재 널리 쓰이는 해상도와 기기 크기 등 모바일 환경의 주요 특징을 이해하고 제품·서비스를 디자인할 때 어떤 점을 고려해야 할지 알아보겠습니다.

디지털 화면 디자인의 기준 해상도

프로덕트 디자이너라면 사용자가 어떤 기기를 쓰더라도 서비스 경험이 비슷할 수 있도록 노력해야 합니다. 그렇다고 해서 수많은 기기의 해상도에 맞춰 각각 다르게 디자인하는 것은 비효율적입니다. 그러므로 사용자가 많이 쓰는 화면 해상도를 기준으로 디자인하는 것이 좋습니다.

일반적인 모바일 해상도 기준은 안드로이드 환경에서 360×740, iOS 환경에서 375×812입니다. 앞서 언급한 4K 모니터의 해상도인 3840×2160px에 비해 무척 떨어지는 것처럼 보입니다. 이렇게 모바일 해상도 수치가 낮아 보이는 이유는 무엇일까요? 그만큼 화질이 떨어지는 걸까요? 물론 그건 아닙니다. 우선 기준 해상도를 잡고 다양한 기기에 맞추어 조정하는 것입니다.

그렇다면 디자인할 제품·서비스의 기준 해상도는 어떻게 잡을까요? 먼저 잠재 사용자가 안드로이드와 iOS 가운데 어느 쪽을 더 많이 사용하는지 모바일 OS의 비율을 살펴봅니다.

또는 참고할 만한 내부 데이터가 있다면 실제 사용자가 가장 많이 사용하는 기기를 기준으로 지정할 수도 있습니다. 만약 내부 데이터가 없다면 **스탯카운터**라는 웹 사이트에서 보편적으로 사용하는 OS를 확인하는 방법도 있습니다.

전 세계 OS별, 국가별 기기 비중 등 디지털 환경 데이터를 확인할 수 있는 스탯카운터(출처: gs.statcounter.com)

기준 해상도를 설정했다면 예외 상황도 생각해 봐야겠죠. 이때 효율적으로 작업하려면 1~2명이 사용하는 기기보다 10만 명이 사용하는 기기를 우선해서 고려해야 합니다.

기준 해상도를 선정해 디자인했다면 그다음으로 다양한 기기 크기에 따라 UI 요소가 어떻게 변화할지 규칙을 설정하고 개발·배포하는 것이 좋습니다. 이때 설정한 규칙이 실제 다양한 기기에 적용할 수 있는지 검증하는 것도 중요한데요. 이를 위해 디자인 시안을 초기에 빠르게 공유하고 개발자와 논의할 수 있다면 작업 시간을 줄일 수 있습니다.

타깃 사용자의 기기(아이폰 X와 아이폰 6)를 고려한 2가지 버전 디자인

이처럼 OS별로 대응해야 하는 해상도와 UI 규칙, 기본 인터랙션이 다르기 때문에 서비스할 타깃 사용자의 기기를 조사하고 가장 보편적인 기기의 해상도와 환경을 기준으로 디자인하는 것이 좋습니다.

예를 들어 농어촌의 시니어가 주요 타깃인 서비스를 디자인한다면 일반적인 사용자 데이터와 달리 다수의 사용자가 구형 안드로이드 기기의 보편적인 해상도인 360×640을 사용할 것이라는 가설을 세울 수 있고, 이것이 검증되면 이 기기를 기준으로 놓고 디자인하는 것입니다.

이렇게 기준을 잡으면 불필요한 업무량을 줄이는 것은 물론, 사용자의 기기에 불필요한 자원을 크게 줄일 수 있고 네트워크 접속이 불안정하거나 화질이 낮아 고화질 데이터를 출력하기 어려울 때도 최적화된 이미지를 보여 줄 수 있습니다.

디자인의 효율성을 높이는 1배수와 n배수

모바일 해상도는 대개 360×740(안드로이드), 375×812(iOS)로 표현합니다. 이것이 앞서 설명한 기준 해상도, 즉 1배수 단위죠. 그래서 모바일 UI 디자인을 시작할 때 대부분 이 해상도를 사용하는데 여기서 주의할 점은 픽셀 단위와 1배수 단위를 꼭 구분해야 한다는 것입니다.

만약 디자인한 애셋을 특정 픽셀로만 지정해서 내보내면 어떻게 될까요? 다음 그림의 왼쪽처럼 화질이 떨어지는 애셋이 출력될 것입니다.

🔍 애셋

애셋(asset)은 '자산'이란 뜻이죠. 디자인의 자원, 자산이 되는 아이콘, 로고, 이미지 등 실제 개발할 때 사용하는 그래픽 요소를 통칭해 애셋이라고 합니다. 보통 JPG, SVG 등의 파일 형식으로 관리합니다.

이렇게 화질이 떨어져 보이는 현상을 방지하기 위해 대부분 모바일 기기는 2~4배수 사이의 밀도를 지원합니다. 따라서 1배수로 디자인하되 기준 해상도에 맞게 애셋을 내보낼 수 있어야 합니다.

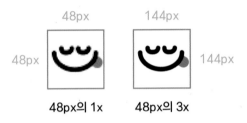

깨져 보이는 1배수(왼쪽) 선명하게 보이는 3배수(오른쪽)

OS별 해상도 이해하기

모바일 해상도는 240×320px부터 1600×2560px까지 무척 다양합니다. 만약 해상도를 고려하지 않고 애셋의 크기를 똑같이 적용하면 어떻게 될까요? 극단적으로 예를 들면 다음처럼 보일 것입니다. 왼쪽 이미지에서는 잘려 나간 부분이 많고, 오른쪽 이미지에서는 불필요하게 여백이 많은 것을 볼 수 있습니다.

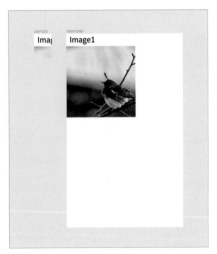

해상도를 고려하지 않고 애셋의 크기를 설정했을 때

iOS와 안드로이드는 이런 상황을 방지하고 사용자의 기기 비율에 맞는 UI를 보여 주기 위해 자체 크기 표기법을 사용하고 있습니다. iOS와 안드로이드의 해상도와 특징은 무엇인지 간단하게 살펴보겠습니다.

iOS 환경 해상도

애플의 아이폰은 iOS라는 운영체제를 사용합니다. iOS에서 주로 사용하는 해상도 종류는 안드로이드에 비해 적어서 UI 디자인을 안정적으로 구현할 수 있습니다. 또한 스마트폰에서 터치할 수 있는 버튼 수가 적은 대신 제스처 위주의 인터랙션이 많은 것이 특징입니다.

> ✅ iOS 디자인 가이드라인은 developer.apple.com/design에서 확인할 수 있습니다.

iOS에서는 **pt** ^{point} 라는 단위를 사용하며 보통 3배수로 설정해 애셋을 출력합니다. 예를 들어 24pt 아이콘이라면 iOS 개발자는 24px, 48px, 72px까지 내보내는 거죠.

■ iOS의 주요 기기와 해상도
- □ iPhone 12: 390 × 844
- □ iPhone X: 375 × 812
- □ iPhone 8: 375 × 667
- □ iPhone 5: 320 × 568

안드로이드 환경 해상도

안드로이드는 단일 회사 제품인 iOS와는 조금 다릅니다. 구글과 삼성 등 애플을 제외한 대부분의 스마트폰에서는 안드로이드를 사용하죠. 다양한 기기에서 사용하는 만큼 해상도가 제각각이고 스와이프 등의 손가락 제스처를 기반으로 동작하는 iOS와 달리 대부분 하단 내비게이션 바와 같은 버튼을 터치해 조작하는 것이 특징입니다.

안드로이드 OS에서는 **dp** $^{density\ independent\ pixels}$, **sp** $^{scale\ independent\ pixels}$ 라는 단위를 사용하며 보통 4배수까지 설정해 애셋을 출력합니다.

> ✅ 각종 스크린의 화면 해상도는 screensiz.es 또는 yesviz.com을 참고하세요.

■ 안드로이드의 주요 해상도
- □ 360 × 640
- □ 360 × 740
- □ 360 × 800

✔ 궁금해요! **가이드라인 문서는 꼭 읽어야 하나요?**

앞서 애플과 구글의 디자인 가이드라인 문서를 볼 수 있는 웹 사이트를 소개했는데요. 사실 입문 단계에서 가이드라인 문서를 정독하는 것은 추천하지 않습니다. 우선 양이 무척 많은데다 영어로 작성되어 있어 언어에 익숙하지 않다면 자칫 초반부터 흥미를 잃어버릴 수 있습니다. 우선 '이런 가이드도 있다'라는 것만 알아두고 이후 직접 툴을 다루면서 디자인할 때 참고하는 정도가 좋습니다.

02장
피그마와
가까워지기

> 피그마는 프레임에서 시작해서 프레임으로
> 끝납니다. 피그마가 처음이라면 사각형
> (R)이나 그룹(Ctrl + G)보다는
> 항상 프레임(F)으로 화면을
> 구성하는 연습을 해보세요.
>
> - 조현아(버즈빌 프로덕트 디자이너 & PM)

02-1 | 디자인 툴 피그마 이해하기

피그마는 포토샵이나 일러스트레이터만큼 대중에게 널리 알려진 툴은 아닙니다. 하지만 프로덕트 디자이너들에게는 이미 익숙한 툴인데요. 프로덕트 디자인 작업을 할 때 강력한 생산성을 보장하기 때문입니다. 그러므로 이 책에서는 디자인 툴로 피그마를 사용해서 실습하겠습니다.

먼저 피그마란 무엇인지, 피그마를 통한 협업은 어떻게 이루어지는지, 어떤 환경에서 실행할 수 있는지 등을 가볍게 살펴본 다음 예제를 따라 하면서 피그마를 본격적으로 익혀 보겠습니다.

피그마가 필요한 이유

피그마는 시간·장소에 관계없이 인터넷과 컴퓨터만 있으면 누구나 곧바로 사용할 수 있는 디자인 툴입니다. 피그마는 보통 UI/UX 디자인이나 디자인 시스템을 만드는 데 쓰이지만 기획, PPT, 애니메이션은 물론이고 짤방 이미지나 이모지를 제작할 때 등 무궁무진하게 활용할 수 있습니다.

앞서 살펴봤듯이 프로덕트 디자인 툴은 피그마 말고도 스케치, Adobe XD 등 다양합니다. 그중에서 피그마가 전 세계적으로 가장 인기 있는 이유는 무엇일까요? 피그마만이 지니고 있는 장점을 알아보겠습니다.

장점1 쉬운 협업

피그마를 쓰기 전엔 디자이너가 작업물을 공유하려면 디자인 파일을 통째로 전달해야 했습니다. 이 방식은 피드백을 주고받는 데 시간이 걸릴 뿐 아니라 파일이 유실되지 않도록 주의해야 했고 최종 파일을 관리하는 것도 문제였죠. 하지만 웹 기반 툴인 피그마는 프로그램을 따로 설치할 필요가 없고 OS를 구별하지 않고 공유 링크만으로 누구나 작업물에 접근할 수 있다는 장점이 있습니다.

그 결과 디자이너는 파일을 이메일로 주고받을 때와는 비교도 되지 않을 정도로 빠르게, 또한 여러 명에게 동시에 직관적으로 피드백을 받을 수 있게 되었습니다. 이렇게 시간을 절약하면서도 밀접하게 소통할 수 있다는 점에서 피그마는 디자이너에게 꼭 필요한 디자인 툴이라 할 수 있습니다.

올인원 디자인 툴

2022년 UX Tools ^{uxtools.co} 에서 가장 많이 사용하는 UI 디자인 툴을 설문 조사한 결과 피그마가 1위를 차지했습니다.

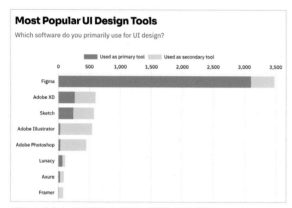

설문 조사에서 UI 디자인 툴 1위를 차지한 피그마(출처: uxtools.co/survey/2022/ui-design)

UI 디자인 이외에도 여러 부문에서 가장 많이 사용중인 디지털 툴 1위로 피그마가 지목되고 있습니다. 이렇게 다방면으로 활용할 수 있다는 특성은 피그마로 디자인하는 큰 이유 중 하나 인데요, 피그마는 설문에 기재된 분야를 제외하더라도 정말 다양한 디자인 영역에서 활용할 수 있는 올인원 툴로 IT 디자인 시장에서의 입지를 굳혀 가고 있습니다.

두 번 일하지 않아도 되는 효율성

UI 디자인을 하다 보면 수많은 애셋을 제작하고 또 관리해야 하는데요. 이때 피그마의 **컴포넌트** ^{component} 와 디자인 시스템의 개념을 이해하면 애셋을 체계적으로 관리할 수 있습니다. 복잡한 디지털 제품의 UI를 관리할 때 이미 제작해 둔 요소를 복사, 붙여넣기 할 때가 많은데요. 이때 피그마의 컴포넌트 기능을 이용해 반복되는 그래픽 요소를 재사용할 수 있습니다. 덕분에 나중에 디자인을 수정할 때도 원본인 메인 컴포넌트 하나만 바꾸면 복사한 모든 요소에 반영되어 일일이 수정하는 번거로움을 덜 수 있습니다.

드로잉도 할 수 있는 벡터 기반 툴

벡터와 비트맵은 UI 디자인뿐 아니라 모든 디자인 영역에서 아주 중요한 개념입니다. **벡터** vector 는 점, 선, 면으로 이루어진 오브젝트로, 위치와 색상 값을 기억하므로 이미지를 아무리 확대해도 깨지지 않는다는 특징이 있습니다. 그러므로 도형, UI, 아이콘 등 비교적 단순한 오브젝트를 저장하는 데 효과적이죠. 벡터 이미지의 확장자는 AI, SVG, EPS 등입니다.

벡터   비트맵

벡터와 비트맵 이미지의 차이

반면 이미지의 가로, 세로 픽셀 수와 색상값을 일일이 기억해서 원본 크기보다 확대하면 화면 깨짐 현상이 발생하는 이미지를 **비트맵** bitmap 이라고 합니다. 따라서 벡터를 비트맵으로 저장하면 벡터 속성을 잃어버리고 반대로 비트맵은 벡터로 저장할 수 없습니다. 비트맵은 사진, 스크린샷, 복잡한 그림 등을 저장하는 데 효과적이죠. 비트맵 이미지의 확장자는 PNG, JPG 등입니다.

> **용어 사전**
>
> **🔍 오브젝트**
>
> **오브젝트**(object)란 도형, 텍스트, 프레임 등 피그마에서 디자인할 때 사용하는 모든 유형의 물체를 폭넓게 가리키는 용어입니다.

UI 디자인은 다양한 기기를 대상으로 해야 하므로 해상도와 관계없이 깨지지 않는 벡터 기반 툴로 디자인하는 것이 좋습니다. 피그마는 벡터 기반 툴이므로, 일러스트레이터와 같은 드로잉 툴을 사용하지 않고도 UI 디자인에 필요한 거의 모든 애셋을 제작할 수 있습니다. 또, 벡터 기반 툴이지만 비트맵 타입의 애셋을 집어 넣고 관리할 때도 매우 빠르고 효과적입니다.

피그마의 3가지 플랜과 세부 기능

피그마는 기본적으로 무료입니다. 유료 플랜도 있지만, 대부분 협업과 관련된 기능이 추가되는 정도죠. 이 책에서 실습할 때 피그마를 사용하는 정도라면 무료 플랜으로도 충분합니다. 실무 레벨의 협업이 필요하기 전까진 피그마의 모든 디자인 기능을 무료로 사용할 수 있습니다.

피그마는 무료인 스타터 플랜, 유료인 프로페셔널 플랜과 오거니제이션 플랜이 있으며 각각 사용할 수 있는 기능이 조금씩 달라집니다. 피그마의 3가지 플랜별 기능을 하나씩 살펴보겠습니다.

스타터 플랜

피그마 웹 사이트(www.figma.com)에 회원가입하면 무료인 **스타터 플랜**starter plan 으로 시작하게 됩니다. 피그마 웹 사이트에 접속한 뒤 화면 상단의 [Pricing] 메뉴를 클릭해 3가지 플랜을 선택하는 화면이 나타나면 오른쪽과 같은 스타터 플랜을 선택합니다.

이어서 회원가입을 하고 화면에서 대시보드 왼쪽 패널을 보면 위쪽에 **[Drafts]**가 있고 그 아래 **[Teams]**와 프로젝트 폴더가 있습니다. [Drafts]에서는 공유를 하지 않는다면 페이지나 파일의 개수에 제한받지 않고 피그마 파일을 무한정 만들고 편집할 수 있습니다. 단순한 파일 조회나 코멘트를 남기는 것쯤은 얼마든지 할 수 있지만, 에디터(편집 권한이 있는 작업자)가 2명 이상일 때 자유롭게 작업하려면 파일을 [Teams]로 옮겨야 합니다.

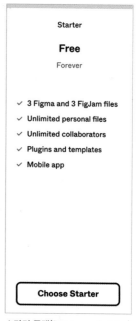

Starter

Free

Forever

- ✓ 3 Figma and 3 FigJam files
- ✓ Unlimited personal files
- ✓ Unlimited collaborators
- ✓ Plugins and templates
- ✓ Mobile app

Choose Starter

스타터 플랜(figma.com/pricing)

☑️ [Drafts]의 파일을 [Teams]로 옮기고 싶다면 페이지가 3개 이하인지 확인하세요. 만약 더 많다면 페이지 3개로 압축해야 옮길 수 있습니다.

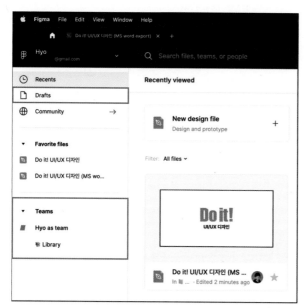

파일 단위를 담는 [Drafts]와 프로젝트 단위를 담는 [Teams]

[Teams]에서는 프로젝트에 2명 이상 접속해 자유롭게 협업할 수 있는 대신 생성할 수 있는 파일file과 파일 속 페이지page 수에 제한이 생깁니다. 하나의 [Teams]에서 피그마 파일은 최대 3개까지 만들 수 있고 하나의 피그마 파일 안에 페이지는 3개까지 생성할 수 있습니다. 단,

기능에 제약이 있는 것은 아니며 협업할 수 있는 작업자 수 역시 무제한이므로 실무 수준으로 협업하지 않아도 된다면 스타터 플랜으로도 충분합니다.

프로페셔널 플랜

프로페셔널 플랜professional plan은 유료 플랜으로, 에디터(작업자)당 한 달에 15달러(20,000원 정도) 또는 연간 할인받으면 12달러를 지불하면 이용할 수 있습니다. 프로페셔널 플랜으로 업그레이드 하면 최대로 생성할 수 있는 피그마 파일 수를 비롯한 여러 기능 제한이 해제되는데요. 그중 가장 중요한 기능은 [Team libraries] 입니다. [Team libraries]는 만들어 둔 컴포넌트를 다른 피그마 파일에서도 사용할 수 있는 유용한 기능으로, 범용성 있는 디자인 시스템을 배포하고 관리하는 데 큰 도움이 됩니다. 만약 사내 디 자인 시스템이 있고 디자이너가 2명 이상이라면 프로페셔널 플 랜을 이용하는 것이 좋습니다.

✅ 피그마를 교육 목적으로 사용한다면 간단한 인증 절차를 거쳐 2년간 무료로 프로페셔널 플랜을 이용할 수 있습니다.

프로페셔널 플랜(figma.com/pricing)

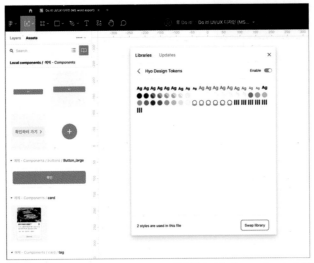

다른 피그마 파일에서 배포한 디자인 요소를 활용할 수 있는 [Team libraries] 기능

오거니제이션 플랜

오거니제이션 플랜organization plan은 유료 플랜으로, 에디터당 한 달에 45달러를 지불하면 이용할 수 있습니다. 프로페셔널 플랜보다 사용료가 비싼 만큼 팀의 범위를 더 넓게 설정할 수 있고 팀원 간 글꼴, 팀별 세분화된 디자인 시스템 공유, 디자인 시스템 분석 툴 등 피그마를 조직적으로 관리하기 위한 기능이 풍부하게 마련되어 있습니다. 따라서 회사에서 여러 구성원이 피그마를 사용할 때 유용합니다.

Figma Organization

$45 per editor/month

Annual billing only

Everything in Figma Professional, plus...

✓ Org-wide libraries
✓ Design system analytics
✓ Branching and merging
✓ Centralized file management
✓ Unified admin and billing
✓ Private plugins
✓ Single sign-on

Choose Organization

Contact sales

오거니제이션 플랜
(figma.com/pricing)

02-2 피그마 시작하기

피그마는 윈도우와 맥 관계없이 어떤 환경이든 웹 브라우저에서 링크를 통해 이용할 수 있습니다. 웹 브라우저 외에도 로컬 컴퓨터에서 사용할 수 있도록 데스크톱용 앱(클라이언트)을 설치할 수도 있고 모바일 앱을 설치해 작업물을 확인할 수도 있습니다. 조금 더 쾌적한 작업 환경을 위해, 대부분의 디자이너는 피그마 데스크톱과 모바일 앱을 설치해 사용하는데요. 따라서 우리는 피그마를 본격적으로 살펴보기 앞서 먼저 웹 브라우저에서 피그마에 가입하고 데스크톱과 모바일 앱을 설치해 보겠습니다.

Do it! 웹에서 피그마 가입하기

1. 웹 브라우저를 열고 피그마 주소(figma.com)를 입력해 이동합니다. 페이지 가운데 또는 오른쪽 상단 **[Get started]** 버튼을 누릅니다.

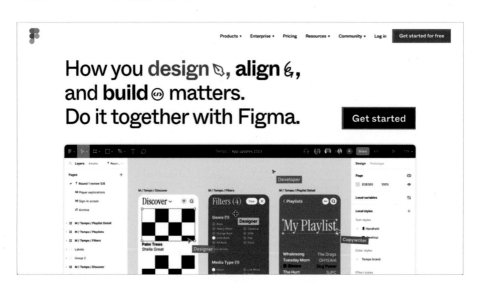

2. 구글 계정이 있다면 **[Continue with Google]**을 클릭해 간단하게 가입할 수 있습니다. 구글 계정이 없다면 그 아래 사용할 이메일 주소와 비밀번호를 입력한 다음 **[Create account]**를 눌러 피그마 회원가입을 시작하세요.

3. 회원가입을 마치면 다음과 같은 화면을 볼 수 있습니다. 간단하게 새 파일을 생성해 볼까요? 왼쪽 메뉴 패널에서 **[Drafts]** 위에 마우스 포인터를 얹으면 오른쪽에 **[+]** 버튼이 뜹니다. **[+]** 버튼을 클릭한 다음 **[New design file]**을 선택하세요.

> ✅ 또는 화면 가운데 [New design file]을 클릭해 곧장 디자인 파일을 생성할 수도 있어요.

4. 이렇게 간단하게 새 디자인 파일을 생성했습니다. 화면의 세세한 기능은 03장에서 하나씩 살펴보겠습니다.

Do it! 피그마 데스크톱 앱 설치하기

1. 웹 브라우저에서 로그인한 상태라면 피그마 홈 탭 왼쪽 상단에 프로필 UI를 볼 수 있습니다. 드롭다운 UI를 열고 **[Get desktop app]**을 누르면 최신 버전의 피그마 클라이언트를 설치할 수 있습니다.

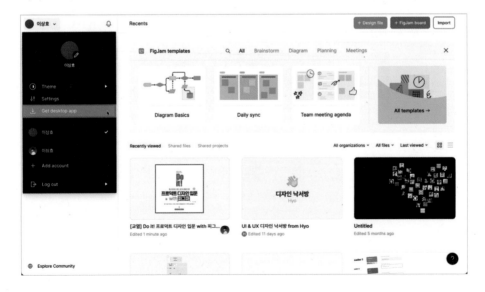

2. 혹은 피그마 다운로드 페이지(figma.com/downloads)의 **[Desktop app]** 항목에서 본인의 OS
에 맞는 데스크톱 앱을 클릭해도 데스크톱용 앱을 설치할 수 있습니다.

Do it! 피그마 모바일 앱 활용하기

📑 실습 페이지 : UI_02-2_01

만약 모바일 서비스 UI를 디자인한다면 이 디자인이 실제 모바일에서 어떻게 보일지 확인하
는 것이 무척 중요합니다. 그렇다고 데스크톱에서 피그마 파일 링크를 그냥 실행하면 실제 모
바일에서 작동하는 것처럼 보이지 않습니다. 데스크톱 환경과 실제 디자인이 적용될 환경은
다르기 때문이죠. 이때 피그마 앱의 **미러** ^{mirror} 기능을 활용하면 실제 환경과 비슷하게 확인해
볼 수 있습니다.

모바일 앱의 미러 기능을 켜고 컴퓨터 속 피그마 화면을 선택하면, 해당 화면을 앱에서 확인
할 수 있습니다. 데스크톱 피그마에서 선택한 프레임을 확인하는 것은 물론이고 프레임에 미
리 구현해 둔 프로토타입 플로가 모바일에서 똑같이 동작하기 때문에 플로의 사용성까지 정
확하게 확인할 수 있죠.

설명을 여러 번 하는 것보다 직접 해보는 게 가장 빠르겠죠? 바로 미러 앱을 내려받고 활용해
보겠습니다.

1. 앱 스토어 또는 구글 플레이에서 '**Figma**'를 검색해 앱을 내려받아 주세요.

☑️ 앱 스토어와 구글 플레이에서 검색되는 이름이 다르니 'Figma'를 검색해서 피그마 로고가 보이는 앱을 내려받으세요.

2. 웹 브라우저 또는 데스크톱 앱으로 피그마를 실행한 상태에서 스마트폰에 내려받은 피그마 앱을 켭니다. 그리고 데스크톱에서 로그인한 것과 같은 계정으로 로그인하세요.

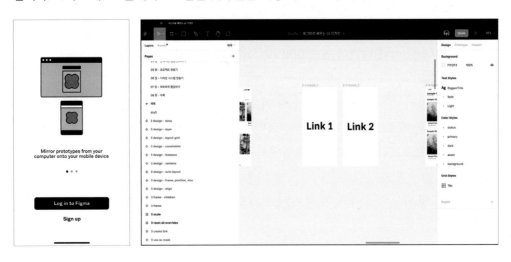

3. 피그마 앱의 오른쪽 하단 [Mirror] 탭을 터치하세요.

4. 성공적으로 연결되었다면 피그마 앱으로 확인하고 싶은 프레임을 선택합니다. 선택한 프레임이 화면에 뜨면 앱에서 디자인과 플로를 확인할 수 있습니다.

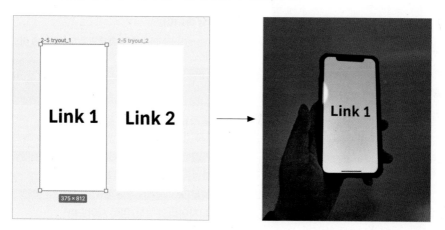

03장
피그마 핵심 인터페이스 익히기

프로덕트 디자인이나 제품 기획에 관련한 좋은 글을 읽은 뒤에는 가장 도움이 되는 문장을 수집해 두세요. 일을 하면서 막다른 길에 부딪혔을 때 사전처럼 들여다보고 마음을 다잡을 수 있습니다.

- 조현아(버즈빌 프로덕트 디자이너 & PM)

03-1 │ 툴을 자유자재로 다루기 위한 9가지 기본 인터페이스

피그마로 무언가를 표현하고 싶다면 표현 방법, 즉 인터페이스를 손에 익혀야 합니다. 이번에는 피그마 파일을 생성하자마자 만나게 되는 툴 바와 9가지 기본 아이콘엔 어떤 기능이 있는지 하나씩 알아보겠습니다.

Do it! 피그마에서 새 파일과 새 프레임 생성하기

1. 웹 브라우저에서 피그마를 열고 로그인을 합니다. 화면 왼쪽 [Drafts] 옆에 있는 [+] 버튼을 클릭하고 [New design file]을 클릭해 새 파일을 열어 보세요.

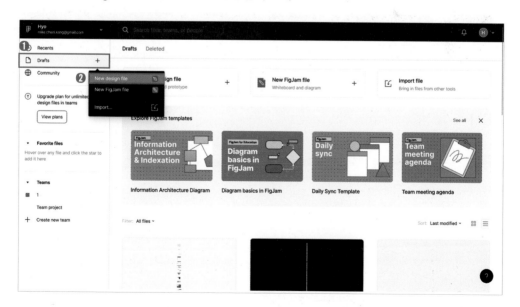

2. 새 파일이 열리면 다음과 같은 화면을 볼 수 있습니다. 왼쪽 상단을 보면 피그마 로고를 제외하고 8개의 아이콘을 볼 수 있는데요. 각 기능을 하나씩 설명하기 전에 새 프레임을 열어 보겠습니다. 화면 왼쪽 상단 메뉴에서 **[Frame]**을 선택하거나 단축키 F 를 눌러 보세요. 마우스 커서가 + 모양으로 바뀝니다.

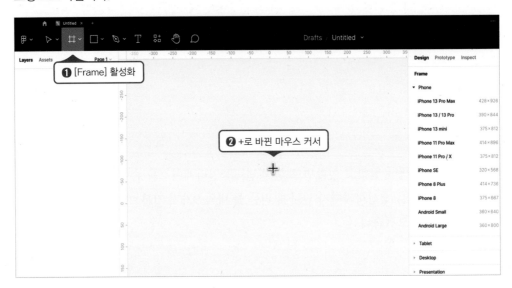

3. **[Frame]**을 활성화한 상태에서 프레임을 만드는 방법은 크게 2가지가 있습니다. 먼저 마우스를 드래그해 원하는 크기의 프레임을 만드는 방법입니다.

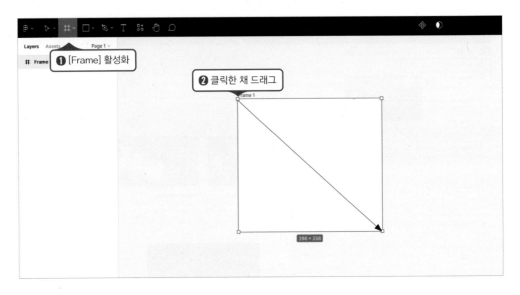

4. 또는 [Frame]을 활성화한 상태에서 화면 오른쪽을 보면 새 프레임의 크기를 선택할 수 있는
Design 패널이 뜹니다. 원하는 기기를 선택하면 자 ☑ 선택할 수 있는 프레임 템플릿의 크기에는 [Phone],
동으로 해당 크기의 프레임을 만들 수 있습니다. [Tablet]과 같은 디지털 기기뿐만 아니라 인쇄물을 위한
[Paper], SNS를 위한 [Social media] 등도 있습니다.

Do it! 메인 메뉴와 마우스 UI 살펴보기

앞서 새 프레임을 만들면서 [Frame]을 먼저 만나보았는데요. 앞으로 피그마에서 작업하며
가장 자주 사용할 9가지 툴이 바로 이곳에 있습니다. 가장 왼쪽에 있는 피그마 로고 모양의
[Main menu]를 제외하고 오른쪽의 8가지 툴은 모두 기본적이면서도 중요한 기능을 담고 있
는데요. 지금부터 하나씩 알아보겠습니다.

[Main menu]

가장 첫 번째 피그마 아이콘은 [Main menu]입니다. 이 아이콘을 클릭하면 다양한 메뉴를 항목별로 확인할 수 있습니다. 피그마에서 사용할 수 있는 거의 모든 기능이 이 안에 들어 있죠.

피그마 앱도 웹 브라우저의 메뉴와 거의 비슷하게 구성되어 있습니다.

궁금해요! 피그마에서 원하는 기능은 어떻게 찾을 수 있나요?

실행하려는 기능의 키워드는 알고 있는데 어디에서 찾아야 할지 모를 때 퀵 액션 기능을 사용할 수 있습니다. 퀵 액션은 [Main menu → Quick actions…]를 클릭하면 화면 가운데 뜨는 검색 창이 뜨는데, 피그마에서 제공하는 모든 기능을 검색할 수 있습니다. 예를 들어, 퀵 액션을 켜서 'Detach all nested instances(컴포넌트와 모든 연결을 끊기)'를 검색할 수도 있고 최근 사용한 플러그인을 검색해 바로 실행할 수도 있습니다.

[Quick actions]는 Ctrl+P 또는 Ctrl+/를 눌러 간편하게 열 수도 있습니다. 이렇게 검색하다 보면 몰랐던 기능을 알게 되기도 합니다.

피그마의 모든 기능을 검색할 수 있는 [Quick actions]

[Move]

[Move]는 피그마에서 가장 기본적이고도 중요한 역할을 합니다. 바로 '이동' 기능이죠. 편집 권한으로 피그마 파일에 들어오면 이 기능이 기본적으로 활성화되어 있습니다. [Move]가 활성화되어 있다면 캔버스의 모든 오브젝트를 선택하고 움직일 수 있습니다. [Move]의 특성은 다음과 같습니다. ✔️ [Move]의 단축키는 V입니다.

- 오브젝트를 선택한 채 마우스 오른쪽을 클릭하면 이 오브젝트에서 할 수 있는 다양한 기능을 한눈에 볼 수 있습니다.
- 선택한 오브젝트를 더블클릭하면 하위 오브젝트를 선택하거나 오브젝트 자체를 편집할 수 있습니다.
- Ctrl(Mac Cmd)을 누른 상태로 오브젝트를 클릭하면 가장 깊은 계층에 있는 오브젝트를 바로 선택할 수 있습니다.
- Ctrl(Mac Cmd)을 누른 상태로 프레임의 가장자리를 드래그하면 [Constraints]를 무시하고 프레임의 크기를 조절할 수 있습니다.

> ### ⭐ [Constraints]
>
> [Constraints]는 제약, 통제라는 뜻으로, 프레임 크기에 따라 요소의 간격, 위치를 조정하는 기능입니다. 다양한 기기나 상황에 맞게 대응하는 UI를 만드는 데 유용합니다.

Do it! [Move]로 오브젝트 이동하기

📄 실습 페이지 : UI_03-1_01

1. 피그마 왼쪽 상단에서 ▷를 클릭하거나 단축키 V를 눌러 [Move]를 활성화합니다. 카드 UI 오브젝트 전체를 드래그하거나 카드 UI 상단 왼쪽의 오브젝트 이름을 클릭해 선택합니다. ✔️ 아직 아무 툴도 사용하지 않았다면 [Move]가 기본으로 활성화되어 있습니다.

2. 선택한 오브젝트를 드래그해서 움직여 보세요.

3. 이 오브젝트는 이미지와 텍스트 등 여러 레이어를 겹친 상태입니다. 가장 안쪽 레이어를 선택하려면 Ctrl 을 누른 채 오브젝트를 클릭해 보세요. 레이어 안쪽에 있는 글자가 선택되는 것을 볼 수 있습니다.

4. 오브젝트를 선택한 상태로 마우스 오른쪽을 클릭해 보세요. 지금 상태에서 사용할 수 있는 다양한 기능을 한 번에 확인할 수 있습니다.

5. 오브젝트의 가장자리를 클릭한 채 드래그하면 크기를 자유롭게 조정할 수 있습니다. 이때 Shift 를 누른 상태로 드래그하면 오브젝트의 가로세로 비율을 유지한 채 크기를 조정할 수 있습니다.

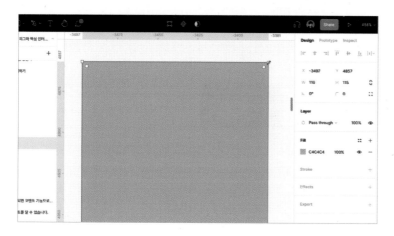

[Scale]

단일 오브젝트는 간단하게 크기를 조절할 수 있지만 우리가 앞으로 디자인할 UI 컴포넌트에는 [Constraints]로 다양한 규칙이 포함될 것입니다. 설정된 UI 규칙에 구애받지 않고 직관적으로 크기를 조절하고 싶을 때는 **[Scale]**을 활용하면 편리합니다. [Scale]은 [Move] 오른쪽 드롭다운 메뉴를 열고 선택합니다.

[Move]로도 오브젝트의 크기를 조절할 수 있는데 [Scale]로 ✏️ [Scale]의 단축키는 K 입니다.
하는 크기 조절은 무엇이 다른 걸까요? [Move]로 프레임의 크기를 조절하면 [Constraints] 의 규칙에 따라 요소가 자동 배치됩니다. 하지만 실무에선 기존 규칙을 무시하고 컴포넌트의 크기를 키우거나 줄여야 할 때도 있습니다. 이럴 때 [Move] 대신 [Scale]을 사용하면 [Constraints]를 무시하고 오브젝트의 크기를 조절할 수 있습니다.

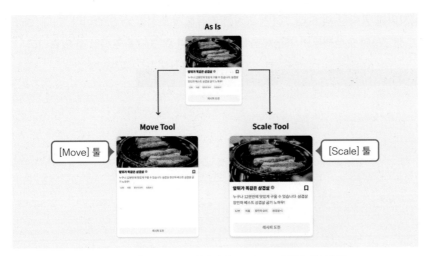

동일한 크기의 오브젝트를 [Move]로 조절했을 때(왼쪽), [Scale]로 조절했을 때(오른쪽)

[Frame]

[Frame]은 일러스트레이터나 Adobe XD의 아트보드와 비슷한 개념으로, 컴포넌트 안의 영역을 나누는 일종의 틀 같은 역할도 합니다.

✅ [Frame]의 단축키는 F 입니다.

[Frame]의 기본적인 특징은 다음과 같습니다.

- □ [Frame]을 활성화한 상태에서 피그마 캔버스를 한 번 클릭하면 100 × 100px 크기의 프레임이 기본으로 생성됩니다.
- □ [Frame]을 활성화한 상태에서 캔버스를 드래그해 원하는 크기의 프레임을 생성할 수 있습니다.
- □ [Frame]을 활성화하고 화면 오른쪽 Design 패널에서 원하는 크기의 프리셋을 선택해 특정 크기의 프레임을 생성할 수 있습니다.
- □ 상위 프레임 안에서 [Constraints]의 영향을 받습니다.
- □ 프레임 안에 프레임을 넣을 수 있으며, 이것을 '프레임 속의 프레임(nested frame)'이라 부릅니다.
- □ [Auto layout] 모드를 켜고 끌 수 있습니다

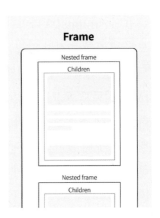

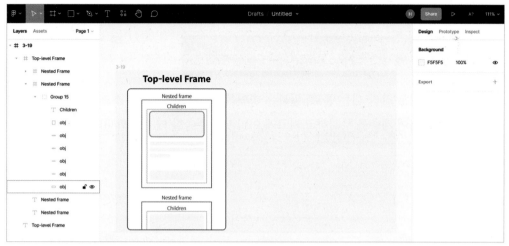

Layers 패널에 마우스 커서를 올리면 프레임과 오브젝트의 위치를 확인할 수 있습니다.

✅ **궁금해요!** **프레임 속의 프레임이 뭐예요?**

프레임은 어디에 있느냐에 따라 조금씩 특징이 다릅니다. 아트보드 역할을 하는 루트 프레임(root frame)이 있고 말 그대로 프레임 안에 만들어진 프레임 속의 프레임(nested frame)이 있습니다. 각 프레임의 개념과 특징은 다음과 같습니다.

강의 영상 보러 가기

루트 프레임(root frame, top-level frame): 피그마 화면에서 가장 바깥쪽에 있는 프레임으로, 어도비 등 다른 툴의 아트보드처럼 주로 전체 그림을 감싸는 용도입니다. [Share → Link to selected frame]을 선택하면 외부에서도 해당 프레임을 바로 볼 수 있는 공유 링크를 생성할 수 있습니다.

프레임 속의 프레임(nested frame): 루트 프레임 안에 만든 일종의 하위 프레임입니다. 상위 프레임을 움직이거나 투명도를 조절하는 등 값을 바꾸면 하위 프레임도 영향을 받습니다. 프레임은 [Auto layout]으로 변형하거나 그룹 해제(Ungroup)로 없앨 수 있습니다.

프레임 없이 오브젝트부터 만든 다음 이를 감싸는 방식으로 프레임을 만들 수도 있습니다. 프레임에 넣을 오브젝트를 선택하고 마우스 오른쪽 버튼을 클릭해 **[Frame selection]**을 선택하거나 단축키 Ctrl + Alt + G 를 누르면 선택한 오브젝트가 모두 하나의 프레임에 포함됩니다.

[Slice]

✅ [Slice]의 단축키는 S 입니다.

[Slice]는 말 그대로 잘라 내는 툴로, 원하는 영역을 마우스로 선택해 스크린샷 찍듯 추출할 수 있습니다. 레이어 계층을 무시하고 빠르게 이미지를 추출할 때 유용합니다.

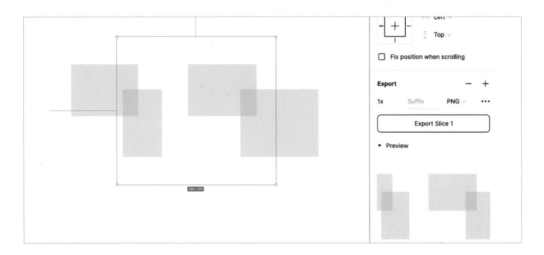

또는 잘라 내고 싶은 영역을 상위 프레임으로 감싸고 [Clip content]를 눌러 내보내기 해도 동일한 결과물을 얻을 수 있습니다.

[Shape]

[Shape]는 도형을 그리는 툴입니다. 간단한 사각형, 원부터 별 모양까지 다양한 도형을 선택할 수 있어요. 원하는 대로 도형을 만들고 싶다면 오른쪽 Design 패널에서 모서릿값^{corner radius}이나 꼭짓점 개수 등의 값을 조절하면 됩니다.

✅ [Shape]는 다양한 단축키를 활용해 여러 가지 모양을 만들 수 있습니다. 사각형은 R, 선은 L, 화살표는 Shift + L, 원은 O 입니다.

강의 영상 보러 가기

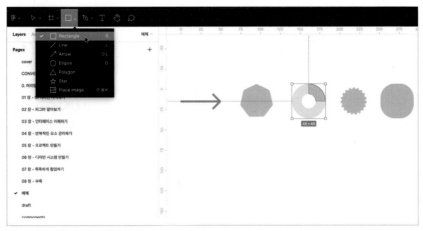

[Shape]로 만든 다양한 도형 예시

[Pen]과 [Pencil]

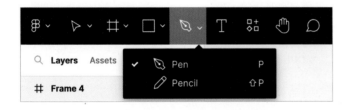

아이디어를 표현하다 보면 도형만으로는 한계에 부딪힐 때가 있습니다. 이럴 때 **[Pen]**을 사용하면 점과 커브(패스)를 기준으로 원하는 도형을 직접 그릴 수 있습니다.

[Pen]의 드롭다운 메뉴를 클릭하면 안쪽에 **[Pencil]**이 있는데요. [Pencil]은 이름 그대로 연필처럼 그림을 그리는 툴입니다. 마우스로 그림을 그리듯이 자유롭게 도형을 만들 수 있죠.

[Pen]과 [Pencil]을 잘 활용하면 어도비의 일러스트레이터 없이도 UI를 살려 줄 멋진 일러스트레이션을 제작할 수 있습니다. 물론 숙련된 드로잉   ✅ [Pen]의 단축키는 P, [Pencil]은 Shift + P입니다.
실력이 필요하겠죠?

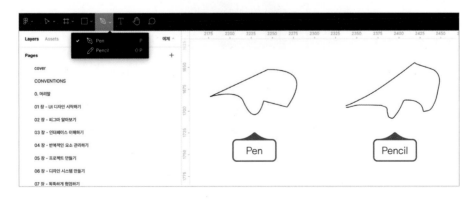

Do it! 피그마에서 이미지 배경 제거하기

실습 페이지 : UI_03-1_02

강의 영상 보러 가기

이미지 작업을 하다 보면 불필요한 배경을 제거해야 할 때가 종종 있습니다. 이를 디자인 실무에서는 속된 말로 '누끼 딴다'라고 표현하는데요. 디자인의 완성도를 높이는 데 다양하게 활용할 수 있는 기술입니다. 디자이너는 포토샵, 일러스트레이터 등 다양한 디자인 프로그램에서 이 작업을 하는데요. 피그마의 펜 툴과 마스크 기능으로도 빠르게 배경을 제거할 수 있습니다. 다음 예제를 참고해 실습 파일의 배경을 제거해 보겠습니다.

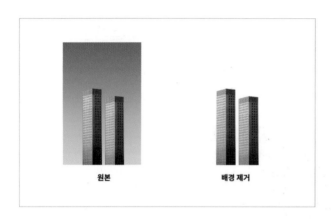

1. [Pen]을 이용해 마스크를 그려 보겠습니다. [Pen]을 활성화하고 빌딩의 테두리를 따라 선을 그립니다.

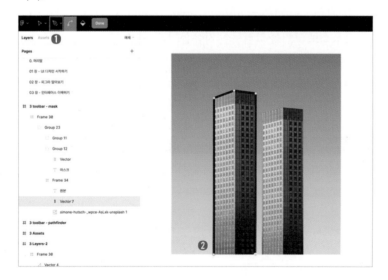

2. 그리드에 스냅이 걸려 원하는 대로 [Pen]을 사용하기 어렵다면 오른쪽 상단의 메뉴를 열어 [Snap to pixel grid]를 해제하세요. 그리드에 [Pen]의 꼭지점이 달라붙는 것을 막아 줍니다. UI 작업 시 그리드에 맞춰 주는 기능이니, 작업을 완료한 후에는 스냅 기능을 다시 켜주세요.

🔍 그리드 & 스냅

그리드(grid)는 레이아웃을 제어하는 보이지 않는 선을 뜻합니다.
스냅(snap)은 자석 기능이라고도 하며, 오브젝트의 크기나 위치를 조절할 때 그리드에 맞도록 자동으로 조정하는 기능입니다.

3. 다 그리고 나면 Stroke 패널에 검은색이 표시되는데요. 마스크는 칠해져 있는 부분만 인식해서 보여 주기 때문에 Shift + X 를 눌러 오른쪽 패널에서 Stroke를 Fill로 바꿉니다.

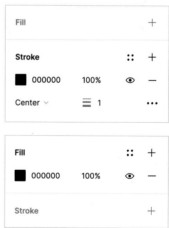

4. Fill값을 채운 마스크 오브젝트를 빌딩 이미지 레이어 뒤로 보냅니다. 마스크 영역이 맨 뒤에 있어야 의도한 대로 적용되기 때문입니다. Layers 패널에서 마스크 오브젝트를 이미지 아래로 드래그해서 옮깁니다. 그런 다음 자를 이미지와 마스크로 쓸 레이어를 모두 선택합니다.

✅ 레이어에 대한 자세한 내용은 〈03-2절 컴포넌트로 한 차원 높게 복사·붙여넣기〉를 참고하세요.

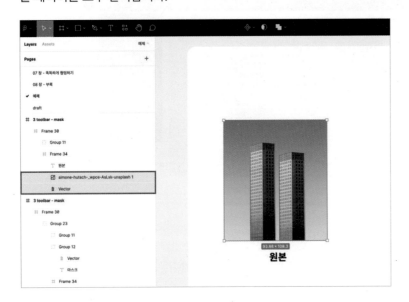

5. 피그마 툴 바 가운데 영역을 확인해 보면 반달 모양의 아이콘이 보이는데요. 바로 콘텍스추얼 툴입니다. 이 아이콘을 누르면 마스크가 적용됩니다.

✅ 콘텍스추얼 툴에 대한 자세한 내용은 〈03-4절 필요한 기능을 즉시 보여 주는 콘텍스추얼 툴〉을 참고하세요.

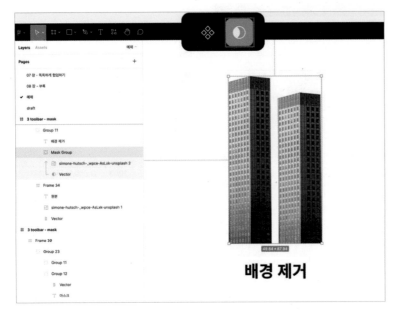

[Text]

[Text]는 말 그대로 글자를 입력하는 툴로, 이 아이콘을 활성화하면 마우스 포인터가 글자 입력 모드로 바뀝니다. 이때 원하는 곳을 클릭해 글자 상자를 만들어 바로 입력할 수도 있고, 화면 빈 곳을 클릭하고 드래그해서 영역을 지정한 뒤 입력할 수도 있습 ☑️ [Text]의 단축키는 T입니다.
니다.

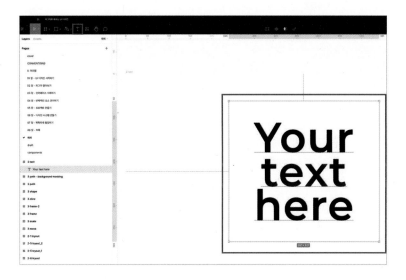

텍스트를 입력하면 오른쪽 Design 패널의 Text 영역에서 다음과 같은 옵션을 선택해 글자를 세부적으로 조절할 수 있습니다.

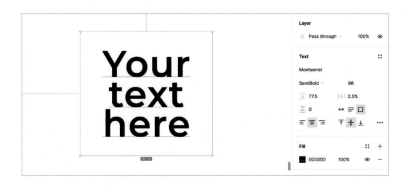

❶ 글꼴 이름: 클릭하면 피그마 플랜, 혹은 내 컴퓨터에 설치된 글꼴을 찾아서 지정합니다.

❷ 폰트 패밀리 & 크기: 글꼴의 굵기와 크기를 조절합니다.

❸ 행간 & 자간: 줄 바꿈 간격과 문자 사이의 간격을 조절합니다.

❹ 문단 간격 & 글자 상자 규칙: 문단이 바뀌었을 때 간격과 글자 상자의 타입을 설정합니다.

❺ 정렬: 글자 상자 안에서 글자의 정렬 속성(왼쪽, 가운데, 오른쪽, 위, 가운데, 아래)을 설정합니다.

이 외에도 Text 영역 오른쪽 아래 ┅ 아이콘을 누르면 [Resizing], [Alignment], [List style] ┅ 등 세부 속성을 조절할 수 있습니다.

> **⭐ 행간과 자간**
>
> **행간**이란 텍스트 행, 즉 줄과 줄 사이의 간격입니다. 기본적으로 Auto로 설정되어 있습니다. **자간**은 글자와 글자 사이의 간격입니다. 피그마에서 행간과 자간 값은 숫자 입력 외에도 %, Auto 등을 입력해 유동적으로 활용할 수 있습니다.

[Resources]

항상 백지 캔버스에서 디자인을 시작할 필요는 없습니다. [Resources]를 클릭하면 누군가 만든 작업물을 활용해 좀 더 쉽게 디자인을 시작할 수도 있고 아이디어도 얻을 수 있죠. [Resources]는 [Components], [Plugins], [Widgets]라는 3개의 탭으로 구성되어 있습니다. [Components] 탭에서는 직접 설정한 디자인 애셋을 확인하거나 사용할 수 있고,

[Plugins] 탭에서는 다양한 업무 효율화 툴을 만나 볼 수 있습니다. 마지막으로 [Widgets] 탭에는 동료들과 더욱 즐겁게 상호작용할 수 있는 여러 기능이 준비되어 있습니다.

✔️ [Resources]의 단축키는 Shift + I 입니다.

[Hand]

디자인 작업을 하다 보면 캔버스를 확대·축소하거나 이리저리 옮겨 다니며 작업할 때가 많은데요. 이때 **[Hand]**를 사용하면 캔버스를 빠르게 이동할 수 있습니다.

✔️ [Hand]의 단축키는 H 입니다. 캔버스 확대 단축키는 +, 축소는 - 입니다.

캔버스를 이동할 때는 [Hand]를 써도 좋지만, [Move]일 땐 Space bar 를 누른 상태에서 화면을 클릭하고 드래그해도 똑같이 캔버스를 이동할 수 있습니다. 또, 애플의 매직 마우스나 트랙패드의 제스처로도 캔버스 확대·축소·이동을 할 수 있습니다.

✔️ [Hand]만으로 원하는 오브젝트까지 가는 게 번거롭다면 이동할 오브젝트를 선택하고 Shift + 2 를 눌러 보세요. [Zoom to selection] 기능이 활성화돼 자동으로 해당 오브젝트가 꽉 차는 화면으로 이동합니다.

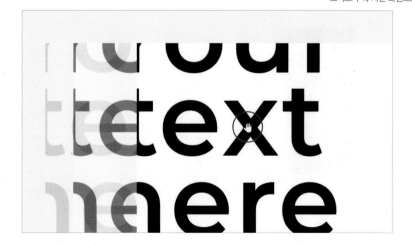

[Add comment]

작업물이 어느 정도 완성되면 **[Add comment]**라는 코멘트 기능으로 다른 사람들과 의견을 주고받을 수 있습니다. [Add comment]는 SNS처럼 @로 코멘트를 남길 사람의 피그마 계정을 태그해 코멘트를 다는 방식으로 소통할 수 있습니다. 코멘트를 달고 계정을 태그하면 해당 계정으로 알림이 가고, 상대방은 알림을 클릭해 코멘트와 작업물을 실시간으로 확인할 수 있죠.

✅ [Add comment]의 단축키는 ⓒ입니다.

✅ 단, 작업 도중 피그마 파일을 복제(duplicate)했을 경우 코멘트 내용은 복제되지 않습니다.

Do it! yourself | **프로젝트 섬네일 만들기** ● ● ●

지금까지 배운 8가지 툴을 활용해 피그마 파일의 섬네일을 만들어 보세요. 피그마에서 섬네일이란 책의 표지와 같은 역할을 하며 피그마 파일 리스트에 뜨는 이미지를 가리킵니다. [Frame]으로 섬네일 프레임을 만들고 [Pen], [Pencil], [Shape] 등을 이용해 꾸민 다음 [Text]로 섬네일에 쓸 글자를 입력해 보세요. 간단하게 도형과 텍스트로만 꾸며도 좋습니다. 섬네일 디자인을 모두 마쳤다면 마우스 오른쪽 버튼을 클릭하고 **[Set as thumbnail]**을 눌러 완성해 보세요.

03-2 ｜ 컴포넌트로 한 차원 높게 복사·붙여넣기

대부분의 툴에서 어떤 요소를 다른 곳에도 사용할 때 Ctrl+C로 복사하고 Ctrl+V로 붙여 넣습니다. 피그마도 마찬가지죠. 하지만 피그마에서 작업을 하다 보면 일부만 변경하거나 여러 가지 오브젝트를 하나로 묶는 등 더 복잡한 방식의 복사·붙여넣기가 필요할 때가 있습니다. 바로 이때 쓰이는 것이 **컴포넌트**입니다. 이번에는 컴포넌트의 기본 사용법과 활용 예시를 살펴보겠습니다.

메인 컴포넌트와 인스턴스

컴포넌트 component 란 오브젝트를 복제해 다양하게 활용할 수 있는 피그마의 핵심 기능으로, 원하는 애셋을 컴포넌트로 지정하고 해당 애셋을 복제해 **인스턴스** instance 로 만드는 방식입니다. 아무리 많은 인스턴스를 복제해도 컴포넌트 하나만 수정하면 모든 인스턴스를 한꺼번에 바꿀 수 있어 반복해서 쓰는 요소를 관리할 때 무척 편리합니다.

> ✔️ 한번 컴포넌트로 바꾼 애셋은 다시 원래 상태로 돌릴 수 없습니다. 컴포넌트로 바꾼 직후 Ctrl+Z 외에는 되돌릴 수 없으니 주의하세요.

쉽게 말해 컴포넌트가 원본이라면, 인스턴스는 컴포넌트의 영향을 받는 각각의 복제본이라고 보면 됩니다. 예를 들어 인스턴스 속 애셋의 위치를 바꾸거나 지우는 등 전체적인 레이아웃을 수정할 수는 없지만 [Fill]이나 [Stroke]의 값 등 세부 내용은 개별 인스턴스에서 변경할 수 있습니다.

특히 카드 형태의 UI는 섬네일이나 타이틀을 다르게 바꿔 여러 번 재사용하는 경우가 많아 이를 컴포넌트로 만들어 두고 활용하면 반복 수정을 최소화하면서도 일괄적으로 수정할 수 있습니다. 상단의 다이아몬드 버튼(Create component)을 누르면 선택한 오브젝트가 컴포넌트로 변하는데요. 이때부터 오브젝트는 보라색으로 표시되며, 이렇게 만든 컴포넌트를 복제해 입맛에 맞게 사용하면 됩니다.

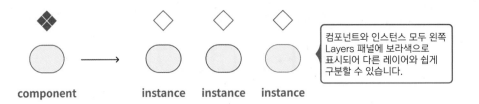

컴포넌트와 인스턴스 모두 왼쪽 Layers 패널에 보라색으로 표시되어 다른 레이어와 쉽게 구분할 수 있습니다.

피그마에서 컴포넌트는 속이 꽉 찬 다이아몬드, 인스턴스는 속이 빈 다이아몬드 아이콘으로 구분할 수 있습니다.

여러 오브젝트를 한 번에 컴포넌트로 바꿀 수도 있습니다. 오브젝트를 2개 이상 선택하면 컴포넌트 아이콘 오른쪽에 드롭다운 메뉴가 생기는데요. 클릭해 보면 [Create component]와 [Create multiple components]라는 메뉴가 보입니다. 이 가운데 [Create multiple components]는 선택한 여러 오브젝트를 한 번에 컴포넌트로 만들 수 있는 기능입니다. 아이콘, 일러스트레이션 등 비슷한 스타일로 많은 컴포넌트를 한 번에 만들 때 유용합니다.

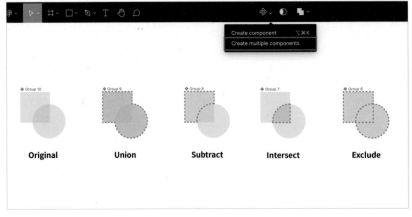

드롭다운 UI를 열면 여러 오브젝트를 한 번에 컴포넌트로 바꿀 수 있습니다.

Do it! 일반 레이어를 컴포넌트로 바꾸기 📖 실습 페이지 : UI_03-2_01

1. 자주 사용할 UI의 레이어를 컴포넌트로 만들어 관리해 보겠습니다. [Move]로 'Sample Title' 아래에 있는 카드 부분을 더블 클릭해 선택하고 Alt 를 누른 채 오른쪽으로 드래그하세요. 선택한 레이어가 자동으로 복제됩니다.

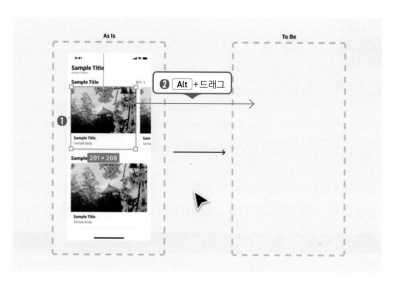

2. 복제한 레이어가 선택된 상태에서 마우스 오른쪽을 클릭하면 레이어 선택부터 그룹화 등 다양한 기능이 뜹니다. 이 중 [Create component]를 클릭하세요.

✅ Ctrl + Alt + K 를 눌러 컴포넌트를 빠르게 만들 수 있습니다.

3. 카드 영역이 컴포넌트로 지정되어 보라색으로 표시됩니다.

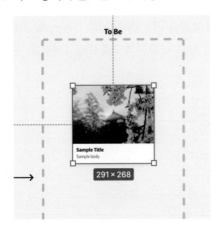

4. 이렇게 만들어 둔 컴포넌트는 Layers 패널에서 따로 빼두는 게 관리하기 좋습니다. 카드 외에도 버튼, 타이틀 등 재사용할 것 같은 애셋은 모두 컴포넌트로 만들어 관리하는 것이 좋습니다.

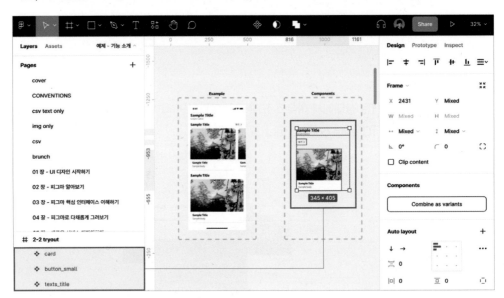

이번 예제에 사용된 모든 UI를 인스턴스로 바꿔 보세요.

1. 메인 컴포넌트는 관리하기 쉽게 따로 빼주세요.
2. 반복적으로 사용되는 애셋은 동일한 컴포넌트로 만들어 주세요.
3. 캐러셀 UI에 [Auto layout]을 적용하는 것까지 시도해 보세요.

기능 사전 ✪ 캐러셀 UI

캐러셀 UI란 한 페이지에 더 많은 정보를 보여 주기 위해 수평으로 스와이프할 수 있도록 구성된 UI입니다.

컴포넌트 오버라이드 초기화하기

앞서 살펴봤듯이 인스턴스는 일반적인 복사, 붙여넣기와 다르게 컴포넌트(원본)와 연결되어 있기 때문에, 기본적으로 컴포넌트의 수정 사항이 인스턴스에도 반영됩니다. 하지만 인스턴스에서도 텍스트 내용이나 레이어 색상 등 컴포넌트의 레이아웃이 아닌 세부 사항을 다른 값으로 덮어쓸 수 있는데요. 이렇게 인스턴스에서 큰 틀을 유지하며 세부 요소를 수정하는 것을 **오버라이드**override 라고 합니다. 즉, 인스턴스에 덮어씌운 값을 다시 원본으로 초기화하는 작업입니다. 상황에 따라 컴포넌트의 일부분만 선택한 후 초기화할 수도 있고, 전체를 초기화할 수도 있습니다.

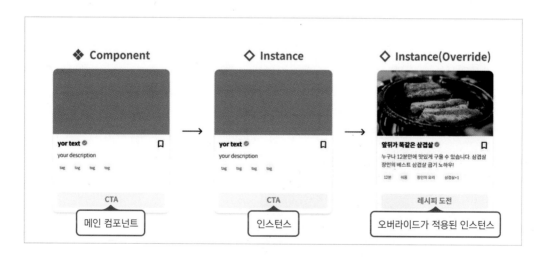

인스턴스의 오버라이드(덮어쓰기)는 피그마의 핵심 기능 중 하나인데요. 반복 사용하는 UI 컴포넌트의 연결을 끊지 않고도 다양한 UI 적용 예시를 확인할 수 있기 때문입니다. 이번 예제에서 실제 인스턴스를 덮어쓰고 초기화해 보며 기능을 익혀 보겠습니다.

Do it! 인스턴스 덮어쓰고 초기화하기　　　　　　　📑 실습 페이지 : UI_03-2_02

1. As Is에 있는 메인 컴포넌트를 복제한 후 To Be로 옮겨 옵니다. Layers 패널을 보면 메인 컴포넌트 위에 복제된 인스턴스가 나타납니다.

> ✔️ 복제하고 싶은 오브젝트를 선택한 다음 Alt 를 누른 채 드래그하면 복제할 수 있습니다.

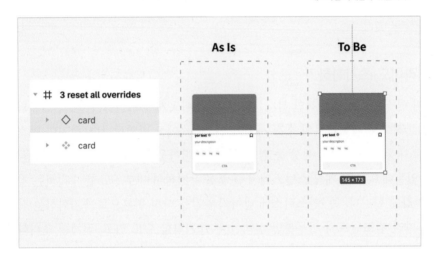

2. 이렇게 복제한 To Be의 인스턴스는 컴포넌트와 연결된 상태입니다. 프레임만 사용하고 주황색 이미지 영역의 이미지를 바꿔 보겠습니다. 오른쪽 영역의 Fill 영역에서 색상 아이콘을 클릭하고 [Solid] 대신 [Image]를 선택합니다.

> ✔️ 복제하고 싶은 오브젝트를 선택한 다음 Alt 를 누른 채 드래그하면 복제할 수 있습니다.

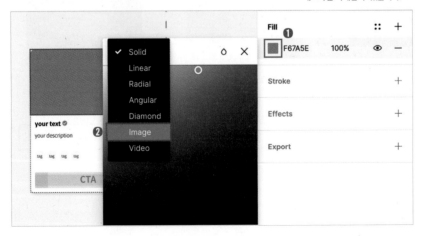

3. 그런 다음 [Choose image]를 클릭해 원하는 이미지를 업로드합니다.

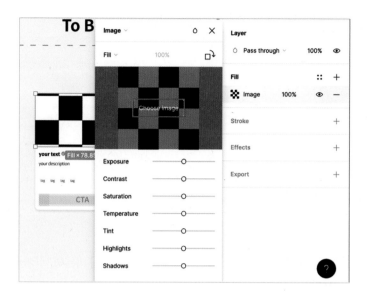

4. 이미 스타일로 지정된 이미지가 있다면 이미지 영역을 클릭해 변경할 수 있고, 아니라면 오른쪽의
¿?(detach) 아이콘을 눌러 연결을 끊어 주세요. 연결이 끊어지면 원하는 이미지 파일을 끌어와
넣을 수 있습니다.

5. 다음 예시처럼 인스턴스의 텍스트 레이어를 선택해 자유롭게 변경할 수 있습니다.

6. 이렇게 인스턴스를 오버라이드하면 콘텍스추얼 툴 영역에 [Reset all changes] 버튼이 나타납니다. 이 버튼을 클릭하면 이미지처럼 메인 컴포넌트의 설정값으로 복구됩니다.

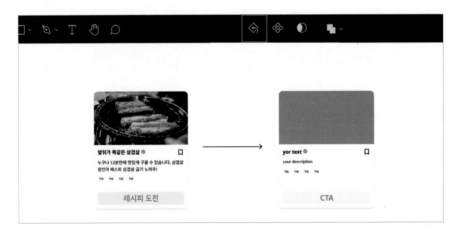

03-3 ｜ UI 디자이너의 책장, 왼쪽 사이드바

피그마에서 왼쪽 사이드바는 애셋의 위치나 구조와 관련이 깊은데요. 왼쪽 사이드바는 내 디자인 프로젝트의 '책장'이라고 볼 수 있습니다. 같은 책장이라도 누가 쓰냐에 따라 천차만별인 것처럼 왼쪽 사이드바도 사용자에 따라 다양한 방식으로 애셋을 정리하고 관리할 수 있습니다. 어떤 책을 어떤 순서로 꽂을 것인지, 누가 이 책장을 이용할 것인지를 고려하며 책을 정리하듯 애셋을 정리하면 디자인 파일을 더욱 활용하기 쉽게 구성할 수 있을 것입니다.

같이 작업하는 파일이라면 나뿐만 아니라 협업하는 사람들 그리고 시간이 지난 후에 볼 누군가를 위해서라도 애셋은 알기 쉽게 구성하는 것이 중요합니다. 이번에는 왼쪽 사이드바의 구성과 애셋이 어떤 규칙으로 배치되는지 알아보겠습니다.

Layers 패널

Layers 패널은 피그마 파일에 들어오면 기본으로 활성화되어 있습니다. 비활성화 상태에서도 Ctrl + Shift + \ 을 눌러 빠르게 활성화할 수 있죠.

Layers 패널의 역할을 이해하려면 먼저 레이어의 개념을 알아야 합니다. 여기서 잠깐, 여러분이 지금 보고 있는 이 책의 구조를 생각해 볼게요. 겉에서부터 표지, 속지, 차례, 대단원, 본문 페이지로 구성되어 있죠? 디지털 애셋도 마찬가지입니다. 피그마뿐 아니라 대부분의 디자인 툴에서 이렇게 요소들의 순서, 종류, 계층을 관리하는 개념을 **레이어**[layer]라고 합니다. 피그마의 Layers 패널에서는 우리가 만드는 모든 오브젝트의 위계 질서를 관리할 수 있습니다. 이렇게 계층을 생각하며 만들면 훨씬 구조적으로 디자인 애셋을 관리할 수 있습니다.

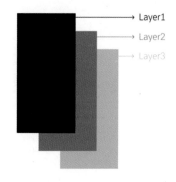

프레임, 이미지, 인스턴스, 텍스트 등 오브젝트 속성에 해당하는 아이콘을 Layers 패널에서 확인할 수 있습니다.

쉽게 말해 레이어란 이름 그대로 하나하나 요소를 쌓는 것을 뜻합니다. 맨 아래 배경부터 그 위에 텍스트, 이미지, 다시 텍스트 이렇게 쌓아서 디자인에 살을 붙여 나가는 방식이죠. 그렇다면 Layers 패널에선 어떻게 레이어를 관리하는지 살펴볼까요?

피그마 파일을 열면 왼쪽에 왼쪽에 Layers 패널이 활성화된 것을 볼 수 있습니다. 이곳에서는 해당 피그마 페이지에 있는 모든 레이어를 확인할 수 있는데요. 다음 예시에서 볼 수 있듯 프레임, 그룹, 컴포넌트, 인스턴스 등 다양한 속성의 애셋이 레이어에 있습니다.

✪ 패널 없애기

\ 또는 Ctrl + \ 를 누르면 좌우 패널을 숨길 수 있습니다. 디자인 프레젠테이션을 할 때 유용합니다.

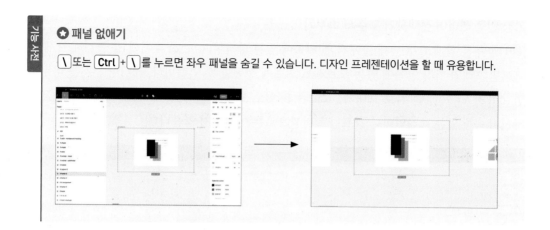

[Do it!] 오브젝트별 레이어 속성 확인하기

실습 페이지 : UI_03-3_01

레이어를 어떻게 선택하고 순서를 조정하고 잠그거나 숨길 수 있는지 Layers 패널의 기본 기능 몇 가지를 살펴보겠습니다.

레이어 선택하기

왼쪽 Layers 패널에서 예제 프레임 [Frame 30]을 클릭해 보세요. 프레임에 속한 모든 레이어가 선택되는 것을 볼 수 있습니다. 이처럼 레이어 패널에서 레이어를 클릭하면 그룹이나 프레임 등으로 묶인 레이어를 한꺼번에 선택할 수 있습니다.

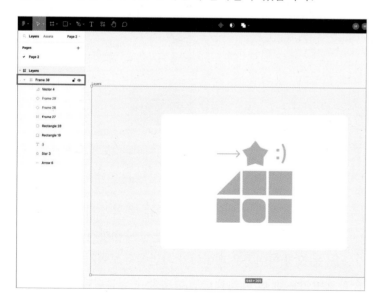

가장 안쪽 레이어 선택하기 & 순서 바꾸기

Ctrl 을 누른 상태로 두 번째 줄에서 맨 왼쪽에 있는 삼각형(Vector 4 애셋)을 클릭해 보세요. 그러면 프레임 가장 안쪽에 있는 오브젝트를 쉽게 선택할 수 있습니다. 레이어 순서를 바꾸려면 Ctrl + Alt + [(맨 뒤로 보내기), Ctrl + [(뒤로 보내기)를 눌러 보세요. 이때 오브젝트는 자신이 속해 있는 프레임이나 컴포넌트 바깥으로는 이동하지 않습니다.

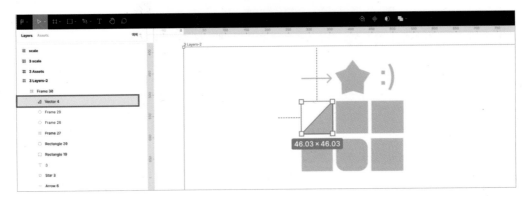

컴포넌트와 인스턴스 구분하기

이번에는 왼쪽에서 속이 빈 다이아몬드 아이콘을 클릭해 인스턴스를 선택해 보세요. 컴포넌트, 인스턴스처럼 복제할 수 있는 오브젝트는 보라색으로 표시됩니다.

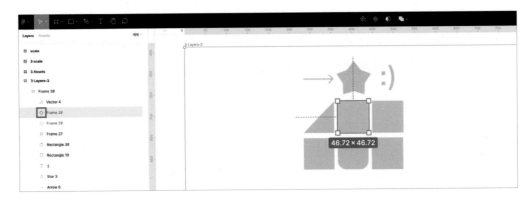

레이어 잠금 & 숨기기

이번에는 원하는 레이어에 마우스 포인터를 올려 볼까요? 레이어 이름 왼쪽에 자물쇠와 눈 모양 아이콘이 뜨는 것을 볼 수 있습니다. 자물쇠 아이콘은 레이어를 더 수정하지 않거나 실수로 이동하지 않도록 잠그는 기능을, 눈 모양 아이콘은 레이어가 화면에서 보이지 않도록 숨기는 기능을 합니다. 잠그거나 숨긴 레이어는 한 번 더 클릭하면 해제할 수 있습니다.

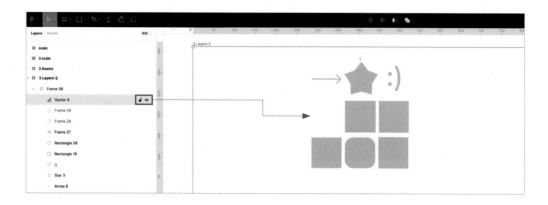

⭐ 복제·생성한 레이어의 이름

계속해서 레이어를 복제, 생성하면 레이어의 이름이 숫자와 함께 자동으로 생성됩니다. 위 그림에서 [Frame 27], [Frame 28], [Frame 29]와 같이 레이어 이름에서 숫자가 하나씩 커지는 식입니다. 단, 텍스트 레이어는 따로 레이어 이름을 바꾸지 않는다면 텍스트 창에 입력된 텍스트가 그대로 레이어 이름이 됩니다.

Page 섹션

하나의 피그마 파일에서 캔버스를 여러 개 쓰고 싶을 때는 **페이지** page를 이용해 디자인 작업물을 분리할 수 있습니다. 패널 오른쪽 상단의 드롭다운 UI를 클릭하면 해당 피그마 파일의 페이지 섹션을 확인할 수 있고 [+] 버튼을 눌러 페이지를 쉽게 추가할 수 있습니다. 추가한 페이지를 두 번 클릭하면 이름을 변경할 수 있습니다. 페이지 이름은 Communication, Drafts, Components, UI, Prototyping 등 용도별로 지정해서 관리하면 편리합니다. 또, 페

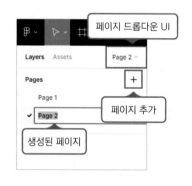

이지 이름에 '🚧Prototyping'처럼 이모지를 넣어 작업 상태나 프로젝트 속성을 좀 더 명확하게 표시할 수도 있습니다.

✅ 스타터 플랜(무료)으로 피그마를 이용한다면 [Drafts] 밖에서 사용할 수 있는 페이지가 최대 3장으로 제한됩니다. 더 많은 페이지를 이용하고 싶다면 페이지를 [Drafts]로 옮기거나 유료 플랜을 결제해야 합니다.

Assets 패널

사실 지금까지 배운 Layers 패널과 여러 종류의 마우스 툴만 잘 사용해도 대부분의 디자인 작업을 진행하기에 큰 무리는 없습니다. 이제 Assets 패널을 활용해 좀 더 효율적으로 컴포넌트를 관리해 볼까요? Assets 패널에서는 피그마 파일에서 사용할 수 있는 모든 컴포넌트를 쉽게 찾을 수 있습니다.

✅ Assets 패널을 빠르게 열려면 단축키 Alt + 2 를 눌러 보세요.

Assets 패널의 기본 기능과 특징은 다음과 같습니다.

❶ Search assets: 원하는 컴포넌트나 애셋의 이름을 검색해서 찾을 수 있습니다.

❷ Show as list/grid: 컴포넌트의 목록을 리스트 또는 그리드 형태로 볼 수 있습니다.

❸ Team library: 다른 피그마 파일의 컴포넌트를 사용할 수 있는 라이브러리 창을 엽니다(단, 프로페셔널 플랜부터 제대로 이용할 수 있습니다).

> ✅ Alt + 3 을 누르면 [Team library] 창을 더 빠르게 열 수 있습니다.

❹ Local components: 지금 작업 중인 피그마 파일 컴포넌트를 보여 줍니다.

❺ Used in this file: 이 피그마 파일에서 사용된 모든 컴포넌트를 보여 줍니다. 컴포넌트의 섬네일을 캔버스에 끌어다 놓으면 손쉽게 컴포넌트를 불러올 수 있습니다.

✅ 궁금해요! **[Team library]가 뭐예요?**

프로페셔널 플랜부터는 다른 피그마 파일에서도 컴포넌트를 사용할 수 있도록 배포하는 라이브러리 기능을 사용할 수 있습니다. 이 창은 [Assets → Team library]로 활성화할 수 있고, 활용 가능한 라이브러리가 있다면 이 창에 모두 표시됩니다. 왼쪽의 토글 버튼을 눌러 간단하게 활성화할 수 있습니다.

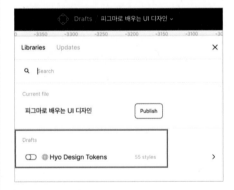

물론 스타터 플랜에서도 일부 기능을 사용할 수 있지만 매우 제한적입니다. 라이브러리를 제대로 활용하려면 유료 플랜을 고려해 보세요. 학생이나 교육 기관 선생님의 경우, 학교 계정 인증을 통해 프로페셔널 플랜과 동일한 에듀케이션 플랜을 사용할 수 있으니 참고하기 바랍니다(https://www.figma.com/education/).

03-4 │ 필요한 기능을 즉시 보여 주는 콘텍스추얼 툴

이번에 살펴볼 것은 앞서 9가지 기본 인터페이스를 다룰 때 잠깐 마주쳤던 콘텍스추얼 contextual 툴입니다. 콘텍스추얼 툴은 피그마 캔버스에서 가운데 상단에 있는 기능으로, '맥락에 맞는'이라는 뜻처럼 사용자의 행동에 따라 그 맥락에 맞는 적절한 기능을 보여 줍니다. 예를 들어 텍스트 레이어를 클릭하면 링크를 입력할 수 있는 링크 아이콘이 뜨고 도형을 클릭하면 필요 없는 부분을 지우는 마스크 아이콘이 뜨는 식이죠. 작업할 때 자주 쓰는 기능 몇 가지를 살펴볼까요?

폴더명과 파일명

피그마에서 아무것도 선택하지 않았을 때 콘텍스추얼 툴 영역에서 현재 열린 피그마 파일이 위치한 폴더명과 파일명을 볼 수 있습니다. 왼쪽의 폴더를 클릭하면 피그마 폴더 파일로 이동하고 파일명을 클릭하면 파일 이름을 변경할 수 있습니다. 파일명 오른쪽의 드롭다운 UI를 클릭하면 저장, 복제, 파일 위치 이동 등 해당 파일과 관련된 주요 기능을 볼 수 있습니다.

아무것도 선택하지 않았을 때 콘텍스추얼 툴의 폴더명과 파일명

도형을 합치거나 나누는 기능, [Boolean groups]

피그마에서 제공하는 기본 도형의 개수는 그리 다양하지 않습니다. [Pen]을 이용해 직접 그려도 좋지만, 드로잉 실력에 자신이 없다면 원하는 모양을 만들긴 어렵죠. 이때 도형끼리 합치거나 겹쳐 완전히 새로운 도형을 만드는 기능이 있습니다.

2가지 이상의 오브젝트를 한 번에 선택하면 콘텍스추얼 둘 오른쪽 드롭다운 메뉴에서 **[Boolean groups]**를 볼 수 있습니다. 바로 **패스파인더** 기능이죠.

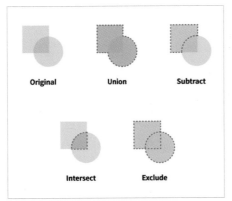 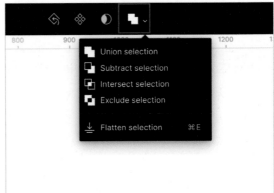

[Boolean groups] 기능으로 다양한 모양을 만들 수 있습니다.

[Boolean groups]를 이용하면 다음 이미지처럼 오브젝트끼리 겹친 면적을 합치거나(Union selection), 빼거나(Subtract selection), 겹치거나(Intersect selection), 제외하는(Exclude selection) 식으로 여러 오브젝트를 다양한 방식으로 조합할 수 있어서 복잡한 그래픽 작업에 유용합니다.

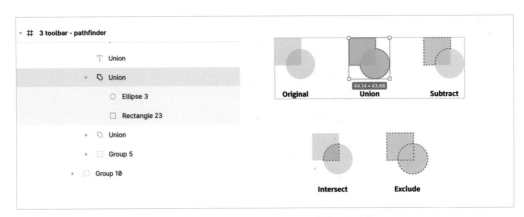

드롭다운 UI를 열면 패스파인더가 적용되기 전 원본 도형을 모두 확인하고 편집할 수 있습니다.

일러스트레이터에서 패스파인더 기능을 사용해 봤다면 친숙할 겁니다. 피그마의 [Boolean groups] 기능도 일러스트레이터와 거의 비슷하지만 차이점이 하나 있는데요. 피그마에서는 이 기능을 적용해도 패스가 병합(flatten)되는 게 아니라 설정한 패스파인더 옵션을 묶어서 적용한다는 점입니다. 혹시 모를 경우를 대비하기 위해 일러스트레이터에서는 원본 패스를 따로 백업을 해 두는 경우가 많은데 피그마에서는 그럴 필요 없이 언제든 원본 도형을 편집할 수 있습니다. 일러스트레이터만큼 패스를 완전히 병합하고 싶을 경우 [Flatten selection](단축키 Ctrl+E) 기능을 사용합니다.

필요한 부분만 드러내는 마스크, [Use as mask]

레이어가 2개 이상 묶여 있을 때 필요한 부분만 보여 주려면 마스크 기능을 활용합니다. 2개 이상의 레이어를 선택했을 때 콘텍스추얼 툴에서 확인할 수 있습니다. 단, 레이어를 여러 개 겹치므로 순서에 주의해야 합니다. 마스크 영역으로 사용하고 싶은 레이어를 맨 아래에 배치해야 합니다. 그런 다음 레이어를 모두 선택한 상태에서 [Use as mask]를 클릭하면 마스크가 적용됩니다.

강의 영상 보러 가기

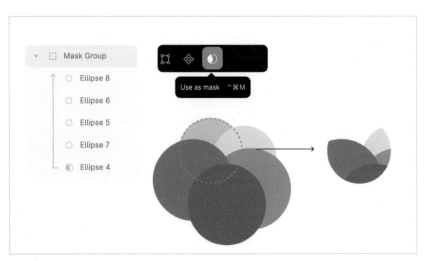

5개의 레이어에 [Use as mask]를 적용한 모습

레이어를 마스크 레이어로 설정하려면 마스크 레이어에 색(Fill, Stroke 등)이 들어 있어야 합니다. 마스크 레이어에 칠해진 부분이 없다면 아무것도 보이지 않습니다. 따라서 피그마에서는 Fill, Stroke, Gradient 모두 마스크 영역으로 사용할 수 있습니다.

오브젝트를 내 마음대로, [Edit obejct]

도형이나 텍스트를 선택하면 콘텍스추얼 툴에 [Edit object] 기능이 나타납니다. 도형을 선택했을 땐 도형 편집 모드로 바뀌며 도형에 편집점이 나타납니다. 이 점을 움직여 도형을 원하는 대로 세밀하게 수정할 수 있죠. [Edit object]는 복잡한 그래픽을 디자인할 때 주로 사용합니다.

강의 영상 보러 가기

사용 방법은 간단합니다. 도형을 만들거나 선택한 다음 콘텍스추얼 툴 영역에서 📐를 클릭해 [Edit object] 기능을 활성화합니다. 그 상태에서 마우스 커서를 도형의 테두리 위에 얹으면 커서 모양이 바뀌는데요. 이때 원하는 곳을 클릭하면 편집점이 생성됩니다.

이 점을 끌어서 원하는 모양으로 도형을 바꿀 수 있습니다. 점, 선, 면 단위로 영역을 조절할 수 있고, 편집점마다 코너를 주는 등 세밀하게 디자인할 수 있습니다.

✅ 오브젝트를 더블클릭하거나 오브젝트를 선택한 상태에서 [Enter]를 눌러도 빠르게 [Edit object]를 실행할 수 있습니다.

✅ [Edit object]는 글자를 편집하는 데도 쓰이지만, 글자 상자를 더블클릭하는 게 더 빠릅니다.

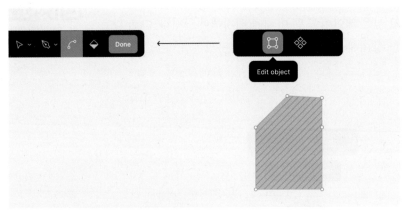

[Edit object]로 도형의 점, 선, 면을 세밀하게 편집할 수 있어요.

이미지 자르기, [Crop image]

이미지를 선택하면 콘텍스추얼 툴에 [Crop image] 아이콘이 나타납니다. 말 그대로 이미지를 잘라내는 기능으로, 이미지에서 원하는 부분을 테두리부터 잘라낼 수 있습니다. 이미지를 모두 잘라낸 다음엔 [Enter]를 눌러 작업을 완료합니다.

강의 영상 보러 가기

✅ [Alt]를 누른 채로 이미지를 더블클릭하거나 이미지를 선택한 상태에서 [Enter]를 눌러 [Crop image]를 활성화할 수 있습니다.

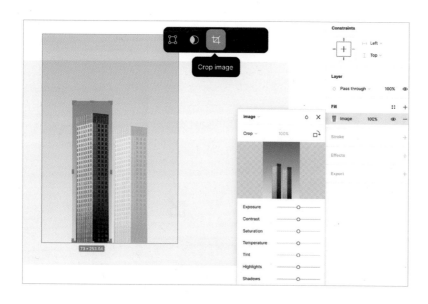

외부 사이트와 연결하는 방법, [Create link]

UI 디자인을 문서화할 때 참고하면 좋을 만한 외부 사이트의 링크를 정리해
서 글자 상자에 삽입하면 필요할 때마다 간편하게 이동할 수 있습니다. 링크
는 글자 상자를 클릭하면 콘텍스추얼 툴에 나타나는 [Create link]를 눌러
삽입할 수 있습니다. 링크를 삽입한 텍스트 위에 마우스 커서를 얹으면 링크
주소가 뜨는 것을 볼 수 있습니다. 이를 클릭해 연결해 둔 외부 사이트로 이
동할 수 있습니다.

강의 영상 보러 가기

텍스트에 삽입한 링크

링크를 넣은 이후에도 언제든 콘텍스추얼 툴의 [Create link] 아이콘을 클릭해 편집할 수 있
습니다.

04장

피그마로
다채롭게 그려 보기

두 번 이상 사용할 오브젝트는 미리 컴포넌트로
만들어 두는 것이 몸과 마음에 이롭습니다.

- 박민선(원티드랩 프로덕트 디자이너)

04-1 ｜ 오른쪽 패널 살펴보기

03장에서는 핵심 툴로 오브젝트를 생성하고 레이어를 관리하는 방법을 살펴보았습니다. 이번 장에서는 본격적인 디자인 관련 기능을 다뤄 보려고 합니다. 우리가 만들고 관리할 오브젝트를 어떻게 변형할 수 있는지 알아보는 시간이 되기를 바랍니다.

툴 바에서 레이어를 생성하고 왼쪽 사이드바에서 레이어의 위치를 확인했다면 오른쪽 사이드바에서는 선택한 레이어의 세부 속성을 관리할 수 있습니다. 이번 절에서는 피그마를 이해하는 데 가장 기본이 되는 프레임부터 하나의 이름으로 다양한 상태를 표시할 수 있는 기능인 베리언트, 인스턴스 상태를 이해하고 다양한 컴포넌트를 넘나드는 여러 중요한 기능을 익혀 보겠습니다. 이 기능의 실제 활용 사례가 궁금하다면 7장을 참고하세요.

스타일

UI를 그리다 보면 같은 폰트값을 여러 군데 적용하거나, 같은 헥스 코드 HEX color code 를 계속해서 입력하는 등 동일한 작업을 반복할 때가 많은데요. 이런 값을 스타일로 묶어서 관리하면 반복 작업을 상당히 줄일 수 있습니다. 처음 피그마에 들어와 아무 레이어도 선택하지 않은 상태라면 피그마 파일 전체에 영향을 미치는 스타일값을 관리할 수 있습니다. 다음은 스타일값 예시입니다.

- □ Background: 현재 피그마 페이지의 배경색을 바꿀 수 있습니다.
- □ Text Styles: 텍스트 스타일을 관리할 수 있습니다.
- □ Color Styles: 색상 스타일을 관리할 수 있습니다.
- □ Grid Styles: 그리드 스타일을 관리할 수 있습니다.
- □ Effects: 그림자, 흐림 효과 등을 관리할 수 있습니다.

Design 패널

피그마 오른쪽 패널은 크게 Design, Prototype, Inspect(Dev Mode) 패널로 나뉘어 있는데요. 이 3가지 중 가장 많이 사용하는 Design 패널부터 살펴보려고 합니다. Design 패널에서는 레이어의 좌표부터 색상, 규칙, 적용할 효과 등 레이어를 구성하고 있는 세부적인 값을 관리합니다. Design 패널은 편집 권한이 있는 피그마 파일에 들어가면 기본적으로 활성화되어 있으며, 보기 권한일 때는 볼 수 없습니다. 어떤 방식으로 구성되어 있는지 살펴볼까요?

강의 영상 보러 가기

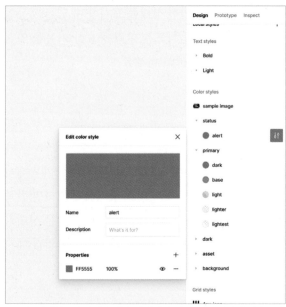

Design 패널의 스타일 예시 화면. 설정 아이콘을 눌러 수정하면 해당 스타일이 적용된 모든 애셋의 값이 바뀝니다.

정렬하기

디자인을 하다 보면 레이어를 일정한 간격으로 배치해야 할 일이 많은데요. 이럴 때 정렬 기능으로 레이어 간 위치를 깔끔하게 정리할 수 있습니다.

□ 오른쪽 상단 아이콘을 클릭해 상하좌우, 수평, 수직으로 정렬할 수 있습니다.
　오브젝트를 여러 개 선택한 경우에는 사이 여백을 맞춰 정렬할 수도 있습니다.
□ 정렬 대상이 프레임이나 그룹 안에 있을 경우, 그 안에서 정렬됩니다.

강의 영상 보러 가기

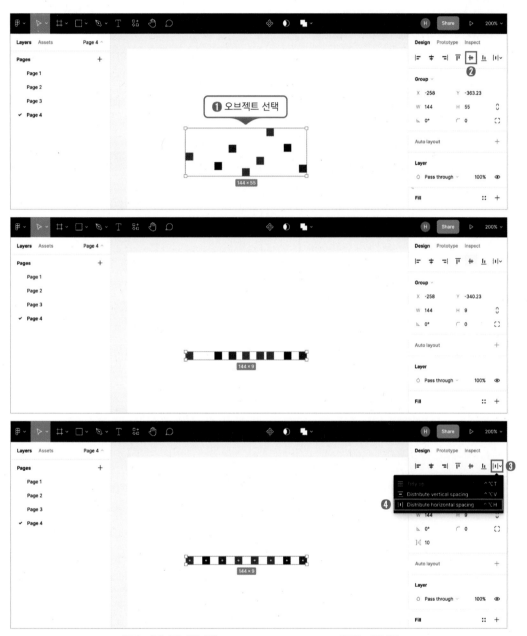

오브젝트를 선택한 상태에서 [Alt]+[W], [S], [A], [D]를 누르면 상하좌우로 정렬되고, [Alt]+[H], [V]를 누르면 수평, 수직 정렬이
적용됩니다.

프레임의 위치와 크기 조절하기

이미 만들어진 프레임의 속성을 확인하고 세부 사항을 조절할 수 있습니다.

□ 상단 UI: 다른 템플릿 프레임으로 크기를 바꾸거나, 가로/세로 모드로 바꾸는
  등 프레임의 크기를 빠르게 변환할 수 있습니다

강의 영상 보러 가기

□ 수치를 직접 입력해 원하는 위치, 원하는 크기로 변경할 수 있습니다.

□ 모서릿값(Corner radius), [Clip content] 등을 활용해 사각형 외에도 다양한 모양으로 변형해 볼
  수 있습니다.

□ 간단한 수식도 적용할 수 있습니다. 예를 들어 W에 '128*3'을 입력하면 3배인 384px 크기로 변
  합니다.

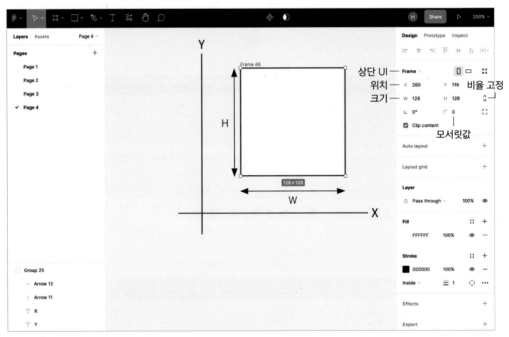

X축과 Y축은 화면상에서 프레임의 위치를 나타냅니다. W(Width)는 너비, H(Height)는 높이를 나타냅니다.

Do it! 프레임의 위치와 크기 패널 조절하기　　　　　　실습 페이지 : UI_04-1_01

두 프레임의 위치와 크기를 정확히 일치시켜 보겠습니다. [Move]만 잘 사용해도 바꿀 수 있
지만, 이번에는 오른쪽 패널에 대한 이해를 돕기 위해 직접 좌표와 크기 값을 입력해 보겠습
니다.

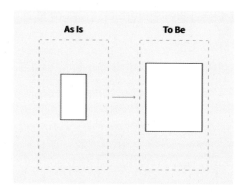

1. 예제 As Is의 프레임을 선택하고 오른쪽 패널을 확인합니다.

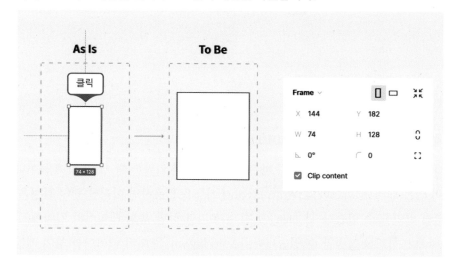

2. 예제 To Be의 프레임을 선택하고 오른쪽 패널을 확인합니다.

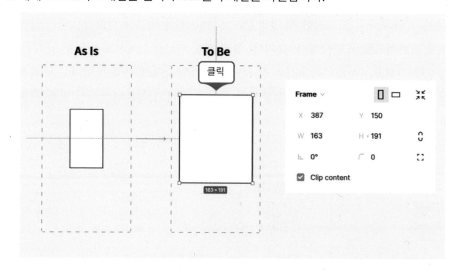

3. 다시 As Is를 선택하고, To Be의 X, Y, W, H 값을 다음과 같이 입력합니다. To Be에 두 레이어가 겹쳐집니다.

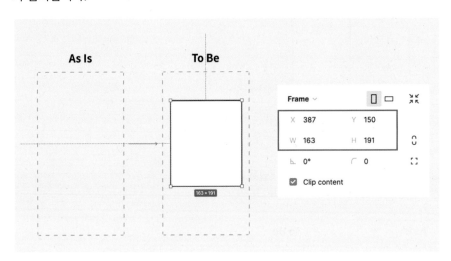

자동으로 레이어 간격을 조절하는 [Auto layout]

우리가 보는 웹사이트에서 전체 창 크기를 바꾸거나 텍스트를 입력할 때, UI가 함께 늘어나는 것을 본 적이 있을 텐데요. 피그마의 [Auto layout] 기능을 활용하면 이러한 웹의 특성을 디자인할 때부터 반영할 수 있습니다. Shift + A 를 누르기만 하면 특정 레이어의 길이에 맞춰 UI 길이가 함께 변하도록 설정할 수 있습니다. [Auto layout]은 여러 레이어를 묶어 패딩과 간격을 기반으로 정렬하는 기능인데요. 캔버스에 덩그러니 놓여 있는 디자인 애셋에 관계와 규칙을 만든다는 것이 핵심입니다. 레이어의 상하좌우 여백을 필요에 맞게 커스텀 수정할 수도 있기 때문에 UI의 비주얼을 유지한 채 여러 [Auto layout]을 중첩해 컴포넌트를 구성하면 복잡한 구조도 체계적으로 표현할 수 있습니다. 실제 개발 프로세스에서도 이러한 규칙을 기반으로 UI를 그리는데요. [Auto layout]을 잘 사용하면 개발자에게 더욱 정확하고 구체적인 설계를 전달함으로써 디자인 의도와 개발 구조의 간극을 좁히고 커뮤니케이션 비용도 줄일 수 있습니다.

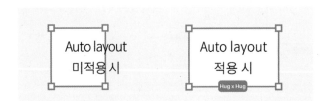

텍스트에 [Auto layout]을 적용한 예시. Shift + A 를 눌러 [Auto layout]을 더욱 빠르게 활성화할 수 있습니다.

다음 예시와 같이 다양한 곳에 [Auto layout] 기능을 활용할 수 있습니다.

  □ 텍스트 길이가 달라지기 쉬운 카드 UI나 버튼 등에 주로 사용됩니다.
  □ 일렬로 반복되는 UI를 [Auto layout]으로 구성하면 내부 항목을 빠르게 추가, 삭제할 수 있습니다.
  □ [Auto layout] 상태일 때는 Frame 영역의 옵션이 달라지는데요. 오브젝트의 크기에 따라 변하는
    [Auto layout]의 특성을 반영하기 위함입니다.

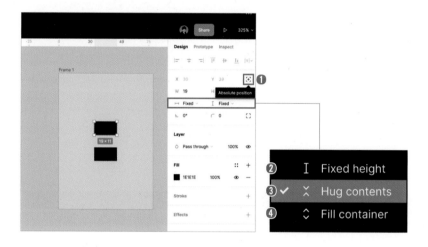

다음은 [Auto layout] 속 주요 규칙과 기능에 대한 설명입니다. 처음에는 조금 복잡하게 느껴
질 수 있으니 실제로 써보면서 익혀 보세요. 위와 같이 오브젝트를 그리고 [Auto layout]을
적용한 후 다시 해당 오브젝트를 선택합니다.

❶ Absolute position: [Auto layout] 속에 있으면서도 간격과 패딩의 영향을 받지 않게 하는 기능
  입니다. 알림 UI의 빨간 점 등을 표현할 때 유용합니다.
❷ Fixed width & height: 컨테이너의 너비, 높이 영역을 고정합니다. 다른 곳의 길이가 변하더라도
  이 값은 그대로 유지됩니다.
❸ Hug contents: 텍스트 영역의 너비에 맞춰 컨테이너 너비가 변하는 방식입니다.
❹ Fill container: 컨테이너 영역을 늘릴 수 있는 최대한으로 꽉 채웁니다. 레이아웃 내부에 다양한
  레이어가 복합적으로 섞여 있을 때 주로 사용합니다.

Do it! 텍스트 레이어에 [Auto layout] 지정하기   📑 실습 페이지 : UI_04-1-02

일반 텍스트 레이어를 [Auto layout]으로 바꿔 보겠습니다.

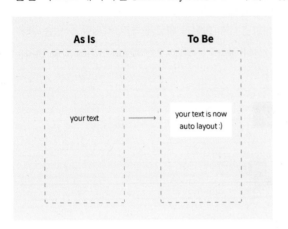

1. As Is의 텍스트 레이어를 선택합니다.

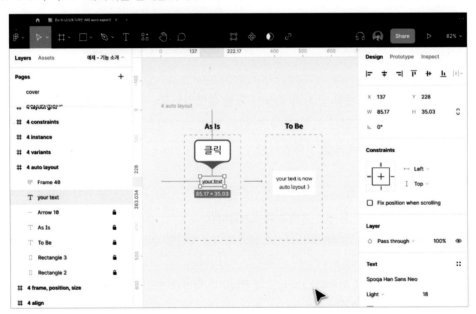

2. Shift + A 를 눌러 [Auto layout]을 활성화합니다.

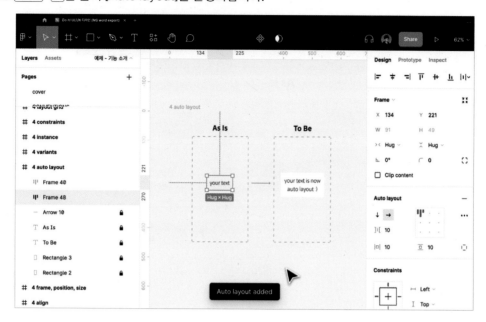

3. [Fill] 영역 오른쪽 [+]를 누르고 흰색(#FFFFFF)으로 배경색을 입력합니다.

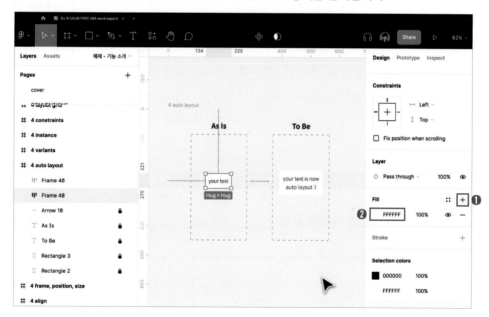

4. As Is의 텍스트 영역에 To Be의 텍스트를 복사, 붙여넣기 합니다. 텍스트 영역과 배경 영역이 함께 변합니다. 상위 레이어 때문에 텍스트를 선택하기 어려우면 Ctrl 을 누른 상태에서 클릭해 보세요.

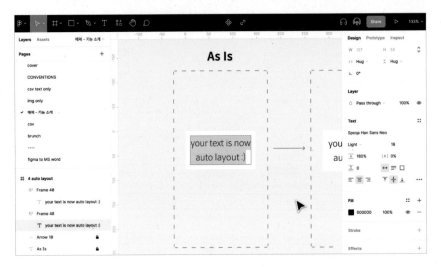

베리언트

컴포넌트 기능은 그 자체로도 유용하지만 베리언트^{variant} 기능을 활용하면 더욱 좋습니다. 여러 가지 유형의 컴포넌트를 묶어 하나로 관리할 수 있기 때문인데요, 이를 활용하면 UI를 훨씬 체계적으로 제작, 관리할 수 있습니다. 알림 기능으로 예를 들어 볼게요. 똑같은 알림 아이콘이라도 빨간 점으로 새로운 알림이 온 상태를 표현할 수 있는데요. 이럴 경우 2가지 개별적인 컴포

강의 영상 보러 가기

넌트를 만들어 표현할 수도 있지만, 베리언트 기능으로 묶으면 상탯값을 지정해 훨씬 효율적으로 표현할 수 있습니다.

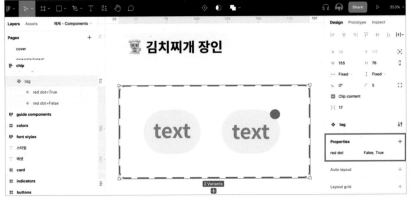

빨간 점 베리언트를 활용해 알림 상태를 표현한 예시. 오른쪽 패널에서 True/False로 값을 설정하면 인스턴스 상태에서 더욱 쉽게 베리언트를 바꿀 수 있습니다.

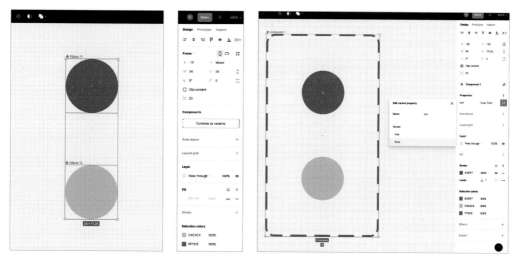

2개 이상의 컴포넌트를 동시에 선택하면 [Combine as variants] 항목이 활성화됩니다.

베리언트는 동일한 컴포넌트의 다른 상탯값(active, disabled 등)을 표현할 때 주로 사용합니다. 또한 디자인 시스템을 만들다 보면 비슷한 컴포넌트가 수없이 반복되는 일이 많은데, 베리언트를 이용하면 여러 상탯값을 효율적으로 관리하면서도 다양한 컴포넌트를 원하는 대로 분류할 수 있습니다.

Do it! 켜고 끌 수 있는 베리언트 만들기　　　　　　　🔖 실습 페이지 : UI_04-1_03

오브젝트를 복제, 수정하여 하나의 베리언트로 만들어 보겠습니다.

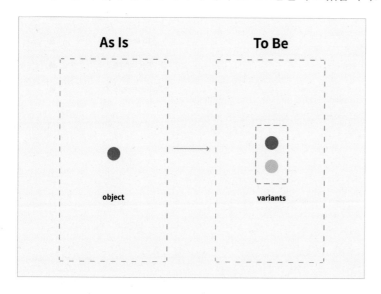

1. As Is의 오브젝트를 아래에 복제하겠습니다. `Alt`를 누른 채 오브젝트를 마우스로 드래그하면 쉽습니다.

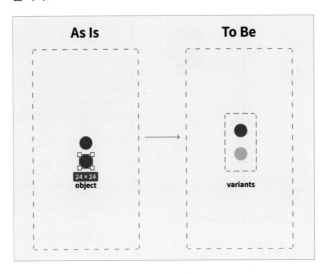

2. 복제한 오브젝트의 색상을 회색(#C4C4C4)으로 바꿨습니다. Layer 패널에서 두 오브젝트의 이름을 각각 'red'와 'grey'로 변경합니다.

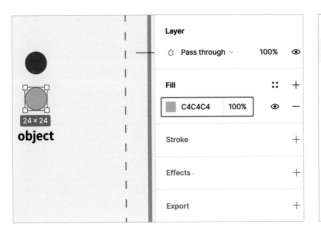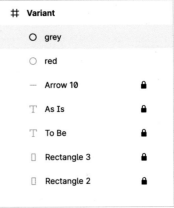

3. 두 오브젝트를 선택한 상태에서 컨텍스추얼 툴의 컴포넌트 아이콘 오른쪽의 드롭다운 UI를 열어 볼게요. [Create component set]를 선택해 2개의 컴포넌트를 베리언트로 만들겠습니다. 베리언트가 활성화되면 보라색 점선과 함께 두 컴포넌트가 하나로 묶입니다. 이제 상탯값을 편집할 수 있는데요. 기본적으로는 원래 컴포넌트의 이름이 베리언트의 옵션명으로 들어갑니다.

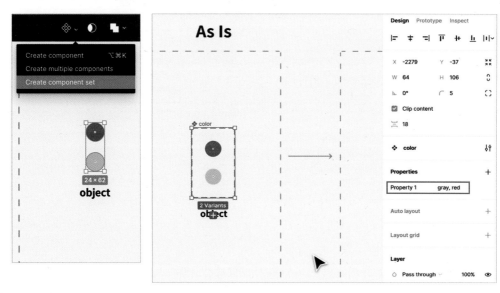

4. 프로퍼티명과 옵션값을 바꿔 주겠습니다. 원본이 빨강이었으니 Property Name을 'red'라고 쓰고, 켜고 끄는 토글 기능을 활용하기 위해 Values 옵션값을 'true'와 'false'로 입력합니다.

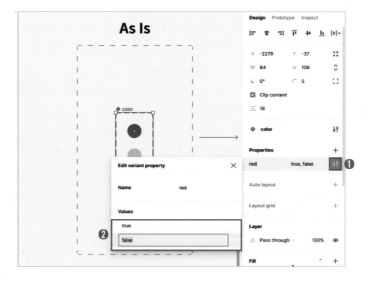

5. 만든 베리언트 중 빨간 오브젝트 하나만 선택한 후 Alt 를 누른 채 바깥으로 드래그 & 드롭합니다. 인스턴스를 생성해 보면 True/False로 입력한 값을 토글 UI로 확인할 수 있는데요. 앞으로 이 컴포넌트의 인스턴스에서 클릭 한 번으로 red 프로퍼티를 켜고 끌 수 있게 되었습니다.

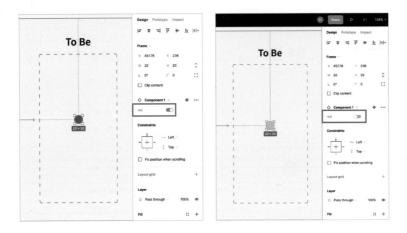

인스턴스

이번에는 Design 패널의 인스턴스 기능을 살펴보겠습니다. 인스턴스^{Instance}는 메인 컴포넌트의 복제품으로, 수정, 교체 등 선택한 인스턴스에 변화를 줄 수 있는 기능이 있는데요. 이를 이용해 아래와 같은 작업이 가능합니다.

강의 영상 보러 가기

▫ 다른 컴포넌트를 검색해 빠르게 교체할 수 있습니다.

▫ 원하는 컴포넌트가 같은 계층(페이지, 프레임 등)에 위치할 경우 함께 보여 줍니다. 이름에 슬래시 (/)를 넣으면 폴더가 생기는데요. 이를 응용해 비슷한 컴포넌트끼리 분류, 정리할 수 있습니다.

▫ [Detach instance] 기능으로 메인 컴포넌트와 연결을 끊을 수 있습니다.

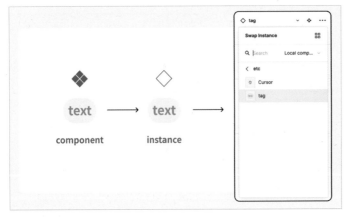

인스턴스를 클릭하면 뜨는 드롭다운 메뉴를 확인하고, 그 안에서 다른 컴포넌트를 찾아볼 수도 있습니다.

베리언트가 하나의 컴포넌트 안에 종속되어 있다면 인스턴스를 다른 컴포넌트 기반으로 교체할 수도 있습니다. 앞의 설명처럼 베리언트 프로퍼티 상단의 이름을 클릭하면 되는데요. 아래 'tag' 인스턴스를 'cursor'로 교체해 보겠습니다.

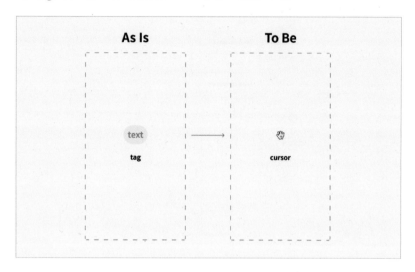

1. 예제의 태그 인스턴스를 선택합니다. 오른쪽 패널에서 속 빈 다이아몬드 아이콘과 함께 'tag' 컴포넌트명을 확인할 수 있는데요. 클릭해서 [Swap Instance] 모달 창을 엽니다.

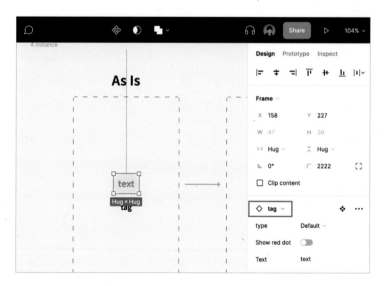

2. 클릭하면 드롭다운 메뉴가 나옵니다. 컴포넌트를 잘 정리해 두었다면 비슷한 컴포넌트끼리 묶여 있는 것을 확인할 수 있습니다. 여기서 cursor 컴포넌트를 검색해 선택할게요.

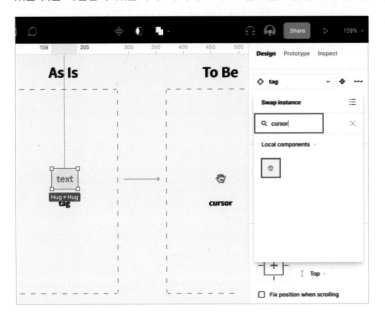

3. 'tag' 인스턴스가 'cursor'로 교체되었습니다. 애셋 패널의 컴포넌트를 드래그&드롭할 때 Ctrl + Alt 를 누른 채 변경을 원하는 인스턴스 위에 놓으면 더욱 빠르게 기존 인스턴스를 교체할 수 있습니다.

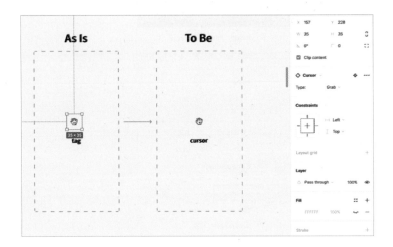

04-2 오브젝트의 간격과 위치에 규칙 설정하기

오브젝트가 복잡해질수록 그 안의 여러 레이어가 어떤 식으로 움직일지 설계하는 것도 중요해집니다. 이번에는 레이어에 규칙을 잡아 주는 [Constraints]와 [Layout grid]를 알아보겠습니다. 처음부터 이런 규칙을 알아보기 쉬운 형태로 만들어 두면 다양한 화면의 레이아웃을 대응하는 데 큰 도움이 됩니다.

화면 크기에 맞춰 레이어 크기를 조절하는 [Constraints] 기능

기기의 다양한 화면 크기에 따라 컴포넌트가 어떻게 반응할지 규칙을 정하면 해상도를 미처 고려하지 못했더라도 대부분 규칙에 따라 대응할 수 있습니다. 피그마에서는 [Constraints] 기능을 사용해 이런 규칙을 손쉽게 설정할 수 있는데요. 상위 프레임이나 컴포넌트의 크기가 바뀔 때, 그 안의 레이어가 어떤 식으로 반응하면 좋을지 설정할 수 있습니다.

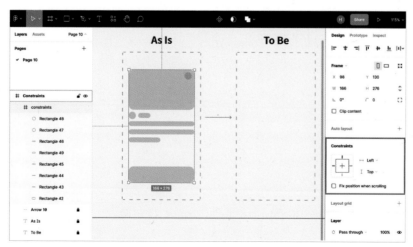

[Constraints] 적용 예시. 설정한 [Constraints]를 나타내는 점선이 함께 표시되며, 오른쪽 [Constraints] 옵션에서 규칙을 확인할 수 있습니다. 레이어의 [Constraints]를 [Left and right] 혹은 [Scale]로 설정하면 레이어의 크기가 상위 프레임 크기에 맞춰 늘어나고 줄어듭니다.

Do it! **Constraints 알맞게 조절하기**　　　　　　　　 실습 페이지 : UI_04-2_01

As Is에 있는 오브젝트의 [Constraints]를 각각 알맞게 변경해 볼게요. [Constraints]는 화면 오른쪽 Design 패널에서 확인할 수 있습니다.

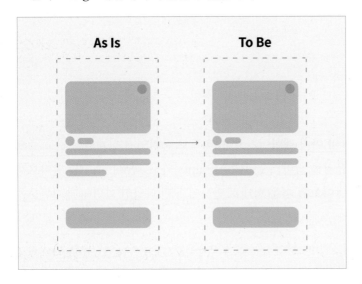

1. 예제를 확인해 보겠습니다. 모바일 UI를 닮은 그래픽이 보이네요. 이미지 영역처럼 생긴 가장 큰 사각형을 더블클릭해 선택하고 오른쪽 [Constraints]를 확인해 보겠습니다.

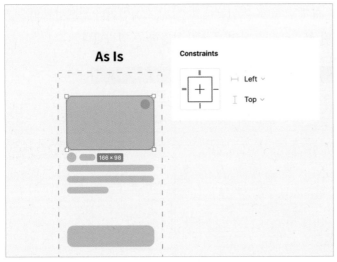

기본적으로 프레임 안에 생성되는 모든 오브젝트의 [Constraints]는 [Left], [Top]으로 설정됩니다.

2. [Left], [Top]이라고 나온 부분을 확인할 수 있네요. 이 상태에서 상단 프레임 크기를 조절해 볼까요? `Shift`+`Enter`를 눌러 상위 프레임을 선택하고 크기를 자유롭게 바꿔 보세요. [Left], [Top] 규칙을 따라 모든 오브젝트가 프레임의 왼쪽 상단으로 고정됩니다. 우리의 목표는 기기 크기가 이런 식으로 바뀌었을 때 내부 UI가 알맞은 규칙으로 반응하도록 설정을 바꿔 주는 것입니다. 이제 원리를 알았으니 `Ctrl`+`Z`를 눌러 프레임을 원 상태로 되돌려 주세요.

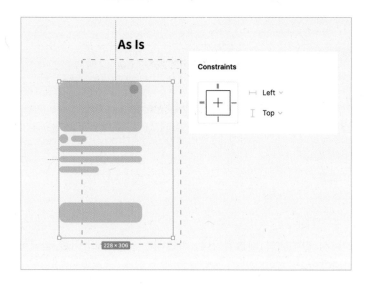

3. 가장 큰 사각형을 다시 선택합니다. [Constraints]의 규칙을 바꿔 보겠습니다. 오른쪽 패널을 클릭하면 드롭다운 메뉴가 나오는데요. [Left]를 [Left and right]로 바꾸세요.

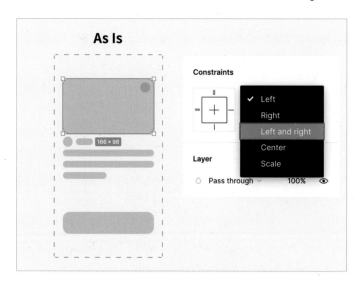

4. 다시 Shift + Enter 를 눌러 상위 프레임을 선택하고 크기를 조절합니다. 앞서 [Left and right] 를 설정한 사각형은 상위 프레임의 좌우 폭에 맞게 크기가 바뀝니다.

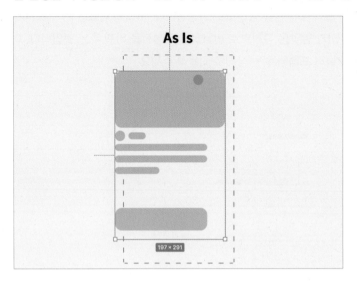

5. Ctrl + Z 를 눌러 프레임을 다시 원래대로 되돌립니다. 이번에는 다른 레이어를 선택하고 [Constraints]를 모두 설정합니다.

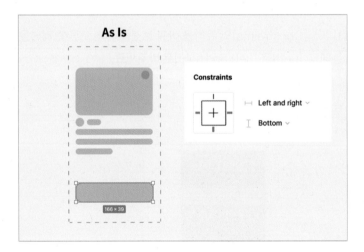

6. 상위 프레임의 크기를 조절해 가며 레이어가 의도대로 반응하는지 확인해 보세요.

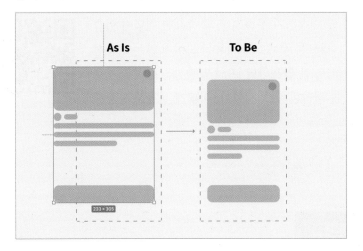

🔍 **상위 레이어를 선택하는 단축키**

레이어를 선택한 상태에서 [Shift] + [Enter]를 눌러 현재 선택된 레이어의 상위 레이어를 빠르게 선택할 수 있습니다. 이 단축키를 잘 사용하면 실무 작업에서 컴포넌트의 계층을 오가며 작업할 때 시간을 단축할 수 있습니다. 반대로 하위 레이어를 선택하고 싶을 때는 [Enter]를 눌러 주세요.

✅ 궁금해요! **Constraints를 더 빠르게 변경할 수 있나요?**

드롭다운을 누르지 않고 패널 왼쪽 UI를 클릭하면 규칙을 빠르게 변경할 수 있습니다. 어떤 규칙을 빼고 넣을지 머릿속에 그려진 상태라면 이렇게 사용해 보세요. [Shift]를 누른 상태에서 원하는 [Constraints]를 선택하면 규칙을 추가하거나 뺄 수 있는데요. 이를 활용해 [Left and right] 규칙을 더 빠르게 만들 수 있습니다.

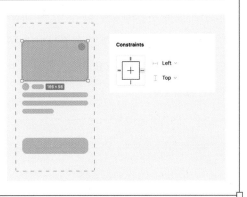

그리드를 그려 주는 [Layout grid]

잘 만든 서비스에는 사용자가 잘 의식하지 못하지만 꽤 중요한 개념이 있습니다. 바로 그리드grid인데요. 그리드는 서비스에 적용된 보이지 않는 기준선입니다. 피그마의 [Layout grid]를 잘 활용하면 UI의 일관성을 유지한 채로 레이아웃 구성에 걸리는 시간을 절약할 수 있습니다. 어떻게 설정하면 좋을지 알아볼까요?

강의 영상 보러 가기

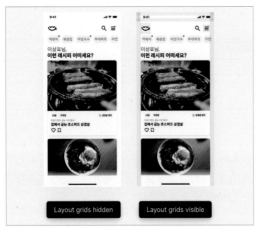

그리드 적용 예시. Shift + G 를 눌러 레이아웃 그리드를 껐다 켤 수 있습니다.

[Layout grid]를 설정하면 다양한 투명 그리드를 만들어 볼 수 있습니다. 그리드 모드에서 적용된 그리드를 한눈에 확인할 수 있고, 마우스로 레이어를 옮길 때 걸리는 스냅으로 레이아웃의 정렬을 빠르게 맞출 수도 있습니다. 다음 예시처럼 프레임 가장자리를 감싸 가상의 마진 영역을 설정할 수도 있고요. 이를 활용해 버튼이나 컴포넌트, 큰 레이아웃의 마진 영역을 통일할 수 있습니다.

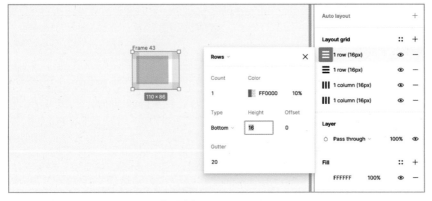

그리드 설정 예시. 프레임, 컴포넌트에서 활성화됩니다.

Do it! 그리드 만들기

실습 페이지 : UI_04-2_02

As Is에서 프레임 속에 들어간 오브젝트를 확인할 수 있는데요. 현재는 프레임과 오브젝트 사이에서 어떤 규칙도 발견할 수 없는 상태입니다. 이런 As Is를 To Be처럼 프레임 겉면에 마진을 표현하기 위한 그리드를 설정하고, 오브젝트의 크기를 그리드에 맞춰 볼게요.

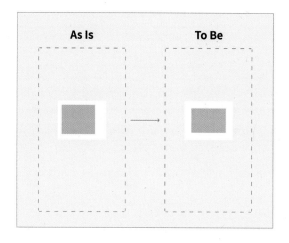

1. As Is의 흰색 프레임을 선택한 후 오른쪽 Design 패널에서 [Layout grid]의 [+]를 눌러 그리드를 추가합니다.

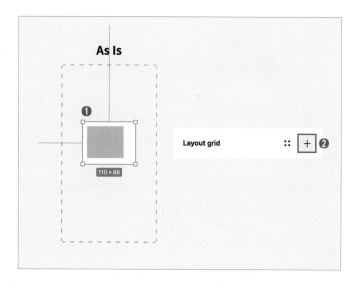

2. 기본적인 10px 그리드가 활성화됩니다. 이렇게 생성된 모든 그리드는 실제 UI에는 아무런 영향을 미치지 않지만, 우리는 이 그리드를 활용해 통일성 있는 레이아웃을 쉽게 구상할 수 있게 됩니다. 윈도우는 Ctrl + Shift + 4, 맥은 Ctrl + 9 를 눌러 수시로 껐다 켤 수 있습니다. 이제 왼쪽 아이콘을 눌러 세부 설정을 조절해 보겠습니다.

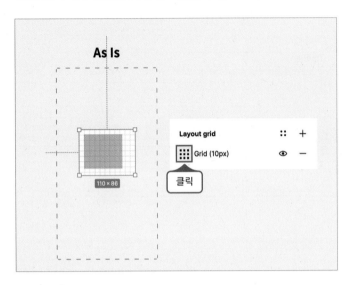

3. 맨 위 [Grid] 드롭다운 UI를 클릭하면 그리드 타입을 바꿀 수 있습니다. 우선 [Columns]로 바꿔 볼게요.

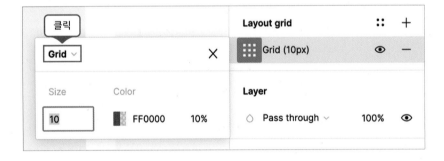

4. 격자 모양의 그리드가 기둥 모양으로 바뀌었네요! 프레임의 상하좌우에 각각 4개의 그리드를 만들려고 합니다. 먼저 왼쪽 그리드를 만들어 주겠습니다. [Columns]의 값을 아래처럼 바꿔 볼게요 (Count: 1, Type: Left, Width: 16).

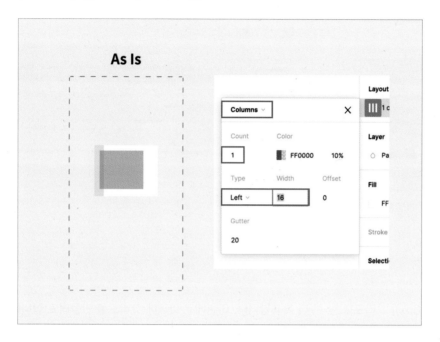

5. 왼쪽 그리드를 잘 만들었으니 이를 활용해서 나머지 3면도 만들겠습니다. [Layout grid]의 [1 column (16px)]을 선택하고 Ctrl + D 를 눌러 복제하세요.

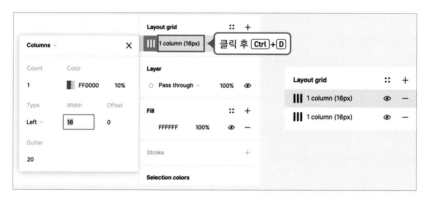

6. 복제된 [Column]의 [Type]을 [Right]로 바꾸면 손쉽게 오른쪽 그리드를 추가할 수 있습니다.

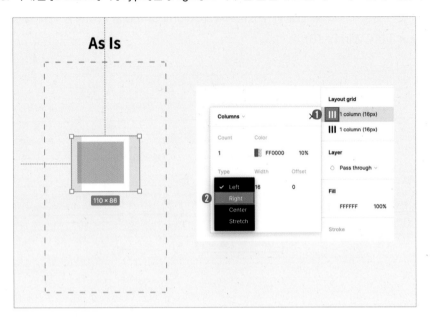

7. [1 column (16px)] 그리드를 한 번 더 복제합니다. 이번에는 아래에 그리드를 만들려고 합니다. [Columns] 드롭다운 UI를 클릭해 [Rows]로 바꾸세요.

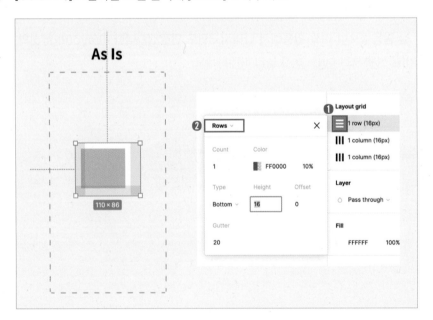

8. 이제 같은 방법으로 [Row]를 복제하고, [Type]을 [Top]으로 바꾸면 그리드가 완성됩니다.

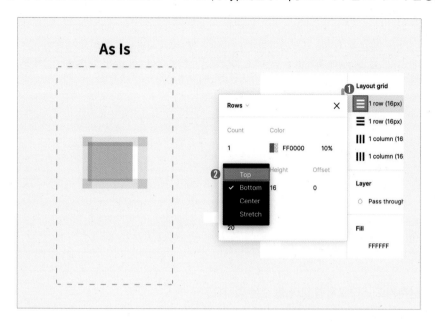

9. 그리드가 완성된 상태에서 안쪽 오브젝트의 크기를 조절해 보면 스냅과 함께 그리드에 달라붙습니다.

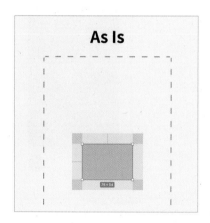

한 번 만든 그리드를 계속 쓸 수는 없나요?

[Layout grid] 스타일에 그리드를 등록해 두면 같은 피그마 파일에서 계속해서 사용할 수 있습니다. [+] 옆 스타일 아이콘을 누르면 그리드를 스타일에 추가할 수 있는데요. 이후로는 스타일 아이콘을 눌러 그리드를 손쉽게 적용할 수 있습니다.

단축키도 스타일처럼 모아 볼 수는 없나요?

피그마 오른쪽 하단의 물음표 아이콘에서 [Keyboard shortcuts]를 클릭하면 주요 키보드 단축키를 그룹별로 확인할 수 있습니다. 한 번 사용한 단축키는 파랗게 바뀝니다. 이 창을 띄운 후 여러 단축키를 실습해 보세요.

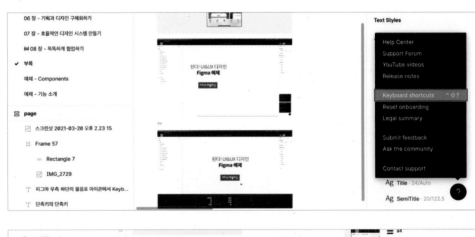

04-3 ┆ 다채로운 그래픽 옵션 알아보기

피그마는 UI를 만드는 데 최적화된 툴이지만, 다채로운 그래픽을 만드는 기능 또한 매우 강력합니다. 이번 절에서는 Layers 패널과 Text 패널을 활용해 어떤 작업을 할 수 있는지 함께 알아보겠습니다. 이 기능만 잘 활용해도 여러 그래픽 요소를 효과적으로 그릴 수 있습니다. 효과적인 학습을 위해 이 책의 예제는 비교적 간단한 그래픽으로 구성했지만, 이를 응용해 자신만의 개성이 가득 담긴 그래픽을 만들어 본다면 더욱 좋습니다.

레이어

레이어 layer 는 우리가 만든 디자인 오브젝트를 순서대로 쌓을 수 있게 만드는 개념입니다. 디자인 오브젝트의 앞과 뒤, 묶음을 설정할 수도 있고, 여러 레이어를 쌓아 전혀 다른 룩(look)을 만들어 낼 수도 있습니다. 포토샵을 써본 분들이라면 이러한 레이어의 개념이 익숙할 텐데요. 피그마에서는 레이어가 보여지는 방식을 쉽게 바꿀 수 있습니다. 가장 일반적으로 쓰이는 투명도는 물론이고, 레이어가 다른 레이어 사이에서 보여지는 방식도 다양하게 설정해 볼 수 있으며, 이를 응용해 다양한 그래픽 이미지 연출에 활용해 볼 수도 있습니다.

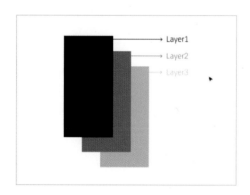

Design 패널의 [Layer] 옵션에서는 만들어진 레이어를 어떤 식으로 보여 줄지 선택할 수 있습니다.

1. 레이어 모드를 바꿔서 다양한 이미지를 겹쳐 새로운 분위기를 연출할 수 있습니다.
2. 이미지를 흑백(Luminosity) 모드로 바꿔 손쉽게 비활성화 상태를 표현할 수 있습니다.
3. 오른쪽의 퍼센트는 투명도를 나타내며, 0~100% 사이에서 원하는 만큼 조절할 수 있습니다.

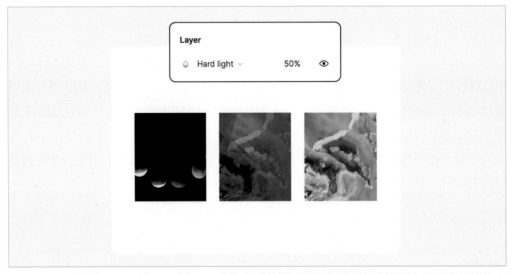

Layer 옵션 적용 예시. [Hard light], [Darken], [Overlay] 등 다양한 옵션을 적용해 신선한 룩을 만들어 볼 수 있는데요. UI보다는 그래픽 디자인에서 주로 사용합니다.

Do it! 프레임 조절해 보기   📑 실습 페이지 : UI_04-3_01

레이어 모드를 변경하면서 As Is에 있는 3개의 그림을 겹쳐 보겠습니다.

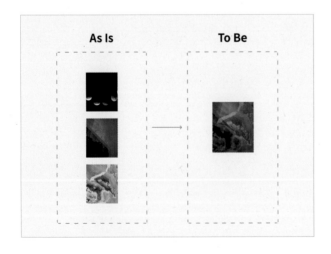

1. 첫 번째 이미지를 선택하겠습니다. 오른쪽 Layer 영역에서 [Pass through], [100%]라는 옵션을 확인할 수 있는데요. 이 중 [Pass through]의 드롭다운 UI를 클릭해 [Color]로 바꿔 보겠습니다.

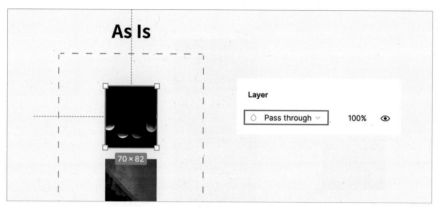

별도로 설정하지 않은 모든 레이어는 [Pass through], [100%] 투명도를 기본으로 갖고 시작합니다.

2. [Color]로 바뀐 첫 레이어를 두 번째 레이어와 겹쳐 보면 레이어가 적용되는 방식이 바뀐 것을 쉽게 확인할 수 있습니다. 조금 은은하게 겹쳐서 보고 싶으니 5를 눌러 투명도를 [50%]로 바꿔 볼게요.

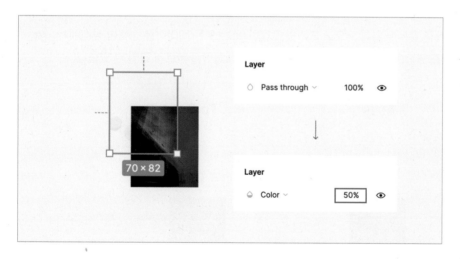

기능 사전

🔍 **단축키로 투명도 조절하기**

레이어를 선택한 상태에서 숫자 0~9를 눌러 레이어의 투명도를 빠르게 조절할 수 있습니다. 키보드에서 숫자 2개를 연속해서 누르면 두 자리 숫자로 인식해 투명도에 반영합니다. 예를 들어 1, 2를 빠르게 타이핑하면 레이어의 투명도를 12%로 변경할 수 수도 있고, 0, 0을 빠르게 누르면 레이어의 투명도를 0%로 변경할 수도 있습니다.

3. 세 번째 레이어를 선택하고 Layer 영역에서 [Hard light]로 설정하고 투명도를 [50%]로 바꿔 볼
게요. 두 번째 레이어에 겹쳐 보세요.

4. 레이어 3개를 같은 위치에 모으고 크기를 조절하세요. 모든 레이어를 선택한 상태에서 Alt+H,
Alt+V를 연속으로 누르면 Align 기능을 사용해 레이어를 빠르게 겹칠 수 있습니다.

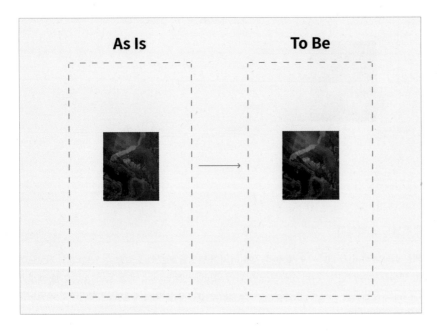

5. Ctrl + [, Ctrl +] 을 눌러 레이어 순서를 조정하면 완성됩니다.

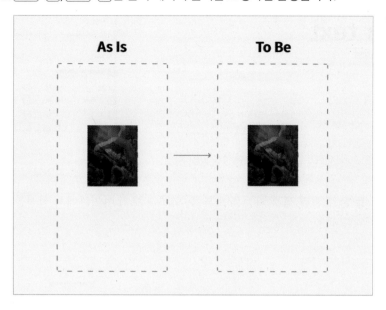

텍스트

텍스트 레이어를 선택하면 우리가 설정할 수 있는 세부 값들이 오른쪽 Text 패널에 보이게 됩니다. Text 패널의 여러 값을 설정해 자유롭게 텍스트를 입력하고 수정해 볼 수 있습니다. 아래와 같은 세부 사항을 설정할 수 있습니다.

강의 영상 보러 가기

❶ **폰트:** 사용할 폰트의 종류를 선택할 수 있습니다. 컴퓨터에 설치된 폰트를 검색해 사용할 수도 있고, 피그마 상위 플랜에서는 공용 폰트를 등록해 모두가 함께 사용하게 할 수도 있습니다. 최근 설치한 폰트가 보이지 않는다면 피그마를 재부팅하세요.

❷ **굵기:** 사용하는 폰트에 bold 등의 굵기 값이나 italic 등 스타일이 있을 경우, 이곳에서 설정합니다.

❸ **크기:** 폰트 크기를 정합니다.

❹ **행간:** 줄 사이 간격을 조정합니다.

❺ **자간(글자 사이 간격):** 글자 사이 간격을 조정합니다.

❻ **문단 사이 간격:** enter 등으로 줄바꿈된 영역에 간격을 입력할 수 있습니다.

❼ **영역:** 텍스트 박스 영역을 텍스트에 따라 달라질지, 줄에 따라 달라질지, 고정할지 설정합니다.

❽ **정렬(수평):** 텍스트 박스와 텍스트 사이의 수평 정렬 방식(왼쪽, 중앙, 오른쪽)을 설정합니다.

❾ **정렬(수직):** 텍스트 박스와 텍스트 사이의 수직 정렬 방식(상단, 중앙, 하단)을 설정합니다.

수치 입력 영역에 숫자뿐 아니라 %, Auto(자동값) 등을 입력해 활용할 수도 있습니다.

그 외 밑줄 긋기, 취소선 등 폰트 관련 세부 기능은 오른쪽 아래 더 보기 아이콘에서 설정할 수 있습니다.

취소선, 밑줄 적용 예시. 취소선은 Ctrl + Shift + X 로, 밑줄은 Ctrl + U 로 빠르게 적용할 수 있습니다.

⭐ 텍스트 옵션 가져오기

텍스트를 선택한 상태에서 [Edit → Copy Properties](Ctrl + Alt + C)를 사용하면 해당 텍스트의 서식이 복사되며, 다른 텍스트를 선택하고 [Paste Properties](Ctrl + Alt + V)를 사용하면 복사한 서식을 붙여 넣을 수 있습니다.

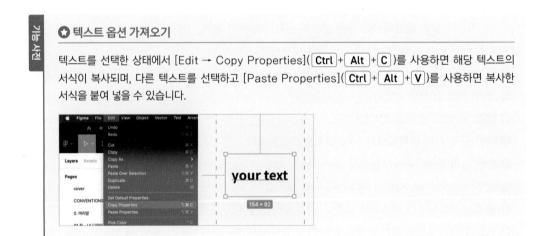

⭐ **텍스트 스타일 추가하기**

설정한 텍스트 옵션이 마음에 들었다면 그리드와 마찬가지로 텍스트 스타일을 추가할 수 있습니다. [Text Styles] 오른쪽의 [+] 아이콘을 눌러 스타일을 등록해 보세요.

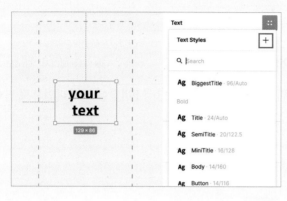

색상 채우기

피그마에서는 도형, 텍스트 등 채울 수 있는 영역이 있는 모든 레이어에서 Fill값을 넣을 수 있는데요. 피그마에서는 상당히 유연하게 Fill값을 설정할 수 있습니다. 레이어별로 하나의 색상만 선택할 수 있는 게 아니라 그라디언트, 이미지 등 여러 가지 타입으로 Fill값을 채울 수 있습니다. 또한 하나의 레이어에 여러 Fill값을 중첩해서 넣을 수도 있고, 개별적으로 투명도나 채우기 적용 옵션(레이어 효과 옵션과 동일)을 사용할 수도 있습니다.

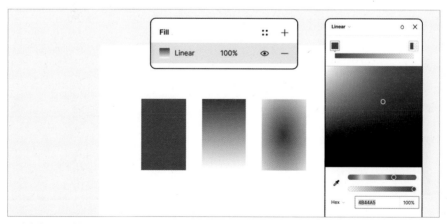

그라디언트 Fill 적용 예시. Fill값별로 투명도를 조절할 수도 있습니다.

실제로 프로덕트를 디자인할 때는 제품 개발의 효율성을 위해 일반적으로 Fill에 들어갈 색상을 미리 스타일로 지정하고 사용하는 경우가 일반적입니다. 앞서 그리드, 텍스트에서 실습한 스타일을 추가하는 방식과 같습니다.

Do it! 오브젝트에 그라디언트 적용하기

실습 페이지 : UI_04-3_02

채우기 옵션의 기초 개념을 익히기 위해 레이어에 적용된 단색 Fill값을 그라디언트로 만들어 보겠습니다.

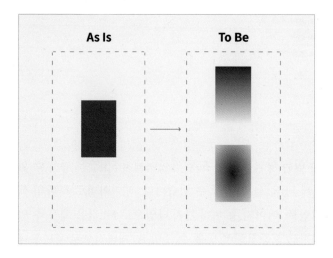

1. As Is의 사각형을 클릭하면 오른쪽에서 레이어에 적용된 Fill값을 확인할 수 있습니다. 색상 섬네일 영역을 클릭해서 세부 Fill값을 편집해 보겠습니다.

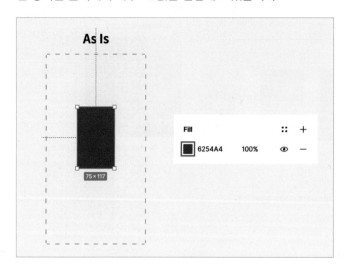

2. 세부 옵션의 상단에 단일 색상 타입인 [Solid]가 적용되어 있습니다. [Solid]를 클릭해서 [Linear]로 바꿔 줍시다.

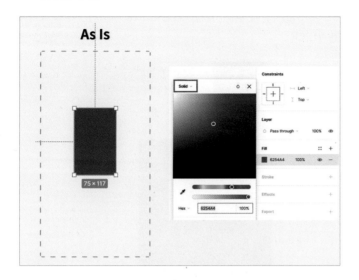

3. 곧바로 Linear(직선) 타입의 그라디언트가 적용되는데요. 이때부터 그라디언트에 적용된 색상을 클릭해 하나씩 설정할 수 있습니다. 첫 번째 점의 Hex값은 #6254A4(투명도 100%)로, 끝점은 #A54444(투명도 0%)로 지정합니다.

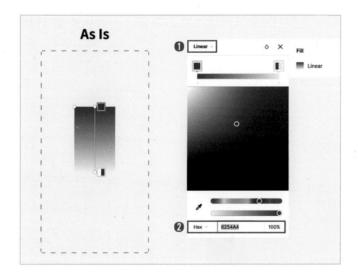

4. 선형 그라디언트가 완성됩니다. 설정한 레이어를 복제, 위치를 정리해 보겠습니다. ⟨Alt⟩+⟨W⟩, ⟨Alt⟩+⟨S⟩ 단축키를 이용해 정렬하면 손쉽게 위치를 맞출 수 있습니다. 이제 두 번째 그라디언트를 만들어 볼 차례입니다. 레이어의 가운데부터 퍼져나가는 특성이 있는데요. [Fill]의 속성에서 [Linear]를 [Radial]로 바꿔 보겠습니다.

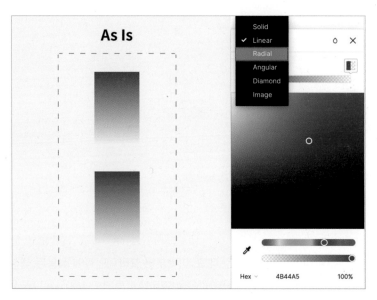

5. 그라디언트가 방사형으로 변했습니다. To Be를 보니 맞게 바꾼 것 같긴 한데, 아직 많이 다르네요. To Be 레이어의 Fill 속성을 확인해 보겠습니다.

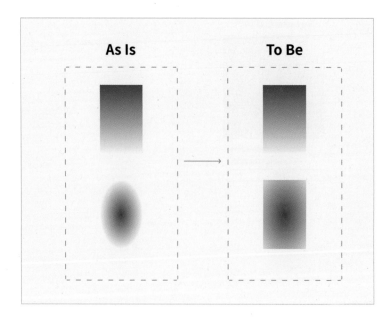

6. 아하! To Be는 그라디언트 효과 범위가 레이어 영역을 넘어서 적용되어 있네요. 이를 참고해 As Is의 그라디언트를 비슷하게 바꿉니다. 그라디언트 끝점 영역을 마우스로 드래그해 방사형 그라디언트의 범위를 조절해 보세요.

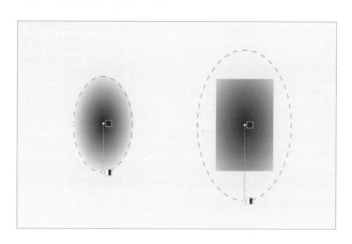

Do it! yourself | **카드 컴포넌트 만들어 보기** ●●●

Auto layout, Fill, Text 등 지금까지 배운 기능을 활용해 실습 페이지 [UI_04-3_03]에 예시로 제공된 카드 컴포넌트를 만들어 보세요.

선 설정하기

선이 있는 모든 종류의 레이어에서 Stroke값을 설정할 수 있습니다.
여기서 그라디언트, 이미지 등의 여러 타입을 유연하게 설정할 수 있습니다.

강의 영상 보러 가기

❶ **색상:** 선의 Fill값을 고를 수 있습니다.

❷ **투명도:** 선의 투명도를 독립적으로 조절합니다.

❸ **방향:** 레이어를 구성하는 패스(path)를 기준으로 선이 어느 방향으로 뻗어 나갈지 설정합니다. 예시 이미지에서는 [Inside]로 설정되어 있기 때문에, 사각형 패스 안쪽으로 선이 뻗어 나갑니다. 시작점과 끝점이 맞닿아 있는 도형 타입의 레이어에서 설정합니다.

❹ **두께:** 선의 두께를 조절합니다.

❺ **상하좌우 개별 설정:** 사각형 오브젝트에서만 나타나는 기능입니다. 상하좌우 4면 중 원하는 면에만 선을 넣을 수 있습니다. 내비게이션 바 UI 등을 만들 때 무척 유용합니다.

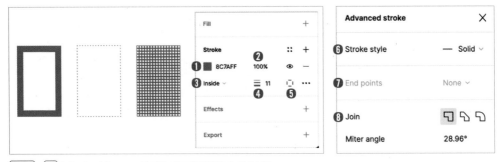

Shift + X 를 눌러 Fill과 Stroke의 값을 빠르게 전환할 수 있습니다.

오른쪽 아래 더 보기 아이콘을 누르면 점선이나 선 끝의 모양 등을 더욱 세밀하게 설정할 수 있습니다.

❻ **Stroke style:** 실선, 점선 등 선의 타입을 고를 수 있습니다. 드롭다운 메뉴를 눌러 변경할 수 있습니다.

❼ **End points:** 선의 가장 끝부분을 어떻게 보여 줄지 설정합니다. 화살표, 라운드 등 다양한 끝점 옵션을 골라 사용할 수 있습니다. 예시의 사각형처럼 선의 시작점과 끝점을 알 수 없는 도형에서는 비활성화되어 있습니다.

❽ **Join:** 라운드, 90°각지게, 45° 각지게 등 선의 모서리를 어떻게 보여 줄지 설정합니다.

그렇다면 [End points]는 언제 사용할 수 있을까요? 화살표나 점선 등 시작점과 끝점이 있는 오브젝트를 클릭해 보면 하단에 이런 UI가 생기는데요. 클릭해서 선의 끝부분 모양을 화살표 등 특정한 형태로 설정할 수 있습니다.

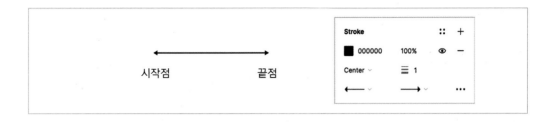

Do it! 선 응용하기   실습 예제 : UI_04-3_04

Stroke를 이용해 사각형을 점선 사각형과 격자로 바꿔 보겠습니다.

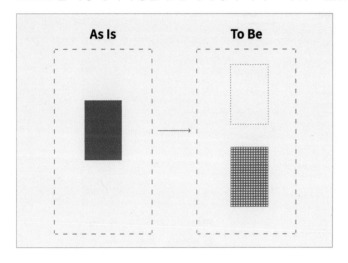

1. 먼저 첫 번째 사각형을 선택하고 Shift + X 를 눌러 Fill을 Stroke로 바꿉니다. 선 두께가 너무 굵어 신경 쓰이네요. 얇게 [1]로 바꿔 보겠습니다.

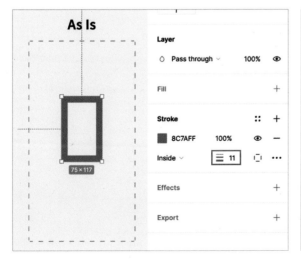

2. Stroke 창 오른쪽 ⋯ 아이콘을 누르면 Advanced stroke 창이 뜨는데요. 이 창의 Stroke style 에서 실선을 점선으로 바꿀 수 있습니다. [Solid]를 [Dash]로 바꿔 보겠습니다.

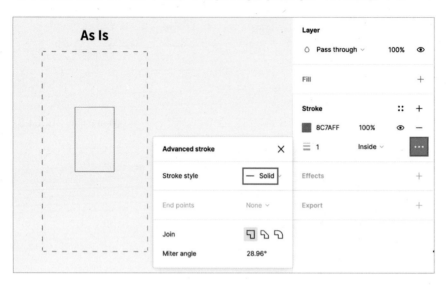

3. [Gap]을 [3]으로 변경하면 점선 사각형이 완성됩니다.

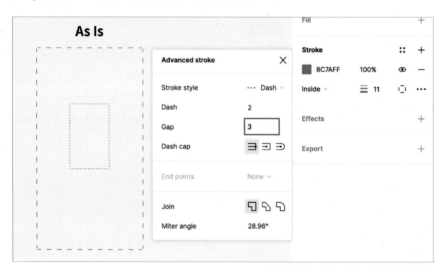

4. 작업한 사각형을 복제하고 위치를 정리해 주겠습니다. 격자 무늬는 어떻게 만들면 좋을까요? 까다로워 보이지만 Stroke를 활용하면 의외로 쉽게 만들 수 있습니다. 일단 앞서 만든 속이 빈 점선 사각형을 복제하고 선택해 보겠습니다.

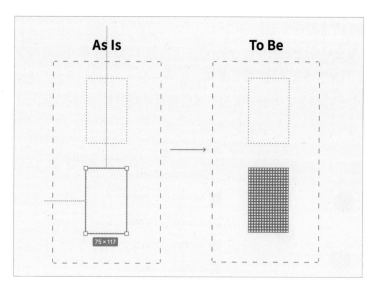

5. [1]이었던 선 굵기를 아주 많이 올려 주면 끝! 이렇게 점선의 굵기를 극단적으로 키우면 전체가 아닌 부분만 영향을 받는 원리를 응용해 반복적인 패턴을 쉽게 만들 수 있습니다.

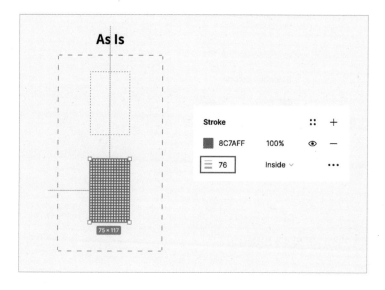

색상 관리하기

작업이 복잡해질수록 디자인에 사용한 색상도 많아져 한곳에 모아 보기 어려워집니다. 특히 여러 개의 레이어를 선택한 상황이라면 다양한 색상값이 이곳저곳에 적용되어 있는 경우가 많은데요. 이럴 때 오른쪽 Design 패널 하단에 있는 [Selection colors]를 이용하면 적용된 색상을 손쉽게 확인하고 관리할 수 있습니다. [Selection colors]는 내가 선택한 모든 레이어의 색상을 한꺼번에 보여 주는 유용한 기능인데요. 이를 활용해 복잡한 작업물에 적용된 다양한 색상을 쉽게 바꿀 수 있고, 어느 곳에 어떤 색상이 적용되어 있는지도 빠르게 확인할 수 있습니다.

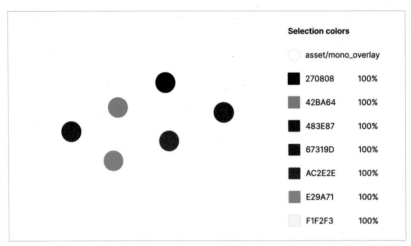

[Selection colors]는 스타일이 적용된 색상을 우선적으로 보여 줍니다.

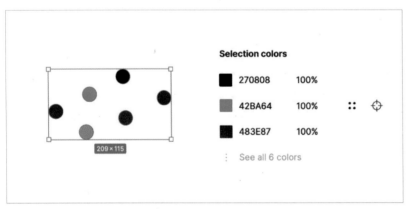

오른쪽 아이콘을 클릭하면 해당 색상값이 적용된 모든 영역이 선택됩니다.

효과 지정하기

모바일 앱을 보면 종종 화면 위에 떠 있는 듯한 UI가 있는데요. 이는 뒤에 그림자 효과가 적용되어 있기 때문입니다. Effects 패널에서는 그림자나 배경 블러 등은 Fill과 Stroke만으로는 표현하기 힘들지만 UI에서 종종 쓰이는 효과를 쉽게 구현할 수 있습니다.

강의 영상 보러 가기

그림자 효과 Drop shadow 도 아래와 같은 세부 값을 설정해 줄 수 있습니다.

❶ 위치: 원본 레이어를 기준으로 그림자의 좌표를 설정합니다. X, Y축의 값을 변경하면 그림자가 그에 맞춰 이동합니다.

❷ 색상: 그림자의 색상도 설정할 수 있는데요. 색상을 형광색으로 변경해 레이어에 네온 효과를 적용할 수도 있습니다.

❸ 흐린 정도: 그림자가 블러(blur) 효과로 흐려지는 정도를 조절합니다.

❹ 퍼지는 정도: 그림자가 원본 레이어에서 얼마나 넓게 퍼지는지 조절합니다.

❺ 투명도: 그림자에 적용할 투명도입니다. 통상 그림자의 속성을 반영해 반투명한 값이 기본으로 들어가 있습니다.

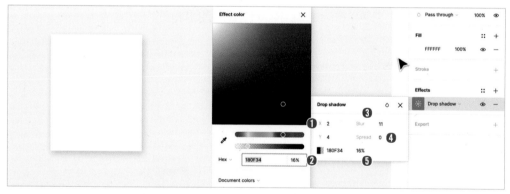

그림자 효과 적용 예시. 오른쪽 Effects 영역에서 여러 효과를 설정할 수 있습니다. Fill이나 Stroke처럼 여러 번 중첩해 다양한 효과를 섞어 볼 수도 있습니다.

Do it! 그림자 적용하기

실습 페이지 : UI_04-3_05

사각형에 그림자 효과를 적용해 보겠습니다.

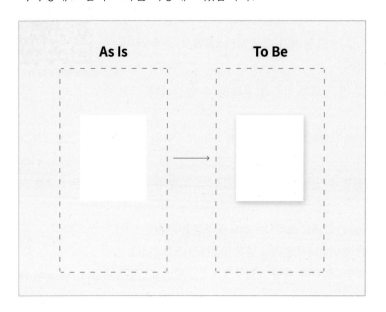

1. 흰 사각형을 선택하고 오른쪽 Effects 패널에서 [+]을 누릅니다.

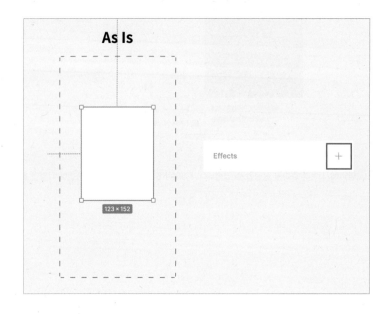

2. 바로 그림자 효과가 나타납니다. 그런데 To Be와 비교하면 너무 딱딱해 보입니다.

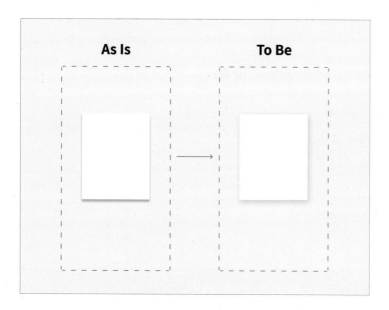

3. 두 사각형의 그림자 옵션을 열어 무엇이 다른지 비교해 보겠습니다. [Drop shadow] 왼쪽 햇님 아이콘을 클릭해 세부 설정을 열어 봅니다.

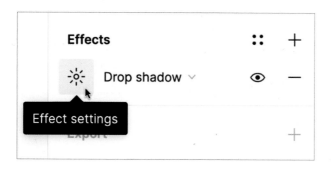

4. X축 좌표, Blur값, 그림자 색상과 투명도가 다르네요. 비교해 가며 To Be에 맞추면 완성됩니다. 이렇게 세부 옵션을 꼼꼼히 설정하면 더욱 완성도 높은 그림자를 구현할 수 있습니다.

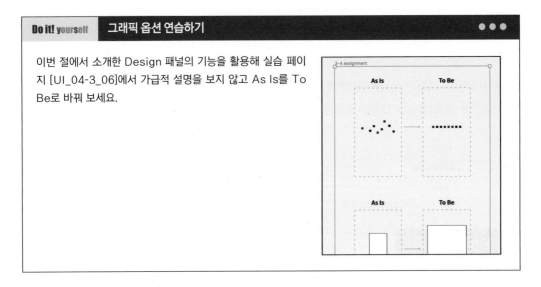

Do it! yourself | **그래픽 옵션 연습하기**

이번 절에서 소개한 Design 패널의 기능을 활용해 실습 페이지 [UI_04-3_06]에서 가급적 설명을 보지 않고 As Is를 To Be로 바꿔 보세요.

04-4 | 디자인 내보내기

열심히 작업한 내 디자인 파일을 피그마 바깥에서도 활용하고 싶은데 어떻게 해야 할까요? 내보내기 기능을 활용하면 됩니다. 패널의 맨 아래쪽에 있는 [Export] 기능을 사용해 원하는 크기와 확장자로 레이어를 내보내기 할 수 있습니다.

내보내기

피그마에서는 기본적으로 내보내기 기능을 사용해 모든 형태의 레이어를 다양한 형태와 크기로 내보내기 할 수 있습니다. 예를 들어 Export 탭의 [+] 아이콘을 클릭하면 곧바로 그 레이어를 PNG 이미지 파일로 내보내기 할 수 있는데요. PNG 외에도 JPG, PDF, SVG 등 널리 쓰이는 그래픽 확장자를 지원하고 있습니다. 그 외 다른 확장자로 추출해야 한다면 플러그인을 사용해 해결할 수도 있습니다.

- 오른쪽 상단의 [+]를 연속해서 누르면 화질 배수를 쉽게 높일 수 있습니다. 높아진 배수는 @2x, @3x처럼 표기되며, 각각 다른 파일로 추출됩니다.
- 여기서 자동으로 표기되는 @2x, @3x는 접미어(suffix)인데요. 한 가지 애셋을 여러 방식으로 내보내기 할 때 접미어를 수정하면 파일명 맨 뒤에 해당 문구가 추가되어 알아보기 쉽습니다.

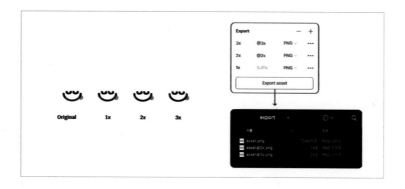

피그마에서 작업한 애셋은 내보내기 기능 외에도 다양한 방식으로 외부로 가져갈 수 있습니다. 복사할 레이어를 선택한 후 마우스 오른쪽을 클릭해 보세요. PNG, SVG 등 다양한 복사 옵션을 제공하고 있으니 상황에 맞게 활용하면 됩니다.

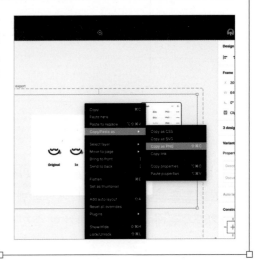

Do it! 애셋 내보내기 하고 피그마에 다시 넣기

📋 실습 페이지 : UI_04-4_01

피그마의 애셋을 원하는 형태로 내보내기 한 뒤 다시 피그마에 넣어 보겠습니다. Export 폴더 규칙과 해상도 배수, 접미어가 어떤 의미인지 알 수 있습니다.

1. As Is의 로고 애셋을 선택하세요.

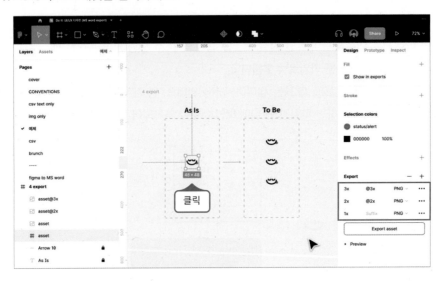

2. 오른쪽 하단 Export 영역에서 [Export asset] 버튼을 누르세요. 버튼을 누르기 전 @2x, @3x 영역을 잘 기억해 두세요. 만약 버튼이 보이지 않는다면 오른쪽의 [+] 버튼을 누릅니다.

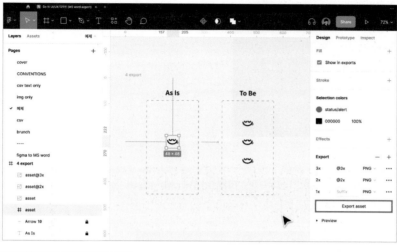

3. 원하는 폴더를 선택하고 [Save] 버튼을 누르면 내보내기가 완료됩니다.

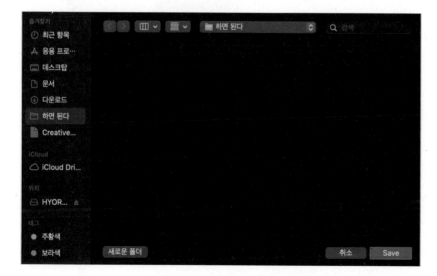

4. 저장한 폴더를 열어 내보낸 애셋을 확인해 보세요. asset, asset@2x, asset@3x, … 이런 식으로 아까 입력된 @2x, @3x 이름이 추가된 채로 내보내기 됩니다. 폴더에서 애셋 3개를 모두 선택해 보겠습니다.

5. 피그마 창으로 드래그 & 드롭하면 가져오기가 완료됩니다. 세 파일이 예제의 To Be처럼 각기 다른 해상도로 피그마 파일에 들어옵니다.

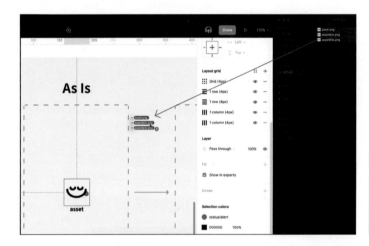

04-5 실시간 저장, 버전 관리 기능 써보기

[최종.psd], [최종의최종.psd], [ㅁㄴㅇㄹ.psd], … 점점 고갈되는 최종 파일 이름, 빽빽한 바탕 화면과 함께하는 파일 무한지옥, 디자이너를 포함한 대부분의 직장인이 종종 겪는 어려움인데요. 피그마에서는 그럴 필요가 없습니다. 인터넷만 연결되어 있으면 실시간으로 자동 저장하고, 예전 버전도 계속 꺼내 볼 수 있거든요. 이번에는 웹 툴 피그마의 강력한 차별점인 실시간 저장, 버전 관리 기능에 대해 알아보겠습니다.

> ✅ 한 가지 주의할 점은, 스타터(무료) 플랜의 경우 히스토리 세이브 기간에 30일 제한이 있다는 것입니다. 무료 플랜을 사용하고 있을 경우, 정말 중요한 히스토리는 따로 복제해 보관하기를 추천합니다.

실시간 저장하기

많은 사람들은 디지털 파일을 저장하기 위해 습관적으로 Ctrl + S 를 누릅니다. 그런데 피그마에서는 그럴 필요가 없습니다. 웹에서 실시간으로 최신 버전을 저장하기 때문입니다. 대신 Ctrl + S 를 누르면 다음 화면과 같이 '피그마는 당신의 작업을 자동으로 저장합니다'라는 토스트 메시지로 알려 줍니다. 게다가 별도로 버전 히스토리에 기록하지 않더라도, 피그마에서는 파일당 30개 정도의 Auto save 버전을 시간대별로 제공합니다. 따라서 작업에 열중하다가 실수로 무언가를 지웠을 때에도 시간순으로 기억을 더듬어 이전 버전을 복구해 볼 수 있습니다. 최종의 최종 지옥, 피그마와 함께 졸업하세요!

기능사전

★ 로컬 파일로 저장하기

간혹 로컬 파일 형태로 저장이 필요한 경우 [File → Save as .fig]에서 따로 저장할 수도 있습니다.

버전 관리

파일을 저장할 필요가 없다 보니 피그마로 작업할 때 한 가지 어색한 과정이 있습니다. 바로
파일 이름을 붙이는 일입니다. 로컬 파일 단위로 작업했을 때 파일명에 버전을 붙여 관리하던
과정이 없으니까요. 피그마에서는 로컬 파일 이름을 붙이는 대신 [Save to Version History]
기능으로 버전을 선언하고, 변경 사항에 대해 간단한 메모를 남길 수 있습니다.

[File → Save to Version History]를 누르거나 Ctrl + Alt + S 를 눌러 손쉽게 버전을 기록할
수 있습니다. 버전을 기록한 후에는 언제든지 버전 히스토리에 들어가 해당 버전을 복구하거
나 복제할 수 있습니다.

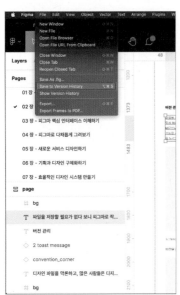

Do it! 버전 히스토리 기록하고 복구하기   📖 실습 페이지 : UI_04-5_01

얼마나 잘 저장되는지 한 번 실험해 볼까요? 예제 파일을 몽땅 지우고, 아무 일도 없었던 것처럼 복구해 보겠습니다. 예제 파일을 버전 히스토리에 기록하고, 모든 애셋을 삭제한 후 히스토리 목록에서 해당 버전을 복구해 보세요.

1. Ctrl + Alt + S 를 눌러 버전 히스토리를 엽니다.

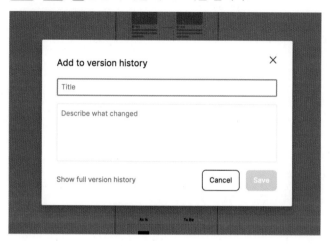

2. 저장할 버전의 문구를 적고 [Save] 버튼을 눌러 저장합니다. 저는 'backup' 이라고 적겠습니다.

3. 예제 페이지에서 [Ctrl]+[A]와 [Delete]를 눌러 모든 애셋을 지웁니다.

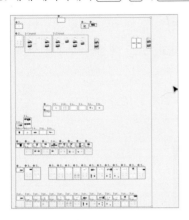

4. 다시 [Ctrl]+[Alt]+[S]를 눌러 버전 히스토리를 엽니다. 이번에는 [Show full version history]를 클릭합니다.

5. 오른쪽 패널에서 [backup]을 찾아 마우스 오른쪽 버튼을 클릭하고 [Restore this Version]을 선택합니다. 그런 다음 화면 왼쪽 상단의 [Done]을 클릭합니다.

04-6 ┃ 링크 만들어 공유하기

실무를 진행하다 보면 다양한 사람들과 수시로 피드백을 주고받는데요. 이럴 때 피그마의 공유 기능을 다채롭게 활용하면 좋습니다. 예를 들어 특정 화면 UI를 공유해야 한다면 특정 프레임을 선택해 공유하는 [Link to selected frame]을 활성화하고 링크를 전달할 수도 있고, 전체 플로를 확인해야 한다면 해당 플로를 그린 피그마 페이지를 통째로 공유할 수도 있습니다. 상황에 적절한 공유 링크를 활용하면 훨씬 효과적으로 커뮤니케이션을 이어갈 수 있습니다.

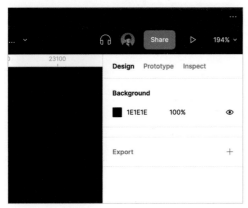

화면 바깥의 공유 UI

피그마 디자인 공유하기

원하는 피그마 파일에서 오른쪽 위 [Share](Ctrl+L)를 누르면 시간, 환경, 대상에 구애받지 않고 내 디자인을 손쉽게 공유할 수 있습니다.

❶ [Share]를 누르면 뜨는 모달 창을 확인해 볼게요. 공유하고 싶은 상대방의 이메일을 입력해 초대 메일을 보낼 수 있습니다. [Anyone with the link](링크 URL에 접속한 모든 사람) 혹은 [Only people invited to this file](이 파일에 초대받은 사람만) 등 파일에 대한 접근 권한을 세부적으

로 정할 수 있고, [can view](보기 가능), [can edit](편집 가능) 등을 설정해서 공유받는 사람이 이 파일에 얼마만큼 영향을 끼칠지 편집 권한을 조정할 수도 있습니다.

❷ [Copy link]를 누르면 피그마 파일의 링크를 복사할 수 있습니다.

❸ [Get embed code]를 눌러서 노션, 지라 등 다른 협업 툴에서 피그마 파일을 임베드할 수도 있습니다.

❹ 프레임이 선택되어 있는 상태라면 [Link to selected frame]이라는 체크박스가 활성화되는데요. 체크하고 복사한 링크를 클릭해 들어오면 뷰어는 내가 선택한 프레임의 위치로 이동합니다.

[Share]를 누르면 나오는 공유 UI

✅ 궁금해요! **피그마 파일을 커뮤니티에 공유할 수 있나요?**

공유 옵션 UI의 두 번째 탭인 [Publish to Community] 버튼을 누르면 작업한 피그마 파일을 피그마 커뮤니티에 업로드할 수도 있습니다. 그러면 작업한 파일이 전 세계 피그마 사용자에게 노출되며, 사용자들이 파일을 복제하거나 좋아요를 누르는 등 다양한 소셜 피드백을 받을 수 있습니다. 열심히 작업한 파일을 좀 더 다듬어 커뮤니티에서 공유해 보면 어떨까요?

[Publish to Community]를 클릭하면 나오는 피그마 공유 옵션 UI

피그마 프로토타입 공유하기

아무리 열심히 화면을 디자인해도 프로토타입 없이 제품을 출시하면 디자인 의도와 다른 제품이 개발될 가능성이 높습니다. 더욱 완성도 높은 디자인을 실제 제품에 반영하려면 기기 환경과 인터랙션, 핵심 기능 플로 등을 표현하고, 이를 기반으로 다른 이해관계자들과 커뮤니케이션 하는 것이 효과적입니다.

✅ 궁금해요! **프로토타입은 어떻게 확인하나요?**

프로토타입이란 피그마에서 디자인한 화면을 실제 UI처럼 사용자가 조작할 수 있도록 플로를 설정할 수 있는 모드입니다. 피그마 오른쪽 Prototype 패널을 클릭하면 이용 가능합니다.

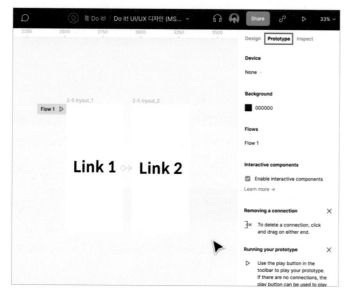

이처럼 다양한 정보를 포괄하면서도 여러 사람이 제품 개발을 이해하기 쉽도록 피그마에서 프로토타입을 만들고 공유할 수 있습니다.

Do it! **프로토타입 만들고 공유하기**

실습 페이지 : UI_04-6_01

이제 어떻게 프로토타입을 만들고 다른 사람들과 공유할 수 있는지 구체적으로 알아보겠습니다.

1. 상단 메뉴에서 샵(#) 모양 아이콘 혹은 단축키 F 를 눌러 [Frame]을 선택합니다.

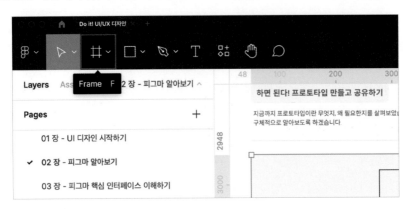

2. 화면을 드래그해 사각형 프레임을 만듭니다. 크기를 지정할 때는 오브젝트 아래 표시된 수치를 보며 마우스로 드래그해 조절할 수도 있지만, 오른쪽 화면의 [W: 375, H: 812]처럼 정확한 값을 입력할 수도 있습니다.

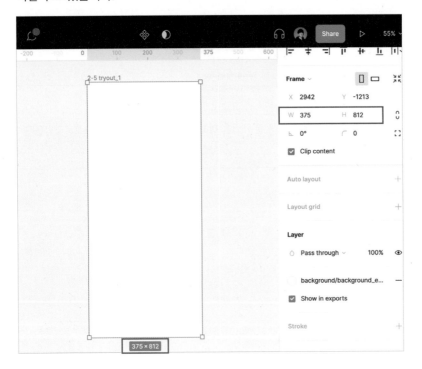

3. 만든 프레임을 선택한 후 T를 눌러 그 안에 'Link 1'이라는 텍스트를 써보겠습니다. 프레임을 복제한 뒤 프레임을 구분할 수 있도록 텍스트를 'Link 2'로 수정합니다. Alt를 누른 상태로 드래그하면 오브젝트를 쉽게 복제할 수 있습니다.

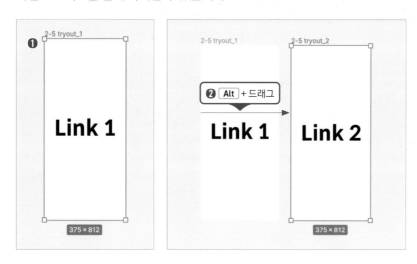

4. 이제 모드를 바꿔 보겠습니다. 오른쪽 상단의 [Prototype]을 클릭한 상태로 프레임을 선택하면 선택한 프레임의 오른쪽 중간에 동그란 점을 확인할 수 있습니다.

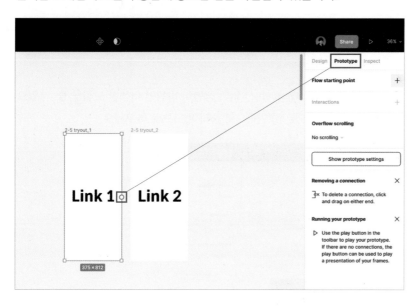

5. 점을 드래그해 복제한 프레임으로 옮겨 보세요. 두 프레임이 연결되며 [Flow 1]이라는 UI가 생겨 납니다.

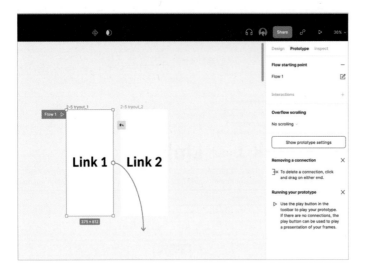

6. 프레임 간 플로를 연결하면 기본적으로 연결된 상태가 어떤 식으로 작동할지 확인하고 설정할 수 있 는 Interactions 패널이 켜집니다. Interaction details 창을 차례대로 살펴보면 다음과 같습니다.

- 클릭 시(On click)
- 내가 지정한 [2-5 tryout_2] 프레임으로 이동하도록(Navigate to)
- 애니메이션은 즉시(Animation: Instant)

이런 식으로 정리할 수 있습니다. 이때 애니메이션 없이 장면이 바뀌면 어색한 느낌을 줄 수 있으니, 애니메이션을 [Instant](즉시)에서 [Slide in](안쪽으로 슬라이드)으로 바꾸세요.

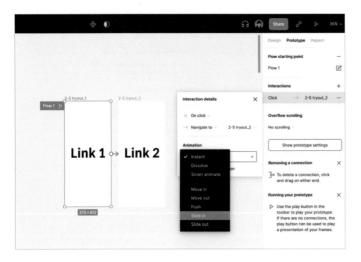

7. 플로를 설정했다면 이제 플로가 잘 작동하는지 확인하고 공유할 차례입니다. Prototype 모드를 재생하면 방금 만든 플로를 확인할 수 있는 프로토타입 창을 열 수 있습니다. 아래 3가지 방법을 참고해 보세요.

❶ 프레임 왼쪽 위 [Flow 1] 오른쪽 재생 버튼 클릭
❷ 피그마 전체 툴 바 오른쪽 위 재생 버튼 클릭
❸ Prototype 패널 속 [Flow 1] 오른쪽 재생 버튼 클릭

✅ 디자인과 프로토타입 링크는 별도입니다. 프로토타입 링크만 공유받은 사람은 디자인 원본에 접근할 수 없습니다.

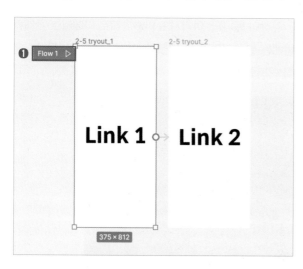

8. 이제 프로토타입 재생 모드가 열렸습니다. 프로토타입이 잘 되는지 확인해 봅시다. 앞에서 연결한 플로를 생각하며 [Link 1]을 클릭해 봅시다. 슬라이드 애니메이션과 함께 Link 2가 뜨면 성공입니다.

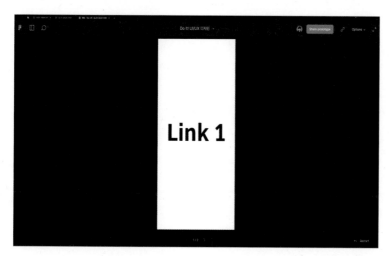

9. 원하는 플로를 확인했으니 프로토타입 창 오른쪽 위를 살펴봅시다. [Share prototype] 버튼이 눈에 띄네요. 눌러 봅시다.

10. 피그마 [Share]를 누를 때와 비슷한 공유 창이 뜹니다. 여기서도 마찬가지로 이메일로 초대하거나 공유 설정을 바꿀 수 있는데요. 이번에는 활용성이 높은 링크를 복사해 보겠습니다. UI 왼쪽 아래 [Copy link]를 누르면 링크가 클립보드에 복사됩니다.

✔ 궁금해요! **프로토타입 링크는 어떻게 복사하나요?**

- 피그마 프로토타입에서는 [Copy link]를 누르는 시점에 공유자가 보는 프로토타입 화면을 기억해서 보여 줍니다. 최초 플로부터 공유하고 싶다면 R을 눌러 내가 진행한 플로를 초기화한 후 다시 공유 링크를 복사하세요.
- [Share prototype] 버튼 오른쪽에는 [Options] 항목이 있는데요. 여기에서 프로토타입의 여러 디테일을 조정할 수 있습니다. [Copy link]로 프로토타입의 링크를 복사할 때 [Options]에서 변경한 설정도 모두 반영되기 때문에 상황에 따라 다양하게 활용할 수 있습니다. 예를 들어 실제와 유사한 프로토타입 플로를 공유하려면 [Show hotspot hints on click]와 [Show Figma UI]의 체크를 해제하고 링크를 복사해 보세요. 실제 환경과 더욱 비슷한 링크를 만들 수 있으며 ctrl + L을 눌러 간편하게 링크를 복사할 수 있습니다.

Do it! yourself　　**여러 방법으로 예제 파일 공유해 보기**　　● ● ●

다양한 방식으로 공유 링크를 복사하고, 복사한 링크로 이동하면 어떻게 보이는지 직접 확인해 보세요.

1. 어떤 프레임도 선택하지 않은 상태로 공유 링크 복사, 붙여넣기
2. 실습 페이지 [UI_04-6_01]에서 바로 프레임을 선택한 상태로 공유해 보기
3. [Prototype → Options]에서 [Show hotspot hints on click]을 해제하고 공유해 보기
4. 복사한 링크를 메모장에 저장해 두고, 데스크톱과 모바일에서 모두 열어 확인해 보기

05장
새로운 서비스
디자인하기

> 컴포넌트의 이름과 분류를
> 어떻게 정리해야 할지 모를 때에는 피그마
> 커뮤니티에서 'UI Kit'를 검색해 보세요.
> 다른 디자이너들의 방식을 참고하면
> 도움이 될 것입니다!
>
> - 한상연(7년 차 브랜드 디자이너)

05-1 서비스 로고, 전략적으로 디자인하기

4장을 모두 마무리한 여러분! 이제 피그마에서 디지털 프로덕트를 설계하기 위해 필요한 대부분의 기능을 익혔습니다. 하지만 아직도 어떤 기능을 어떻게 활용해 실제로 프로덕트를 디자인할 수 있을지 조금 막막할 것 같은데요. 그럴 때 **서비스 기획**이 필요합니다. 서비스 기획이란 어떤 서비스가 왜 필요한지 조사하고 그것을 구체적인 형태로 시각화하는 작업인데요. 전체 서비스가 제대로 구현되려면 서비스를 디자인하기 전에 앱의 내외부 플로를 미리 고려하는 게 맨땅에서 시작하는 것보다 훨씬 효율적입니다.

실무에서는 기획자나 PM, PO와 함께 프로덕트 디자이너가 이 역할을 맡는 경우가 많아지고 있습니다. 이 장에서는 서비스를 디자인하는 데 필요한 세부 기획을 어떻게 진행하면 좋을지도 함께 다루겠습니다.

지금까지 툴을 활용하는 기초 체력을 다졌으니 이제부터 실제 서비스를 디자인해 보겠습니다. 이번에는 가상의 서비스를 어떤 기준으로 만들지 정하고 그 서비스의 로고를 디자인하는 과정을 처음부터 끝까지 살펴보려고 하는데요. 실무에서는 모든 단계를 똑같이 따라 할 필요는 없습니다. 로고를 디자인해야 하는 본인이 처한 상황과 투자할 시간을 함께 고려해야 하기 때문입니다. 작업 시간이 여유롭게 주어진다면 지금 진행한 과정에서 리서치나 연결 시스템을 더 꼼꼼하게 보완할 수도 있고, 더 많은 로고 시안을 만들어 볼 수도 있을 것입니다. 회사에서는 프로덕트 디자이너의 시간도 소중한 자원이기 때문에 이를 이해하고 상황에 맞춰 자신의 리소스를 적절히 분배하는 것도 중요합니다.

어떤 서비스를 만들지?

경력이든 신입이든 프로덕트 디자이너라면 실제 디지털 프로덕트를 만들고 운영해 보는 것이 자신만의 포트폴리오를 만드는 데 도움이 됩니다. 대부분의 회사에서는 프로덕트 디자이너에게 심미적인 디자인을 구현하는 역량도 기대하지만, 가장 중요한 것은 '어떤 문제를 해결하기 위해 어떤 시도와 경험을 했는가'이기 때문입니다.

시장과 사용자의 반응을 계속해서 얻어 내는 서비스는 오랫동안 생존할 가능성이 높고, 자연스레 사용자 경험을 디자인할 기회를 더 많이 얻습니다. 반대로 사용자 경험을 충분히 고민하지 않은 디자이너는 '멋져 보이는' 서비스를 만들겠다는 생각에 빠지기 쉽습니다. 그래서 실제 디지털 제품에서는 디자이너 자신의 취향보다 사용자에게 필요하거나 시장이 원하는 방법이 무엇인지 고민하고 제안해야 합니다. 호응을 얻고자 하는 사용자의 특성을 정의하고, 사용자 중심으로 **문제를 해결하는 디자인**을 생각한다면 더 논리적이고 성공적인 프로덕트 디자인을 만들 수 있습니다.

이런 관점을 참고해 서비스 디자인의 접근 방식에 대해 한번 고민해 보고 어떤 서비스를 만들면 좋을지 생각해 봅시다. 여기서는 '레시피 앱'을 디자인하는 상황을 연출해 보려고 합니다. 레시피 앱은 많은 사람들이 요리를 위해 참고하는 서비스이고, 앱스토어를 훑어보니 아직 한국 앱 시장에 독점적인 서비스가 없다고 판단했기 때문입니다.

Do it! yourself | **실제 서비스 조사하기** ● ● ●

사용자와 시장이 원하는 서비스는 어떻게 알고 디자인할 수 있을까요? 힌트는 내 앞에 있습니다. 핸드폰을 켜고 구글 플레이나 앱스토어에서 검색해 보세요. 배달, 쇼핑, 채팅, 콘텐츠, 생산성, 엔터테인먼트, 금융 등 다양한 분야의 서비스를 알아볼수록 좋습니다.

1. 시장에 성공적으로 안착한 서비스를 3가지 떠올려 보고, 앱을 써보며 성공한 이유를 3가지로 분석해 봅니다.

2. 현재 본인이 사용 중인 서비스 3가지를 나열해 보고, 왜 사용 중인지 핵심적인 이유를 각각 3가지로 정리해 봅니다.

3. 본인이 사용하고 있지 않지만 최근 크게 호응을 얻고 있는 서비스 3가지와 그 이유를 3가지로 정리해 봅니다.

로고

레시피 앱이라는 큰 카테고리를 정했으니 서비스의 상징이 되는 로고를 먼저 디자인해 봅시다. 로고는 고객이 서비스를 사용하기 전 접할 수 있는 가장 단순한 형태의 이미지이기 때문에 앱을 사용할 사람들에게 브랜드를 각인시킬 수 있는 대표적인 수단 중 하나입니다. 먼저 기존에 출시된 로고는 어떤 것이 있고, 각각의 로고를 분석해서 브랜드별 전략과 의도를 유추해 볼 수 있는데요. 여기서는 디지털 서비스의 로고에 초점을 맞춰 왜 그런 형태를 가졌는지 분석해 보고, 우리가 디자인할 레시피 앱의 논리에 적용해 보겠습니다.

> ☑ 이 책의 분석은 독자들의 리서치를 돕기 위한 용도로, 실제 언급된 서비스의 전략과 무관합니다. 저자의 추측에 기반했기 때문에 실제 사용자 데이터나 브랜드 의도와는 다를 수 있습니다.

디지털 서비스 로고 살펴보기

스마트폰의 앱을 사용하며 보이는 수많은 아이콘, 기억하나요? 앱 서비스라면 일반적으로 앱 아이콘 영역에 로고를 넣습니다.

한국에서 서비스되고 있는 다양한 앱 로고의 예시

예시 이미지로 가져온 로고의 특징을 살펴보겠습니다.

- ‘네이버 웹툰’과 ‘카카오톡’의 경우, 로고에 서비스를 대표할 수 있는 단어가 메인으로 들어가 있네요. 만화 컷을 합쳐 둔 듯한 형상, 말풍선 모양이 어떤 서비스인지 빠르게 이해할 수 있도록 도와주는 것 같습니다.
- ‘지그재그’의 로고도 단어를 사용했지만 조금 다른 형태입니다. 이렇게 지그재그 하면 연상되는 ‘길’의 형상과 단어 ‘zigzag’를 한 번에 표현할 수도 있겠습니다.
- ‘오늘의집’ 로고는 어떨까요? ‘오’라는 서비스 첫 글자와 집 모양이 합쳐진 로고인 것 같네요.
- ‘당근’을 보면 서비스명을 그대로 활용한 당근(당신 근처)과 GPS 모양을 결합했습니다.

이렇게 표현 방식은 다르지만 5가지 서비스 모두 공통점을 발견할 수 있는데요. 서비스에 직접 들어가 보지 않고 로고만 보더라도 한눈에 서비스의 특징을 인지할 수 있도록 디자인되었다는 점입니다.

레시피 서비스 로고 살펴보기

로고를 구성하고 있는 특징을 살펴보았으니, 이를 적용해 레시피 앱의 로고를 만들어 보면 좋습니다. 그런데 막상 디자인하려니 다른 레시피 앱은 어떤 로고를 쓰고 있는지 궁금해집니다. 그래서 이번에는 이미 시장에 나와 있는 다른 레시피 서비스의 로고를 분석해 보려고 합니다. 이렇게 동종 업계 로고를 리서치하면 비슷한 로고 디자인(저작권 리스크)을 미리 제외할 수도 있고, 미처 생각하지 못했던 표현 방법을 보고 영감을 받을 수도 있습니다.

한국 구글 플레이의 상위권 레시피 앱 로고

스토어 상위권 레시피 앱 로고를 보면 첫인상이나 생김새는 앞서 살펴본 서비스 로고와 굉장히 달라 보입니다. 하지만 자세히 들여다보면 형상이나 서비스명 첫 글자를 사용하는 등의 전략이 여기서도 사용된 것이 보이는데요. 2가지 흥미로운 점을 살펴보겠습니다.

1. 로고를 구성하는 색상이 대체로 우리가 먹는 요리에서 찾아볼 수 있는 색(녹색, 갈색, 주황색 등)으로 구성되어 있습니다. 만약 로고의 색이 보라색이었다면 어땠을까요? 보라색은 식욕을 떨어뜨리는 효과가 있기 때문에 레시피 앱에 쓰면 제품의 첫인상에 부정적인 영향을 끼칠 여지가 있습니다. 이처럼 만들고 싶은 서비스의 특징과 색상을 함께 고려하면 더욱 매력적인 서비스 로고를 디자인할 수 있습니다.

2. 맨 마지막 '백쌤의 요리비책 레시피' 서비스 로고는 새로운 유형이네요. 유명인 백종원의 일러스트레이션과 주력 상품명을 모두 로고에 넣어 서비스의 신뢰도를 높이려는 전략이 들어간 것 같습니다. 서비스 이전에 '백쌤'과 '요리비책'이라는 이름이 이미 많은 소비자들에게 각인된 상태이기 때문에 유효한 전략일 것 같습니다. 하지만 너무 많은 요소를 작은 공간에 넣어 두었기 때문에, 다른 로고에 비해 로고의 의미를 바로 파악하기 힘듭니다. 사용자에게 미리 각인된 요소 없이 처음부터 레시피 앱의 가치부터 고민해야 하는 상황이라면 이런 전략은 위험이 더 커 보입니다. 정말 짧은 시간 동안 스쳐 지나갈 수도 있는 앱스토어 로고의 특성상 너무 많은 정보를 로고 영역에 넣으면 사용자가 서비스를 주목하지 못할 확률이 높고, 서비스가 선택받지 못할 가능성이 높아지기 때문입니다.

서비스 로고 만들기

시장에 나온 여러 로고를 살펴보았으니, 이제 서비스 로고를 직접 만들어 볼 차례입니다. 로고 디자인에 손을 얹기 전에 로고의 콘셉트를 구상하고 서비스 로고에 적용할 기준을 세웠습니다.

1. 레시피 서비스 관련 키워드(요리, 맛, 레시피)를 빠르게 파악할 수 있다.
2. 캐주얼한 느낌, 다가가기 쉽다.
3. 가능하다면 입맛을 돋울 수 있다.
4. 정보의 양이 많지 않다.

위 기준과 리서치한 로고 자료를 토대로 완성된 서비스 로고. 이미 책 중간중간 예제 이미지로 사용되었습니다.

완성된 로고 시안에서 왼쪽의 이미지를 먼저 살펴보겠습니다.

- 가장 먼저 보이는 입맛을 다시는 표정은 위 4가지 기준에 부합하면서도 현재 한국 시장의 로고와도 차별성이 있는 상징이라고 판단했습니다.
- 포인트가 되는 혀의 빨간색도, 실제 요리 재료에 많이 사용되는 색상이자 입맛을 돋우는 색으로 유명하기 때문에 서비스와 궁합이 좋다고 판단했습니다.

이어서 오른쪽 '맛보기'를 로고로 도출한 과정을 살펴보겠습니다.

- 서비스명 역시 4가지 기준을 고려해 캐주얼하면서 입맛을 돋울 수 있는 '맛보기'라는 이름으로 선정했습니다.
- 서비스명을 한 번에 선정한 이유는, 이를 로고타입(글자 형태의 로고) 형태로 함께 고민하고 제작하기 위해서였는데요. 구체적인 기준은 아래와 같습니다.
  1. 입맛을 다시는 메인 비주얼과 잘 어울립니다.
  2. '다가가기 쉬운'이라는 기준과 잘 맞습니다.
  3. 비용 제한, 승인 없이 바로 쓸 수 있는 상업용 무료 폰트를 검색했습니다.
  4. 무료 폰트 중 폰트 자체의 특징이 다른 의미로 인식될 여지가 있을지 고민했습니다.
     예를 들어 이미 전국적으로 널리 사용되어 특정 브랜드를 연상시키는 폰트, 긴 텍스트 본문에 어울리는 가독성 위주의 폰트 등은 제외했습니다.
- 이런 기준으로 여러 폰트를 비교한 후 가장 적합해 보이는 '넥슨 메이플스토리 Bold'를 선정했습니다.

✅ 궁금해요! **제가 쓴 폰트가 상업적으로 이용 가능한가요?**

서비스를 제작할 때 직접 제작한 폰트가 아니라면 안전하게 사용하기 위해 브랜딩에 사용될 폰트를 상업적으로 이용할 수 있는지 확인해야 합니다. 사용하고 싶은 폰트가 있다면 폰트를 배포한 회사의 웹사이트에서 명시한 해당 폰트의 사용 범위를 확인하세요.

폰트를 찾을 때 비용 효율을 위해 상업용으로 사용할 수 있는 무료 폰트를 찾아보는 것도 좋은데요. 눈누(noonnu.cc)라는 서비스를 이용하면 무료 한글 폰트를 쉽게 찾아볼 수 있습니다.

폰트 사용 정책 표기 예시입니다. 폰트 배포처에서 명시한 용도와 내 폰트 사용 목적이 일치하는지 꼭 확인하고 사용하는 것이 좋습니다. 특히 회사 작업의 경우 폰트 무단 사용은 회사에 큰 손해를 끼칠 수 있으니 주의해야 합니다.

눈누에서 다양한 폰트 적용 예시를 한눈에 확인할 수 있습니다.

로고 디자인을 진행할 때 서비스명까지 함께 고민했기 때문에 실제 서비스의 형태, 다른 레시피 서비스와의 차별점도 구체적으로 생각해 볼 수 있었습니다. 실제 서비스가 아직 구현되지 않았다면 서비스명을 선정할 때 서비스에 대해 더더욱 구체적인 그림을 그릴 필요가 있습니다. 실제로 이렇게 초기부터 서비스를 만들어야 한다면 일단 가제로 시작해 구체적인 방향이 어느 정도 잡힐 때까지 서비스명과 함께 브레인스토밍하며 확정 짓기도 하는데요. 이렇게 서비스명과 로고를 함께 고민하면 서비스에 대한 표현 방법을 다각도로 발전시킬 수 있습니다.

Do it! 레시피 로고 디자인하기

실습 페이지 : UI_05-1_01

앞에서 제작한 레시피 앱 로고를 함께 디자인해 보겠습니다. 이미 서비스 구현에 고려해야 할 사항과 조사는 다루었으니, 피그마에서 어떻게 제작할 수 있는지 실습에서 살펴보겠습니다.

1. 로고 왼쪽에 있는 입맛 다시는 표정 이미지를 만들어 볼까요? P를 눌러 [Pen]으로 눈과 입을 그립니다. 이때 드로잉에 사용할 선의 두께를 동일하게 사용합니다. 캐주얼한 느낌을 강조하기 위해 선 끝을 둥글게 바꿔 주었습니다.

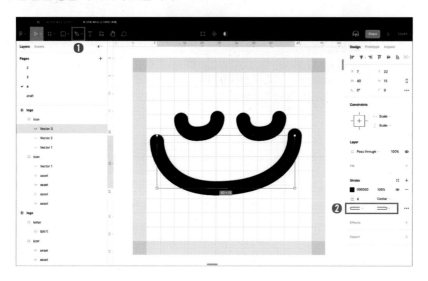

2. 네모를 사용해 혀를 그려 보겠습니다. 예시 이미지처럼 네모의 두 코너에만 모서릿값을 적용하면 손쉽게 구현할 수 있습니다.

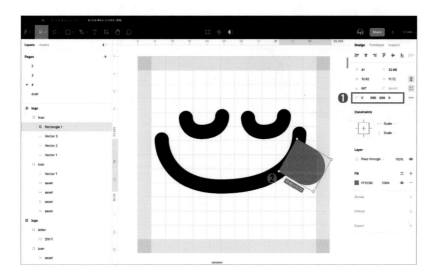

3. 오브젝트의 위치와 패스를 균형감 있게 조절합니다. 이때 오른쪽 상단에서 [Snap to pixel grid]를 끄고 디자인하면 훨씬 세밀하게 조절할 수 있습니다.

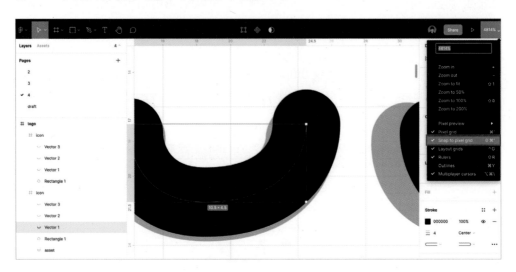

4. 로고의 디테일까지 완성했다면 ⎡Ctrl⎤+⎡Shift⎤+⎡O⎤를 눌러 [Outline stroke]를 실행합니다. 선 (stroke) 상태를 그대로 두면 로고의 크기가 변형될 경우 디자이너의 의도와 다르게 크기가 조절될 수 있기 때문입니다. 아웃라인 이전 작업물을 백업해 두면 추후 수정할 때 편리합니다.

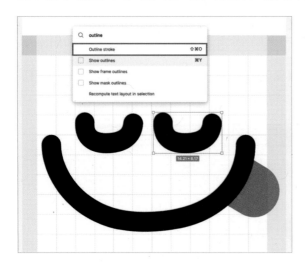

5. 모든 작업물을 선택하고 [Constraints]가 [Scale]로 되어 있는지 확인합니다.

6. 만들어 둔 로고는 재사용할 일이 많을 테니 적절한 이름을 붙여 컴포넌트로 만듭니다.

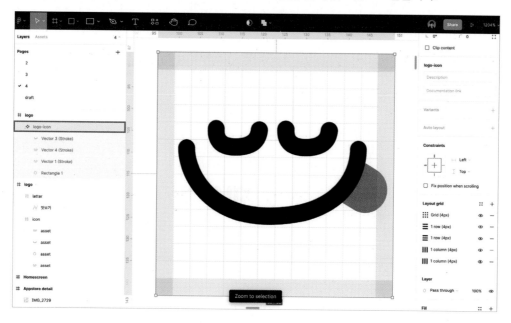

7. 오른쪽에 있는 '맛보기' 타이포 로고도 마저 만들어 보겠습니다. [Text]를 사용해 '맛보기'를 입력합니다.

8. Maplestory 폰트를 검색해 적용합니다. 폰트가 없다면 컴퓨터에 폰트를 설치하고 피그마를 껐다 켜면 사용할 수 있습니다.

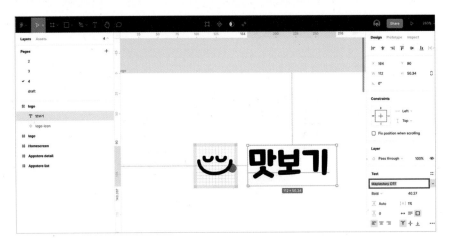

9. 입맛 다시는 로고와 같은 방법(4~6번 단계)으로 후작업을 진행합니다. [Outline stroke]를 적용하고 컴포넌트화한 후 세밀하게 위치를 잡고 적절한 이름을 붙입니다. 이런 식으로 메인 컴포넌트를 만들 때마다 정해진 위치에 모아 두면 이후 쉽게 관리할 수 있습니다.

10. 컴포넌트화된 로고의 [Constraints]를 확인합니다. 따로 설정하지 않으면 [Left]와 [Top]으로 되어 있을 텐데요. 수평과 수직 모두 [Scale]로 바꾸세요. 이렇게 설정하지 않으면 로고의 크기를 아무리 늘려도 왼쪽 위에 고정됩니다.

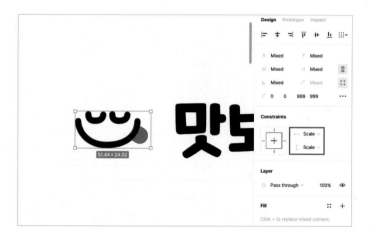

Do it! yourself   **자신만의 로고 디자인하기**   ● ● ●

이번 절에서 사용한 방법을 적용해 새로운 서비스를 구상하고, 그 이미지를 로고로 구현해 봅시다. 처음부터 생각하기 어렵다면 레시피 앱 같은 카테고리를 먼저 정하는 것도 좋습니다.

서비스 로고 실제 적용하기

로고를 만들어 보았으니 이제는 그 로고가 실제 상황에서 어떻게 보일지 알아볼 차례입니다. 내가 만든 로고가 실제 적용될 화면에서 멋지게 보이면 좋겠지만, 그렇지 않을 수도 있습니다. 이런 경우 빠르게 수정할 수 있는 환경을 미리 만들어 두면 비효율적인 디자인 수정과 브랜드 노출을 최소화할 수 있습니다.

유명한 가이드 참고하기

앞 절에서는 이미 나와 있는 로고를 분석하고 디자인해 보았는데요. 이렇게 로고가 들어갈 위치나 시인성 등은 디지털 환경에서 사용하는 로고라면 공통적으로 고민해야 하는 사항이기도 합니다. 내가 만든 로고가 통상적인 기준에 부합하는지 확인하려면 공신력 있는 디자인 가이드를 참고하는 것도 좋습니다.

구글에서는 안드로이드 개발자 가이드의 Google Play 아이콘 디자인 페이지에서 로고 제작 가이드를 상세하게 제공하고 있습니다. 이는 다양한 안드로이드 환경에서 로고를 최대한 통일성 있게 반영하기 위한 기준이니, 구글 플레이 스토어에 로고를 업로드하기 전에 참고하면 좋습니다.

부적절한 예
브랜드 및 아트워크를 풀 블리드로 무리해서 변형하지 마세요.

적절한 예
대신 자유형 아이콘 아트워크를 키라인에 배치하세요.

일반적으로 일러스트 아트워크도 풀 블리드 아이콘과 마찬가지로 잘 어울립니다.

안드로이드 개발자 가이드에서 상세한 로고 디자인 가이드도 확인할 수 있습니다.

로고가 보이는 환경 고려하기

로고를 디자인할 때에도 어디에서 주로 보일지 고려하면 더욱 전략적으로 접근할 수 있습니다. 전 세계 대다수 사용자는 구글 플레이 스토어와 애플 앱스토어에서 앱을 내려받아 사용하기 때문에, 핸드폰의 앱스토어를 분석하면 많은 힌트를 얻을 수 있습니다.

앱스토어에서 우리가 만들 로고가 어떻게 보일지 미리 알 수 있다면 미래 소비자의 첫 경험을 더욱 구체적으로 그릴 수 있겠네요. 이를 위해 제가 주로 사용하는 방법은 **스크린샷 찍기**인데요. 현재 구현된 디지털 환경의 경험을 쉽고 정확하게 파악할 수 있기 때문입니다. 그래서 평소에도 다양한 서비스를 사용하며 수시로 스크린샷을 찍는 습관을 들이면 아주 좋습니다.

앱스토어 상세 페이지 화면을 캡처해 로고가 들어가는 페이지를 나열하고 실제 업로드 전에 우리가 만들 로고와 앱 이름이 어떻게 보일지 확인해 가며 디자인한다면 업로드 후에 수정해야 하는 상황을 최소화할 수 있습니다. 의도된 형태와 다른 로고 이미지가 실제 앱스토어에 올라가는 일은 가급적 피해야 합니다. 우리 제품을 보는 사용자들이 의도와 다른 브랜드 이미지에 노출되며, 해당 브랜드가 사용자에게 기획 의도와 다른 첫인상을 남길 수도 있기 때문입니다.

Do it! 로고가 들어갈 환경 만들기

이제 실제 앱 로고가 보일 화면을 캡처해 모으고, 컴포넌트 기능을 활용해 내 로고가 그 자리에 들어갈 수 있도록 만들어 보겠습니다.

1. 핸드폰을 켜고 앱스토어(안드로이드의 경우 구글 플레이 스토어)가 있는 화면을 캡처한 후 앱스토어에 들어갑니다.

2. '레시피'라는 키워드를 앱스토어에서 검색하고, 관련 서비스의 로고 관련 UI를 가능한 한 많이 캡처합니다. 여기서 나타난 UI를 참조해 내 서비스가 앱스토어에 등재되면 어떤 형태로 보일지 짐작할 수 있습니다.

3. 여러 스크린샷 중 로고가 들어갈 중요 스크린샷을 분류합니다. 이번 실습에서는 홈 화면의 앱 아이콘과 오른쪽 하단 검색 탭 속 UI가 중요하다고 판단했습니다. UI뿐 아니라 내가 원하는 검색 키워드에서 이미 유명한 서비스는 무엇이 있는지도 한꺼번에 파악할 수 있기 때문입니다. 캡처한 이미지를 컴퓨터로 가져온 후 피그마에 드래그 & 드롭합니다.

> ✔️ 스마트폰의 이미지 파일을 컴퓨터로 옮길 때는 메신저로 보내 가져와도 좋지만 Google photo를 이용해 이미지를 클라우드에 한 번에 업로드할 수도 있습니다. 특히 아이폰과 맥북을 함께 쓴다면 Airdrop을 이용해서 더욱 빠르게 이미지를 피그마로 가져올 수 있습니다.

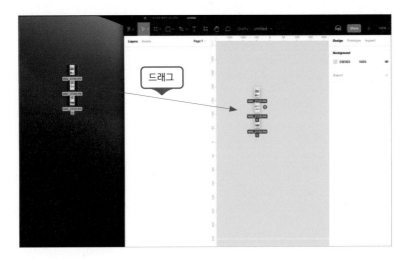

4. 가져온 스크린샷을 확인해 보면 크기가 1배수 기기 크기보다 큽니다. 우리는 UI와 비슷한 환경을 만들고 싶으니 실제 기기의 1배수 해상도로 크기를 줄여 보겠습니다.

> ✅ 피그마 수치 입력란에서는 사칙연산을 사용할 수 있는데요. 이를 활용해 예제처럼 크기 입력란에 나누기 수식을 입력하면 빠르게 원하는 크기로 줄일 수 있습니다.

5. 1배수 크기가 된 스크린샷에 하나하나 `Ctrl`+`Alt`+`G`를 눌러 프레임을 입힙니다. 그러면 다음과 같은 이점이 생깁니다.

- 캔버스 바깥에 프레임 이름이 뜹니다. 프레임 이름을 더블클릭하면 텍스트를 수정할 수 있는데요. 적절한 이름으로 이 스크린이 어떤 페이지인지 빠르게 파악할 수 있습니다.
- 프레임 속 오브젝트에는 [Constraints] 기능이 적용되는데요. 이를 활용해 스크린샷 위에 실제 UI처럼 작동하는 컴포넌트를 제작해 사전에 빠르게 동작을 테스트해 볼 수 있습니다.

6. 스크린샷에서 로고 관련 UI의 위치를 확인할 수 있습니다. 이 중 기존 서비스 로고, 관련 정보를 텍스트와 프레임으로 덮어씌워 보겠습니다. 스크린샷은 이미지 파일이기 때문에 텍스트를 편집하거나 이미지를 바로 갈아 끼울 수는 없는데요. 그래서 일단 이 영역을 적절한 도형으로 가린 뒤 필요한 애셋을 만들어 넣는 작업이 필요합니다.

7. 스크린샷 위에 들어갈 서비스 그래픽과 텍스트를 만들어 봅니다. 실제로 출시될 앱의 화면과 최대한 비슷하게 만들기 위해 반투명한 상태로 세부적인 부분까지 신경 써 만듭니다. 로고 영역은 그크기대로 사각형 도형을 그리고 모서릿값을 조절해 만들고, 텍스트에는 실제 iOS 시스템 폰트를 적용하며, 원래 텍스트를 흰 배경으로 가리는 식으로 쉽게 만들 수 있습니다. iOS의 경우 한글은 '산돌고딕 네오(Apple SD Gothic Neo)', 영어는 'SF(San Francisco)'를 사용하니 참고해서 적용하면 거의 같은 화면을 구성할 수 있습니다.

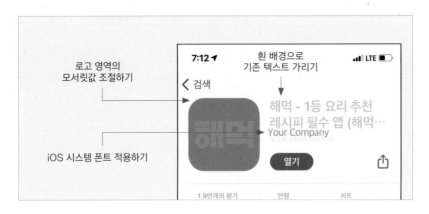

8. 한 화면의 영역을 잡았으니 다른 곳에도 이 방법을 활용해 볼까요? 다양한 화면에서 로고 영역을 찾아 바꿔 보겠습니다. 앞에서 만든 화면의 로고 영역과 텍스트를 복사, 붙여넣기 하고 세부적인 크기를 바꾸면 완성됩니다.

9. 실제 로고를 복사, 붙여넣기 해보겠습니다. 만들어 둔 로고를 화면에 붙여 넣고, [Shift]를 누른 채 주황색 로고 영역을 함께 선택한 후 오른쪽 위의 [Align] 기능을 사용해 정렬합니다. 이런 식으로 만들면 처음에 잡아 둔 위칫값을 유지한 채로 손쉽게 붙여 넣을 수 있습니다. 익숙해지면 단축 키 [Alt]+[W], [A], [S], [D]를 눌러 더 빠르게 작업할 수도 있고요.

10. 이때 좌표뿐 아니라 로고의 모서릿값도 실제와 거의 유사하게 조절합니다. 그런 다음 [Clip content]에 체크 표시해 두면 영역을 벗어나는 부분을 잘라내고 보여줄 수 있는데요. 영역 안에 있는 작업물만 명확하게 보여 주고 싶을 때 유용합니다.

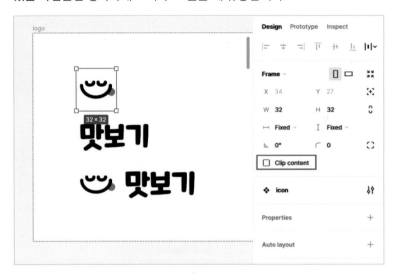

11. 텍스트까지 가상의 서비스명으로 수정하면 완성됩니다.

애플 시스템 폰트가 무엇인가요?

우리가 일상생활에서 텍스트를 입력할 때 매번 폰트를 지정할 필요는 없죠? OS나 프로그램에 기본 폰트가 이미 설정되어 있기 때문입니다. 애플 제품의 경우 2023년 기준 3가지 OS(MacOS, iPadOS, iOS)를 갖고 있고, 이 모든 OS를 통틀어 나라별로 시스템 폰트를 정해 사용하고 있습니다.

- **장점:** 시스템 폰트이기 때문에 iOS에서 폰트를 추가로 설치할 필요 없이 빠르게 개발할 수 있습니다.
- **단점:** 지정한 환경 외의 영역에서 상업적으로 자유롭게 사용할 수 없습니다. 애플의 시스템 폰트를 안드로이드 앱에서 사용하는 것은 매우 까다로우니 폰트를 선정할 때 처음부터 폰트의 사용 범위를 고려하는 것이 좋습니다.

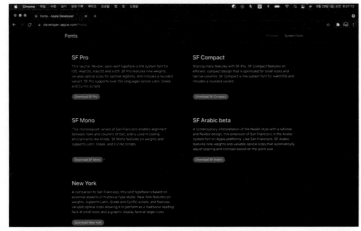

developer.apple.com/fonts에서 다양한 시스템 폰트를 확인하고 필요한 폰트를 내려받아 사용할 수 있습니다.

05-2 앱 디자인의 길잡이가 되는 콘셉트 UI 잡기

서비스의 얼굴인 로고가 완성되었으니 이제 실제 UI 화면을 만들어 보겠습니다. 그런데 무엇을 어떻게 화면에 넣어야 할까요? 디자인 프로세스에서 이 단계는 항상 고민거리입니다. 이번에는 화면에 무엇을 어떻게 넣을지 서비스의 대략적인 룩앤필을 공유할 수 있는 콘셉트 UI를 만들어 보고, 이렇게 나온 결과물을 어떻게 활용할 수 있을지 알아보겠습니다.

앱 디자인, 처음은 단순하게

앱을 만들 때 사용자의 호응을 얻으려면, 잘 작동하는 서비스를 넘어서 사용자의 상황과 니즈에 맞는 적절한 UI를 보여 줘야 합니다. 그렇기 때문에 UI는 본질적으로 자신의 아름다움을 뽐내는 것이 아니라, 사용자의 목적을 달성할 수 있게 도와주는 길잡이 역할을 해야 하는데요. 가입 프로세스, 온보딩, 메인, 설정, 검색, 레시피 상세 페이지 등을 처음부터 모두 설계하려면 한도 끝도 없습니다. 특히 앱이 아직 출시되지 않은 상황에서 한 번에 모든 페이지를 디자인하자면 시간도 오래 걸리고, 실제 서비스에 반영될지 장담할 수도 없습니다.

그래서 복잡한 것들을 일단 단순하게 생각해 보는 연습이 필요합니다. 이때 본인이 생각하는 서비스 모습을 콘셉트 시안으로 잡아 보는 것이 좋습니다. 아무래도 로그인 후 첫 번째로 진입하는 메인 화면 UI가 서비스 전체를 대변하기 좋으니 여기서는 메인 화면을 디자인해 보겠습니다.

레시피 서비스 UI 살펴보기

여러 메인 UI 살펴보기

앞서 다양한 서비스 로고를 모아 보며 패턴을 찾아냈듯이 콘셉트 UI도 마찬가지 방법으로 디자인할 수 있습니다. 콘셉트 UI는 로고보다 좀 더 구체적인 이미지를 그려야 하기 때문에, 첫 리서치 범위를 다른 레시피 앱으로 좁혀 보겠습니다.

만개의레시피, 해먹, 우리의식탁의 메인 UI(2021년 기준)

2021년 기준 한국 앱스토어 Top 3 레시피 앱의 메인 UI의 스크린샷을 모았습니다. 언뜻 보면 꽤 달라 보이지만 공통적인 부분도 상당히 많아 보입니다. 일단 이런 식으로 이미 출시되어 있는 앱의 화면을 모아서 패턴을 찾고, 그걸 내가 만들 앱의 스타일로 적용해 보면 우리 서비스에 어떤 컴포넌트를 넣는 것이 좋을지 힌트를 얻을 수 있겠습니다. 그럼 함께 분석해 볼까요?

공통점 찾기

이 3가지 레시피 앱의 메인 UI에서 여러 공통점을 찾을 수 있었는데요. 크게 묶어서 살펴보니 이렇게 7가지 패턴을 찾아볼 수 있었습니다.

콘셉트 UI, 일단 만들고 생각하기

현재 출시된 레시피 앱에 이 7가지 기능이 왜 들어갔는지 생각해 보는 것도 매우 중요합니다. 하지만 지금 우리에게는 서비스에 대한 기획서도, 마케팅 전략도, 개발 로드맵도, 앱도 없습니다. 이럴 때는 우선 이런 기능을 우리 서비스에 반영하면 어떤 모습일지 그려 보는 것이 효과적일 수도 있는데요. 앞으로 이렇게 만들 시안을 '콘셉트 UI'라고 부르겠습니다.

콘셉트 UI를 먼저 만들면 다음과 같은 장점이 있습니다.

- 기획서가 준비되어 있지 않은 상태에서도 혼자서 빠르게 디자인을 시작할 수 있습니다.
- 서비스의 최초 시안을 시각화해서 디자이너를 포함한 관계자들의 생각을 한 점으로 모을 수 있습니다.
- 콘셉트 시안을 바탕으로 기획 논의를 빠르게 시작, 발전시킬 수 있습니다.

그러므로 서비스에 어떤 기능을 담을지 세부 내용에 관한 고민은 잠시 미뤄 두고 7가지 패턴을 바탕으로 우리 서비스의 콘셉트 UI부터 만들어 봅시다.

전체적인 레이아웃은 이런 느낌입니다. 사실 메인 UI는 클릭해서 들어가는 화면도 함께 고려해서 디자인해야 하지만, 콘셉트 UI는 빠르게 제작하고 공유하는 것이 더 중요합니다. 이 점을 감안하여 제가 디자인하면서 고민한 것들을 기능별로 하나씩 차근차근 살펴보겠습니다.

콘셉트 UI 기능별로 분석하기

대략적으로 구성한 콘셉트 UI를 기반으로 우리가 만들 화면에 **메뉴, 로고(브랜딩), 검색, 알림, 정보 탭, 레시피 콘텐츠, 관련 상품** 등 7가지 기능 가운데 어떤 것들을 넣으면 좋을지 판단해 보겠습니다. 단 하나의 UI 화면인데도 생각해야 할 것이 상당히 많은데요. 서비스를 실제로 출시하려면 이렇게 계속해서 제기되는 다양한 의문점을 해소할 수 있어야 합니다.

메뉴

- 메뉴 기능에는 보통 서비스에서 가장 강조하고 싶은 콘텐츠 이외의 모든 것이 들어갑니다. 앞으로 어떤 기능이 들어갈지는 생각하지 않았지만, 대부분의 서비스에는 최소한 개인 정보나 설정 등의 기능이 들어가야 하니 메뉴 UI는 필수적입니다. 여기에도 넣도록 합니다.

- 모바일 화면에서 아이콘의 크기는 24×24px 정도로 설정하는 것이 일반적입니다. 여기에서는 좀 더 시인성을 확보하고 잘 누를 수 있게 32×32px로 크게 디자인했습니다.

- 메뉴 아이콘을 디자인할 때에는 로고의 입맛 다시는 비주얼과 일관된 느낌을 줄 수 있도록 굵기를 세심하게 조절해 봅니다. 이후 디자인할 다른 아이콘도 마찬가지로 통일성을 고려해 디자인합니다.

- 이제 메뉴의 위치를 고민해 보겠습니다. 메뉴는 통상 화면 가장자리에 위치하므로 콘셉트 UI에서도 오른쪽 상단에 배치했습니다. 이때 [Constraints]를 [Right], [Top]으로 설정하면 더 좋습니다.

- 메뉴에는 우리가 수시로 알려 줘야 할 신규 기능이나 콘텐츠가 들어갈 수도 있습니다. 사용자는 첫 화면에서 메뉴 속 콘텐츠가 업데이트되는 것을 알기 힘들기 때문에, 빨간 점으로 새로운 콘텐츠가 있는 상태를 함께 표현할 수 있게 고려했습니다. 이때 베리언트를 이용해 상태를 표현하면 편리합니다.

- 통상적으로 메뉴에 들어갈 만한 기능을 좀 더 생각해 보면 공지사항, 계정, 설정, 문의하기, 최근 본 레시피 등이 떠오릅니다. 추후 기획할 때 이런 부분을 함께 고려해 봅시다.

로고(브랜딩)

- 앱의 카테고리를 불문하고 처음 앱에 들어오면 로고를 보여 주며 브랜딩하는 경우가 많은데요. 아직 사용자에게 익숙하지 않은 앱일수록 로고를 많이 보게 하는 것이 중요할 수 있습니다. 브랜드 이미지를 각인시키는 것으로 앱 바깥에서도 우리의 서비스를 더 많이 떠올리는 데 도움을 주기 때문입니다.
- 로고는 통상적으로 화면 왼쪽 상단에 배치합니다. 왼쪽에서 오른쪽으로 글을 읽는 문화권 대부분의 사람들은 왼쪽에서 오른쪽으로, 위에서 아래로 정보를 습득하는데요. 이를 제품에 반영해 사용자로 하여금 로고를 먼저 인지하고 다음 콘텐츠를 보게 하려고 합니다.
- 로고는 메인 컴포넌트를 복사, 붙여넣기 해 쉽게 관리할 수 있습니다.

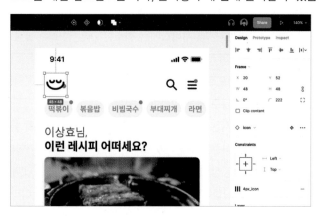

검색

- 앞에서 살펴본 세 레시피 앱 전부 검색 UI를 눈에 잘 띄는 곳에 배치했네요. 레시피를 검색하는 기능은 사용자에게 매우 중요해 보이니 여기에도 넣어 봅시다.
- 막상 검색 UI를 넣으려고 보니, 새로운 서비스에서 사용자가 레시피를 어떻게 검색할지 고민이 됩니다. 모아 둔 레시피 콘텐츠가 없기 때문입니다. 기획할 때 이 부분을 좀 더 고민해 봐야겠습니다.
- 메뉴 아이콘을 32×32px 크기로 만들었으니, 검색 아이콘도 동일한 크기로 바로 옆에 배치합니다 (모바일 환경에서 아이콘을 너무 작게 디자인하면 클릭하기 어려워 사용성을 해칠 수 있습니다).

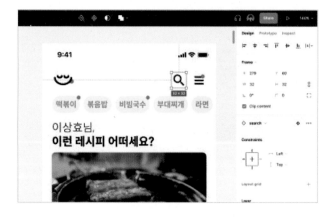

알림

- 빨간 점으로 새로운 콘텐츠를 알려준다면 알림을 따로 표현할 필요가 있을까 의문이 듭니다. 고민한 후 메인 화면에서 알림을 위한 UI를 따로 표시하지 않고, 알림이 필요한 곳에 빨간 점을 넣기로 합니다.

정보 탭

- 다른 서비스에서는 다양한 정보를 내비게이션, 상단 탭 등의 UI를 사용해 보여 주고 있는데요. 클릭해 보지 않고는 어떤 내용인지 이해하기 어렵습니다. 레시피 앱에서 검색보다 동작을 덜 하면서도 유용할 것 같은 정보를 생각해 보니, 음식 카테고리별로 클릭해서 볼 수 있으면 좋겠다는 생각이 드네요. 어떤 기준이 될지 모르겠으나 일단 생각나는 메뉴를 집어넣어 봅니다.
- 한식/중식/양식 같이 카테고리를 광범위하게 나누려다 보니, 직관적으로 와 닿지 않는 것 같기도 합니다. 좀 더 생각해 보니, 카테고리를 크게 나눈다고 하더라도 많은 양의 레시피를 단기간에 확보하기는 어려울 것 같아, 더욱 구체적인 메뉴 이름으로 상단 카테고리를 구성해 봅니다.
- 정보 탭을 구성하다 보니 레시피 콘텐츠를 어떻게 수급하면 좋을지 고민이 됩니다. 추후 기획에서 조금 더 힘을 쏟아 실제 운영 방안을 보강해 보면 좋겠습니다.

레시피 콘텐츠

- 레시피 앱은 대부분 첫 화면에서 레시피 콘텐츠를 노출하고 있는데요. 레시피 콘텐츠 없는 레시피 앱은 노른자 빠진 계란과 같으니 여기에도 넣도록 합니다. 메인 화면에서 가장 많은 영역을 차지할 수 있도록 레시피 콘텐츠를 구성합니다.
- 회원 이름을 콘텐츠 영역 상단에 노출해 사용자에게 말을 거는 듯한 경험을 제공하면 하단의 레시피 콘텐츠를 자연스럽게 표시할 수 있을 것입니다. 최상단의 레시피 콘텐츠와 연관성이 높은 글을 준비하면 더욱 좋습니다.
- 사용자 입장에서 가장 매력적으로 느낄 레시피가 최상단에 노출되면 좋겠습니다. 사전에 사용자의 취향을 알 수 있는 정보를 확보한다면 도움이 될 것 같네요. 이걸 어떻게 해야 할지 아직은 모르겠

지만, 레시피 앱이니 레시피 콘텐츠 UI를 가장 크고 매력적으로 보이게 디자인해 봅니다.

- 사용자가 레시피 콘텐츠를 클릭해서 보게 하기 위해, 섬네일 외에도 여러 가지 매력적인 정보를 표현하면 좋습니다. 조리 시간은 얼마나 되는지, 어떤 상황에서 유용한 요리인지, 이 레시피는 검증된 레시피인지 등을 유용한 정보와 함께 표현하면 좋습니다.

- 콘텐츠의 신뢰도를 높이기 위해 좋아요 기능을 넣는 것도 사용자의 클릭을 유도하고 체류 시간을 늘리는 데 도움이 될 것 같습니다. 좋아요 수가 많이 모인 레시피를 사용자에게 추천할 수도 있어 보입니다.

- 레시피마다 이런 정보를 어떻게 받고 관리할 수 있을지도 기획이 필요해 보이네요. 콘텐츠 하나에 들어갈 정보를 어떻게 수집, 관리할지 결정하는 것도 중요해 보입니다.

- 개인화된 정보를 얻기 위해 북마크(즐겨찾기) 기능이 있으면 좋습니다. 사용자가 관심 있는 레시피를 북마크해 두고 모아 볼 수 있게 하면 장기간 서비스를 이용할 수 있습니다.

관련 상품

- 처음 앱을 만드는 시점에서 요리 관련 상품을 생각하기는 어려워 보입니다. 레시피를 어떻게 보여 줄지 확실하지 않고, 초기 기획 시점에서 서비스 사용자의 특성을 알기 매우 어려운 상황에서 관련 상품을 추천하는 것은 위험성이 높아 보이기 때문입니다.

- 앱 출시 후 충분한 관련 데이터를 얻기 전까지는 레시피 콘텐츠에 집중하는 것이 좋을 것 같아 콘셉트 UI에서 관련 상품 컴포넌트를 제외하기로 합니다.

Do it! yourself   **나만의 콘셉트 UI 분석하기**   ● ● ●

레시피 앱이 아닌 나만의 콘셉트 UI를 생각해 보고, 이를 구성하는 메인 컴포넌트 3가지를 선정한 후 해당 컴포넌트에 대한 대략적인 구상을 적어 보세요. 이를 기반으로 세 컴포넌트를 선정한 이유를 정리해 말할 수 있다면 더 좋겠습니다.

05-3 ㅣ 레시피 콘텐츠 UI 만들기

앞서 콘셉트 UI를 어떤 과정으로 디자인했는지 알아보았습니다. 이제 실제 UI를 만들어 볼 차례인데요. 먼저 학습의 편의를 위해 레시피 콘텐츠 UI를 파악하고, 이에 맞는 UI를 제작해 보겠습니다. 그럼 시작해 볼까요?

레시피 콘텐츠 UI 파악하기

레시피 콘텐츠 UI가 무엇으로 구성되어 있는지 알아보겠습니다. 콘셉트 UI를 디자인하는 시점에서는 모든 게 완벽할 필요가 없기 때문에, 레시피 콘텐츠를 클릭하기 직전에 필요할 것 같은 기능을 대략적으로 고민하며 정리했습니다. 이제부터 아래처럼 정의된 요소를 순서대로 살펴보고, 어떻게 제작하면 좋을지 알아보겠습니다.

섬네일

섬네일 thumbnail 은 레시피 콘텐츠의 대표 이미지 영역입니다. 이 영역이 어떤 상태로 보이면 좋을지 생각해 볼게요. 전반적으로 맛있어 보이는(잘 찍은) 이미지였으면 좋겠고, 콘텐츠 내부에 들어갔을 때 가장 핵심적인 이미지가 섬네일에 보였으면 좋겠습니다. 기획 단계에서 콘텐츠별로 먹음직스러운 느낌의 레시피 이미지를 얻기 위해 어떻게 하면 좋을지 고민이 필요합니다.

⭐ 스톡 이미지 플러그인

인터넷에 있는 이미지라고 아무거나 골라 쓰는 것은 위험 부담이 큽니다. 이미지에도 폰트처럼 저작권이 적용되기 때문입니다. 다행히 요즘에는 저작권 걱정 없이 이미지를 사용할 수 있는 제공하는 서비스가 여럿 있습니다. Unsplash, Pexels 등이 유명한데요. 둘 다 피그마 플러그인을 제공하고 있으니 이를 활용해 피그마 안에서 다양한 이미지를 자유롭게 검색하고 사용할 수 있습니다. 해외 서비스라 영어로 검색해야 한다는 점 참고하세요. [Shift] + [I]를 눌러 Resources 패널을 열고 Plugin 탭에서 'Unsplash'를 검색하면 플러그인을 빠르게 실행할 수 있습니다.

피그마 커뮤니티에서 'Unsplash'를 검색한 화면. 왼쪽 상단의 플러그인 항목을 눌러 이용 가능한 플러그인을 확인할 수 있습니다.

Do it! 섬네일 이미지 빠르게 가져오기　　　　📄 실습 페이지 : UI_05-3_01

콘셉트 UI를 만들 때는 서비스에 대한 디자이너의 생각을 최대한 빨리 시각화하고, 그것을 다른 이해관계자와 공유하는 것이 중요합니다. 방금 배운 플러그인을 활용하면 이미지 고르는 시간을 상당히 단축할 수 있는데요. 이번 실습에서는 섬네일 이미지를 빠르게 만들어 보겠습니다.

1. 현재는 아무런 레시피가 없으니 맛있는 음식의 이미지를 넣어 봅니다. 일단 간편하게 저작권 걱정 없는 이미지 중에 고르면 좋겠네요. 다음과 같이 Fill 영역에 이미지를 드래그 & 드롭하면 피그마 외부 이미지 파일을 빠르게 가져올 수 있습니다.

2. 외부 이미지를 가져오지 않고도 빠르게 시안을 만들기 위해 Unsplash 플러그인을 사용해 봅시다. [Shift] + [I]를 눌러 [Resources → Plugins]에 들어가 Unsplash를 검색해 보세요. 섬네일 영역을 클릭한 상태로 플러그인을 실행해 요리 이미지를 검색하고, 마음에 드는 이미지를 클릭하면 됩니다. 내가 피그마에서 선택한 영역이 해당 이미지로 바뀝니다. Unsplash의 이미지는 대부분 고품질, 고해상도라서 적절한 이미지를 찾기만 하면 대부분 바로 활용할 수 있다는 장점이 있습니다.

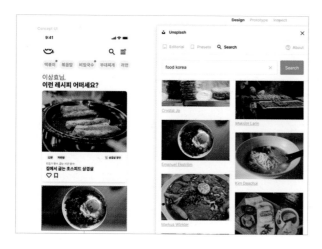

3. 이미지를 가져왔으니 UI의 기본 틀을 만들어 보겠습니다. 오브젝트를 선택한 채로 [Frame selection]($\boxed{Ctrl}$+$\boxed{Alt}$+$\boxed{G}$) 기능을 활용해 이미지 위에 프레임을 덧씌워 봅니다. 그런 다음 생성된 프레임을 $\boxed{Ctrl}$을 누른 채 프레임의 밑부분을 아래로 드래그합니다. 순서대로 하지 않으면 이미지 영역이 의도치 않게 변경될 수 있으니 주의하세요.

4. 섬네일의 [Constraints]를 상하좌우로 설정해 보겠습니다. 이렇게 하면 앞으로 UI 크기가 바뀌어도 이미지 크기를 일일이 조절하지 않아도 됩니다.

5. 사용자에게 보여 줄 UI의 최종 모습을 디자인합니다. 모서릿값, [Fill], [Effects]를 수정하면 카드 모양의 UI를 빠르게 만들 수 있습니다.

✓ **궁금해요!**　**실제 UI에 어떤 이미지를 써야 하나요?**

Unsplash의 이미지는 고품질, 고화질이라 실제 제품과 차이가 있을 수 있습니다. 실무에서는 활용할 이미지의 비율이나 확장자, 해상도 등을 중요하게 고려해야 합니다. 앱이 이미지를 전달받는 방식은 정말 다양한데요. 내부에서 직접 촬영, 업로드한 이미지일 수도 있고, 이미 있는 이미지를 다른 웹 사이트에서 자동으로 수집(크롤링 또는 스크래핑)할 수도 있을 것입니다. 섬네일 영역을 고민할 때 디자이너로서 우리 서비스가 어떤 형태의 이미지를 어떤 식으로 불러오는지 대략적으로 이해하고, 그 방식에 걸맞은 디자인을 고민해 제안할 수 있어야 합니다.

칩

칩^{chip}은 고객의 레시피 선택에 도움을 줄 수 있는 요소입니다. 해당 레시피와 관련된 토막 정보를 짧은 단어로 제공해, 이것이 정말 원하는 레시피인지 빠르게 판단할 수 있도록 돕습니다. 칩에는 레시피 콘텐츠를 눌러 보고 싶을 만한 정보(후킹 요소)가 들어가면 좋습니다. 결국 여러 레시피 중 원하는 하나를 선택할 수 있어야 콘텐츠를 보여 주는 의미가 있기 때문입니다. 칩을 디자인할 때 떠오른 의식의 흐름을 정리해 보았습니다.

- 조리 시간은 필수적일 것 같습니다. 사용자가 어떤 요리를 할지 고민할 때, 시간이 얼마만큼 필요한지 알아야 본인의 상황에 맞는 요리를 선택하기 쉬울 것이라고 생각하기 때문입니다.
- '12분' 같이 정확한 시간을 알려주는 게 좋을지, '빠르게', '여유 있게' 같이 좀 더 추상적인 설명이 좋을지는 확신이 안 서네요. 고민 후 일단 '12분'처럼 구체적인 요리 시간을 넣기로 합니다. 작은 UI에서 숫자로 보여 주는 것이 더 직관적으로 보이기 때문입니다.
- 이 레시피를 요리하기 좋은 장소는 어디인지 적는 것도 좋아 보입니다. 사람들의 주방 상황에 더 최적화된 레시피를 제안할 수 있기 때문입니다. 일단 생각나는 대로 '자취방', '캠핑', '루프탑' 등을 적어 봅니다.
- 매운맛, 짠맛, 단맛 같은 맛 종류 요소도 들어가면 좋겠네요. 그런데 다시 생각해 보니 맛 종류는 섬네일 이미지나 타이틀에서 어느 정도 드러나는 요소인 것 같습니다. 하나의 UI에 태그가 너무 많아지는 것도 걱정됩니다. 가독성에 악영향을 끼칠 수 있기 때문입니다. 맛 종류 태그는 넣지 않기로 합니다.

레시피가 맛있는지 검증할 수 있는 요소(신뢰성 요소)가 들어가면 좋습니다.

- 이 레시피를 만든 사람을 인증할 수 있는 요소가 들어간다면 어떨까 생각해 봅니다. 만약 레시피를 만든 사람이 요리로 검증된 사람이라면 자연스레 음식 자체의 맛도 보장될 것 같습니다.
- 인증 프로세스는 기획에서 생각해 보고, 지금은 일단 어떻게 표현하면 직관적일지 생각해 봅니다. '레시피 이름+장인' 정도의 이름이면 신뢰성을 높일 수 있을 것 같습니다. '삼겹살 장인'이라는 태그를 넣어 봅니다.
- '삼겹살 장인' 칩의 경우, 텍스트만으로는 충분하지 않은 것 같아 보입니다. 다른 칩 대비 중요도가 높아 보이므로 별도의 아이콘도 함께 넣어 봅니다. 요리 장인을 직관적으로 표현할 수 있는 이모지, 혹은 비슷한 인상을 줄 수 있는 이미지가 들어가면 좋습니다.

1. T 를 눌러 [Text]를 활성화하고 필요한 정보를 입력합니다. 이때 텍스트 크기는 작게(10~ 14pt) 유지합니다.

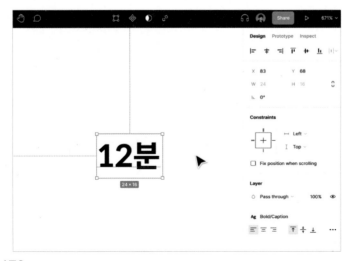

2. 텍스트 레이어를 선택하고 [Shift]+[A]를 눌러 [Auto layout]을 활성화합니다. 하나의 오브젝트만 선택된 상태에서 [Auto layout]이 켜지면 스크린샷처럼 자동으로 두께가 생기는데요. 표시된 부분에서 4면의 패딩(두께)값을 조절할 수 있습니다.

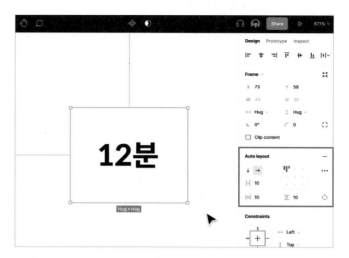

3. Fill의 [+] 버튼을 눌러 배경색을 넣어 보겠습니다. 여기서는 [#000000](검은색)에 [5%] 투명도를 설정했습니다.

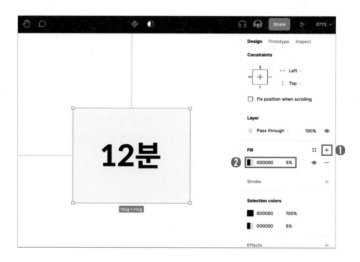

4. 칩을 둥글게 만들기 위해 모서릿값과 양 옆 패딩값을 조절합니다.

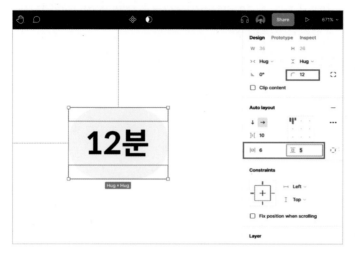

> ✔️ 모서릿값에 9999처럼 큰 숫자를 입력해 두면 크기가 커지
> 더라도 계속해서 반원을 유지하게 되는데요. 오브젝트의
> 크기에 관계없이 코너가 항상 둥글어야 한다면 이 방법을
> 사용해 볼 수도 있겠습니다.

✔️ 궁금해요! 프레임 안에서 디자인할 수 있나요?

실습 화면을 보면 캔버스 배경에서 바로 디자인하지 않고 프레임 안에서 디자인하고 있는데요(Frame 24),
이 방식으로 아래와 같은 이점을 얻을 수 있습니다. 컴포넌트를 제작할 때 특히 유용하니 참고해 보세요.

1. Ctrl + F 를 누르면 상위 프레임의 이름으로 손쉽게 검색할 수 있습니다. 이를 활용하기 위해 저는 [Frame
24]를 [chip]이라는 이름으로 바꿔 주었습니다.
프레임의 배경색을 이 컴포넌트가 주로 활용될 곳의 배경색과 일치시키면 실제 모습과 비슷한 시안을 더 빠
르게 확인할 수 있습니다. 특히 투명도가 들어간 애셋이라면 기본 피그마 캔버스 배경색이 섞일 수 있기 때문
에, 의도치 않은 디자인을 방지하는 데 더욱 유용합니다.

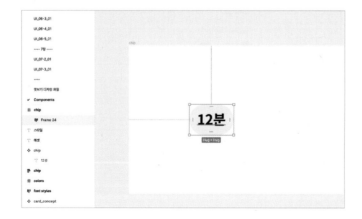

2. 적절한 이름과 함께 컴포넌트로 만들면 좋겠네요. 4장에서 다룬 스타일 기능, 기억나시나요? 여유가 있다면 그때 사용한 자간, 크기, 행간 등 텍스트 설정값을 스타일로 만들어 보는 것도 좋습니다. 저는 'Caption'이라는 이름의 스타일을 지정해 두었는데요. 이렇게 텍스트 스타일을 미리 등록해 두면 폰트를 수정할 때 한 번에 변경할 수 있어 효율적입니다.

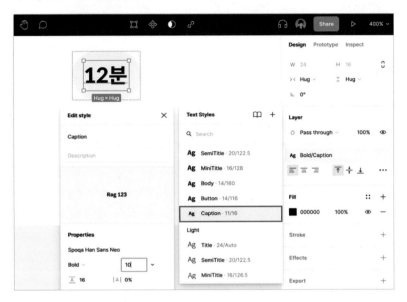

3. 텍스트 타입의 칩을 컴포넌트로 만들었으니 이미지가 들어간 타입의 칩도 함께 만들어 보겠습니다. 만들어 둔 칩을 복사, 붙여넣기 해 인스턴스를 생성한 후 [Create component]를 선택해 새 컴포넌트로 등록하면 됩니다.

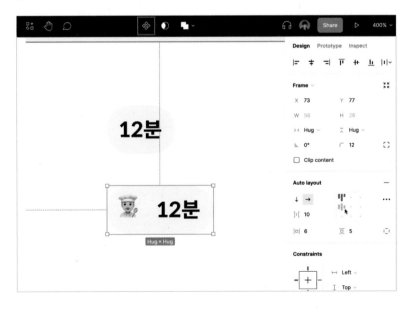

4. [Auto layout]이 활성화된 상태라면 넣고 싶은 이미지를 텍스트 왼쪽에 드래그 & 드롭합니다. 그런데 막상 이미지를 넣어 보니 텍스트와 이모지의 수평, 텍스트와 배경색의 위아래 간격이 안 맞네요. 먼저 정렬 규칙을 중앙으로 바꾸고, 이모지 안에 또 하나의 [Auto layout]을 만들어 시각 보정을 해보겠습니다.

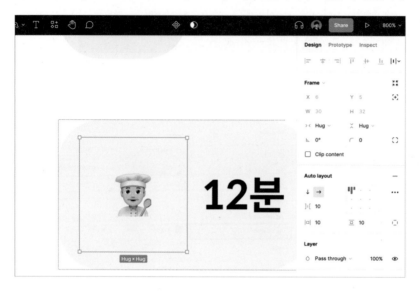

5. 이미지 영역을 선택한 후 다시 한번 [Shift]+[A]를 눌러 [Auto layout]을 추가합니다. 이때 패딩의 수치가 10씩 조절되면서 생성되므로 시각적으로 가장 알맞은 위치를 찾을 수 있습니다.

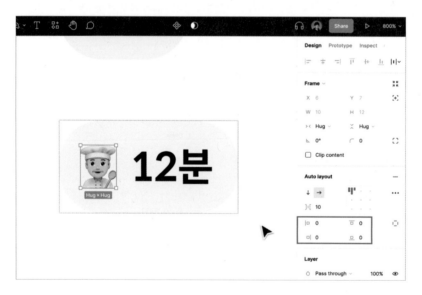

6. 시각 보정이 끝난 후에는 Ctrl + Alt + K 를 눌러 두 애셋을 컴포넌트로 만듭니다. 텍스트 영역이 포함된 애셋을 컴포넌트로 만들게 되면 Content 메뉴를 확인할 수 있는데요. [Apply text property]를 활성화하면 텍스트를 손쉽게 편집할 수 있습니다.

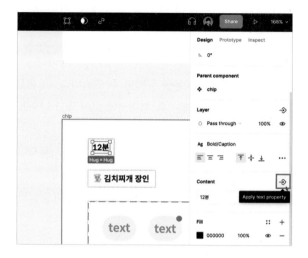

7. 태그 컴포넌트를 만들었으니 UI를 만들던 화면으로 돌아와 태그를 복사, 붙여넣기 합니다. 이때 배치한 태그를 모두 선택하고 다시 한번 [Auto layout]으로 묶으면 UI를 더욱 구조적으로 만들 수 있습니다. '삼겹살 장인' 칩이 오른쪽에 쏠려 있는데요. [Auto layout] 오른쪽 ⋯ 아이콘을 눌러 배치 방식을 [Space between]으로 바꾸면 상황에 맞는 규칙을 적용할 수 있습니다.

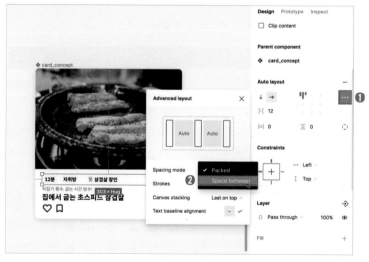

> ✅ 컴포넌트로 등록할 애셋이라면 레이어 이름을 용도에 맞게 수정하는 습관을 들여 보세요. 위 예시에서는 [Frame 24]를 [image with margin]으로 바꾸었습니다. 이렇게 하면 레이어 구조를 깔끔하게 관리할 수 있고, 나중에 Ctrl + F 를 눌러 검색하기도 편합니다. 이를 기반으로 개발 및 구현 커뮤니케이션을 효율적으로 할 수 있습니다.

좋아요, 북마크

좋아요, 북마크를 콘텐츠의 첫 화면에 바로 넣으면 사용자가 콘텐츠에 들어가지 않아도 관심을 표현할 수 있습니다. 서비스 관점에서 이에 따른 다양한 이점이 있는데요. 아래에서 메인 화면에 넣었을 경우 기대되는 효과를 생각해 보겠습니다.

- 사용자가 해당 레시피에 관심을 조금만 가질 경우에도 행동을 유발할 수 있습니다. 꼭 콘텐츠를 열어 볼 만큼 큰 관심이 없더라도 부담 없이 관심을 표현해둔 후, 북마크에 모아 두고 나중에 열어 볼 수도 있기 때문입니다.
- 원래대로라면 콘텐츠를 클릭하지 않았을 사용자가 앱에서 좋아요, 북마크를 누르면 사용자의 체류 시간을 늘리는 데 도움을 줄 수도 있어 보입니다.
- 콘텐츠에 좋아요가 쌓이면, 좋아요 수를 노출했을 때 레시피 콘텐츠의 신뢰도 향상에 긍정적인 역할을 할 것입니다.
- 마이 페이지 등 메인 화면 이외의 공간에서 북마크한 레시피를 모아 볼 수 있다면 레시피 콘텐츠로 유입을 기대할 수 있습니다.

1. 좋아요, 북마크 아이콘을 만들려고 보니 왠지 이미 있는 아이콘을 활용하면 시간을 아낄 수 있을 것 같네요. 마침 구글에서 만든 Material Design Icons(fonts.google.com/icons)라는 플러그인이 있는데요. 저작권에 관계없이 누구나 활용할 수 있으니 한번 살펴보겠습니다. [Resources → Plugins]에서 Material Design Icons를 검색하고 실행합니다.

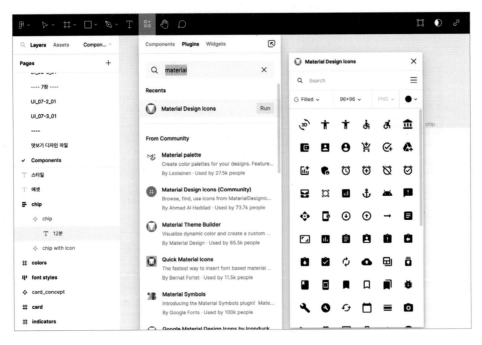

2. 플러그인을 실행하면 뜨는 모달 창에서 'favorite', 'bookmark'라는 키워드로 쉽게 찾아볼 수 있습니다. 모달 창에 뜬 돋보기 아이콘을 드래그 & 드롭해 봅니다. 높은 수준의 브랜드 인지나 비주얼 완성도를 고려하면 아이콘을 직접 만드는 게 좋지만, 초기 콘셉트 UI에 넣기에는 손색이 없어 보입니다. 일단 그대로 사용하겠습니다.

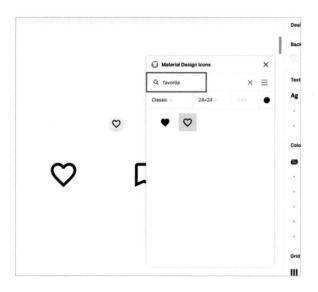

3. 작업 중인 레시피 콘텐츠 UI로 돌아와 아이콘을 넣습니다. 이때 아이콘을 별도의 컴포넌트로 등록해 인스턴스로 활용하면 아이콘을 더욱 효율적으로 관리할 수 있습니다.

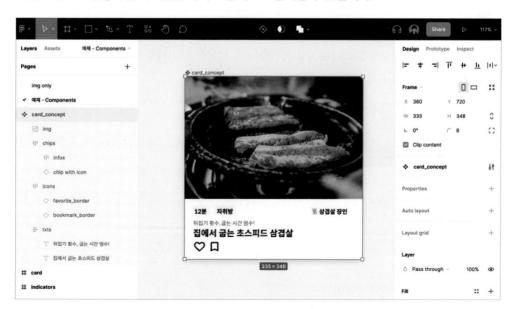

타이틀, 캡션

콘텐츠를 확인하면 가장 크게 강조되는 메시지 영역입니다. 겨우 두 줄의 텍스트지만 고려할 것이 생각보다 많습니다. 캡션과 타이틀의 텍스트 시각적인 밸런스부터 문장의 길이와 내용, 어조를 어떻게 설정하면 좋을지까지 생각해 봅니다.

실제 제품이 출시되면 모든 레시피 콘텐츠에 텍스트 영역이 필요할 것이고, 콘텐츠가 기하급수적으로 늘어남에 따라 디자이너가 모든 텍스트 내용을 검수하는 데 한계가 있습니다. 기획에 따라서는 이 부분이 사용자가 작성하는 영역일 가능성도 있습니다. 그렇기 때문에 콘셉트 UI를 제작할 때에는 여러 갈래로 상상해 보며 캡션과 타이틀 영역의 이상적인 모습을 구상하면 앞으로 가이드를 세울 때에도 큰 도움을 받을 수 있습니다.

- 글이 너무 길면 읽지 않고 넘어갈 우려가 있으니, 최대한 간결하게 보여 주는 게 좋습니다.
- 그러면서도 레시피를 따라 해보고 싶은 마음이 들 수 있도록 후킹 요소를 고민하면 좋겠습니다.
- 타이틀이 레시피 콘텐츠 UI 내에서 가장 강조될 수 있게끔 크기를 고려해야 하겠습니다.
- 캡션은 그런 타이틀 텍스트를 받쳐줄 수 있도록 작고 연하게 디자인하는 것이 좋아 보입니다.
- 우리가 만들 브랜드에서 전달하기에 적절해 보이는 메시지가 묻어날 수 있다면 좋습니다.
  이 브랜드는 캐주얼하고 친근한 느낌이니 이런 뉘앙스가 전달될 수 있으면 더욱 좋겠습니다.
- 앞에서 언급한 것처럼 콘텐츠의 타이틀과 캡션을 작성하는 주체가 우리(제작진)인지,
  사용자인지 구분하는 것도 중요해 보입니다.
- 캡션 영역에는 타이틀에서 담지 못한 추가 정보나 후킹 요소를 넣으면 좋습니다.

1. 위 사항을 염두에 두고 T 를 눌러 [Text]로 캡션에 더미 텍스트를 입력합니다. 앱 전체에서 쓸 폰트는 일단 [Spoqa Han Sans Neo]로 정했습니다. 캡션은 타이틀을 보조해야 하니 얇은 [Light]로, 크기는 작게 [10]으로 설정해 보겠습니다.

2. 바깥을 클릭한 후 다시 [T]를 눌러 바로 아래에 타이틀 텍스트도 입력합니다. 가장 눈에 띄어야 하니 크기를 [16] 정도로 하고 [Bold] 폰트를 사용합니다.

3. 정렬과 애셋 사이 여백을 정리한 후 컴포넌트로 만들면 완성됩니다. 만든 컴포넌트를 수시로 한곳에 모아 두는 습관을 들이면 나중에 더욱 빠르게 찾을 수 있습니다.

Do it! yourself · · · **나만의 콘셉트 UI 디자인하기**

레시피 앱이 아닌 나만의 콘셉트 UI를 구상하고, 이를 구성하는 핵심 컴포넌트를 디자인해 보세요. 해당 컴포넌트가 선정한 서비스에서 왜 핵심적인지 이유를 설명할 수 있다면 가장 좋습니다.

05-4 ┃ 콘셉트 UI 완성하기

레시피 콘텐츠 UI 하나를 만드는 데에도 고민할 게 꽤 많았죠? 이제 나머지 요소와 함께 콘셉트 UI를 완성해 볼 차례입니다. 학습의 편의를 위해 이번 절 전체를 실습 기반으로 구성했는데요. 예시 콘셉트 UI를 그대로 따라서 만들어 보면 좋겠습니다.

시작할 모바일 화면 만들기   📑 실습 페이지 : UI_05-4_01

콘셉트 UI를 만들려면 먼저 어떤 기기에서 보여지는 UI인지부터 정해야 합니다. 3장에서 배운 프레임, 기억하나요? 프레임에서 디자인할 기기 프리셋을 빠르게 확인하고 불러올 수 있습니다.

1. F 를 눌러 원하는 기기 크기의 프레임을 만들겠습니다. 프레임이 활성화된 상태에서 오른쪽을 보면 프레임의 기기별 프리셋을 확인할 수 있는데요. 원하는 기기를 클릭하면 해당 크기의 프레임이 바로 생성됩니다. 이번 콘셉트 UI는 [iPhone 13 mini] 크기로 진행해 보겠습니다.

2. 만든 프레임에 실제 UI와 비슷해 보이도록 iOS 시스템 UI를 넣어 보겠습니다. 그런데 시스템 UI 는 모든 iOS에서 공동으로 쓰이는 만큼 이미 커뮤니티에 만들어진 파일이 있습니다. 왼쪽 위 피그 마 홈 화면에서 [Community]를 클릭해 커뮤니티에 들어간 후 'iOS UI'를 검색해 볼게요.

 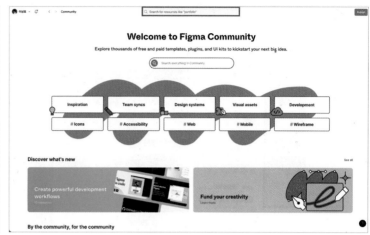

기능 사전

⭐ **홈 화면으로 돌아가기**

피그마를 데스크탑에서 사용 중이라면 `ctrl` + `O`를 누르고, 웹에서 실행했다면 왼쪽 상단 메뉴에서 [Back to files]를 누르면 홈 화면으로 돌아갈 수 있습니다.

3. 피그마 커뮤니티에서 iOS를 검색한 모습입니다. 애플 공식 리소스부터 다양한 피그마 유저가 제작 한 라이브러리까지, 정말 다양한 iOS 관련 파일을 빠르게, 무료로 내려받아 활용할 수 있는데요. 이 번에는 가장 많이 내려받은 파일을 복제해 활용하겠습니다. 일단 파일을 클릭해서 들어가 볼게요.

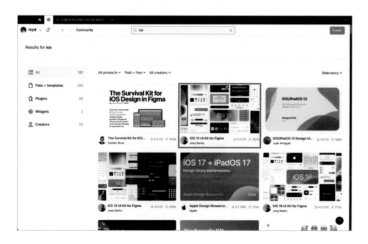

4. 커뮤니티에서 iOS 15 피그마 파일을 클릭한 모습입니다. 가운데 프리뷰 화면에서 어떤 파일인지 미리 확인할 수도 있습니다. 파일을 그대로 복제하기 위해 오른쪽 상단 [Open in Figma]를 눌러 봅니다.

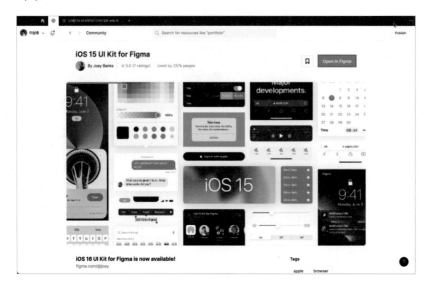

5. 복제한 파일을 열어 관련 UI가 포함된 화면을 찾아봅니다. 첫 화면에서 바로 상단 바(StatusBar)와 홈 인디케이터(HomeIndicator)를 찾을 수 있는데요. 더블클릭해 프레임 안쪽에 있는 두 UI를 선택하고 그대로 복사한 후 아까 만든 프레임에 붙여 넣습니다.

6. 시스템 UI를 프레임 속에 복사, 붙여넣기 한 모습입니다. 오른쪽의 [Constraints] 패널을 보면 기기 크기가 상하좌우로 늘어날 때 어떻게 동작할지 미리 설정되어 있습니다(프레임, 컴포넌트, 베리언트 속에 들어가 있을 때만 설정할 수 있습니다). 앞으로 디자인할 다른 애셋도 이런 식으로 [Constraints]를 설정하면 개발자는 기기 크기가 바뀌었을 때 어떻게 대응하면 좋을지 미리 알 수 있고, 이를 통해 디자이너는 커뮤니케이션 비용을 줄일 수 있습니다.

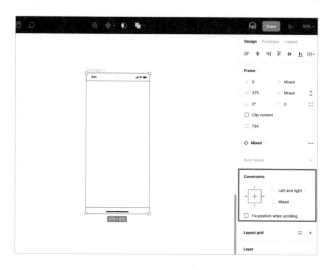

아이콘 넣기

1. 맛보기 로고는 이전에 만들어 두었으니 메뉴(햄버거) 아이콘을 제작해 보겠습니다. 맛보기 로고가 선 형태로 되어 있으니, 비슷한 두께로 그려 주면 통일성을 높일 수 있습니다. L 을 눌러 선을 하나 그리고 복제하여 3개로 만든 뒤 브랜드 로고를 참고해서 아이콘의 두께를 조절해 봅니다. 두께가 확정되면 Ctrl + Alt + O 를 눌러 아웃라인을 따고 컴포넌트로 만듭니다.

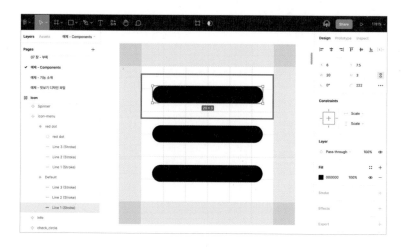

2. 메뉴 아이콘의 기본 상태와 알림이 온 상태를 한 번에 묶어 표현하면 좋겠네요. 컴포넌트를 하나
더 생성해 빨간 점을 표현한 후 두 컴포넌트를 베리언트로 설정해 봅니다. 이렇게 하면 하나의 컴
포넌트에서 파생되는 상태를 더욱 효율적으로 관리할 수 있습니다.

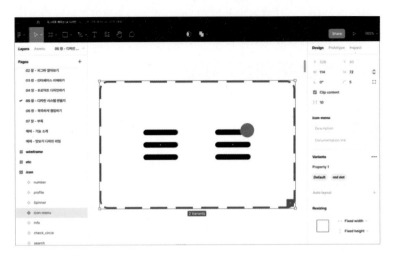

3. 다음은 검색 아이콘입니다. 아이콘 제작 시간을 절약하기 위해 앞 절에서 설치한 [Material
Design Icons] 플러그인을 다시 켜봅니다. 검색 아이콘이라 'search'라는 키워드로 쉽게 찾을
수 있네요. 가장 어울려 보이는 돋보기 아이콘을 드래그 & 드롭합니다. 스타일은 조금 다르지만 초
기 콘셉트 UI에 넣기에는 손색이 없어 보입니다.

4. 미리 만들어 둔 로고도 넣습니다. [Alt]+[2]나 [Shift]+[I]를 눌러 컴포넌트 검색 창을 띄우면 만들어 둔 컴포넌트를 쉽게 검색해 활용할 수 있는데요. 'Logo'를 검색한 후 드래그 & 드롭해 넣어 줍니다.

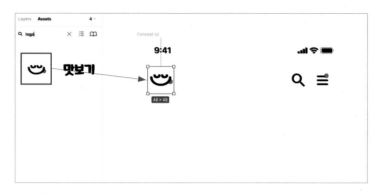

카테고리 만들기

1. 바로 아래 들어갈 카테고리 UI도 만들어 보겠습니다. 칩을 만들었던 것처럼 텍스트를 쓰고 [Shift]+[A]로 [Auto layout]을 적용한 후 [Ctrl]+[Alt]+[K]를 눌러 컴포넌트로 변환합니다. 컴포넌트 이름은 직관적으로 'tag'라고 붙였습니다.

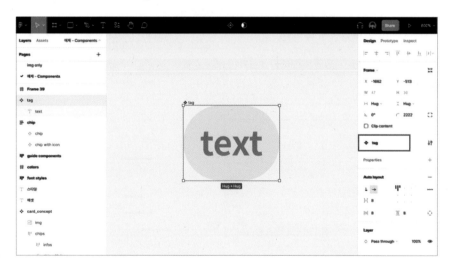

2. tag 컴포넌트에서 아직 보지 못한 콘텐츠에는 빨간 점으로 표현해 보겠습니다. 컴포넌트를 클릭하면 가운데 콘텍스추얼 툴 영역에서 베리언트 기능을 활성화할 수 있습니다.

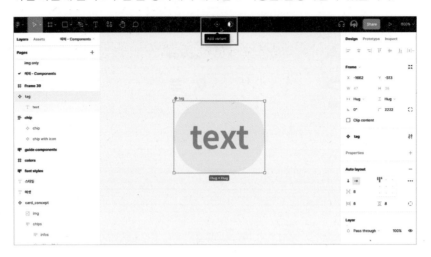

3. 그런데 빨간 점을 만들어 넣으려고 하니, 그림처럼 [Auto layout]에 종속된 상태로 표현되는 문제가 생겼습니다. 이럴 때 [Absolute position] 기능을 사용하면 편리한데요. 기존 [Auto layout] 규칙과 별개로 컴포넌트에 오브젝트를 추가할 수 있습니다. 빨간 점 오브젝트를 선택하고 [Absolute position]을 활성화해 봅니다.

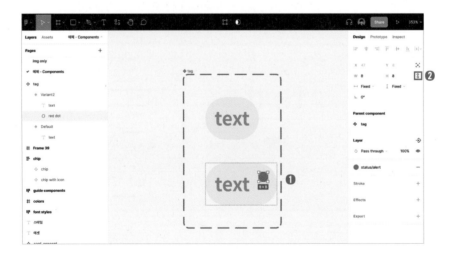

4. 이제 원하는 위치에 빨간 점이 들어가게 되었습니다. 이 상태에서 빨간 점의 배치 규칙 (Constraints)을 [Right], [Top]으로 바꾸고 원하는 위치인 오른쪽 상단으로 옮기면 됩니다.

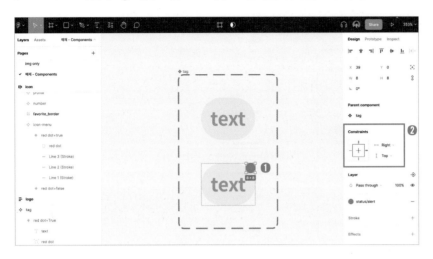

5. 지금까지 설정한 빨간 점 설정값을 손쉽게 껐다 켤 수 있게 해볼까요? Layer 영역의 [Apply Boolean Property]를 적용하면 하나의 베리언트로 여러 상태를 관리할 수 있게 됩니다.

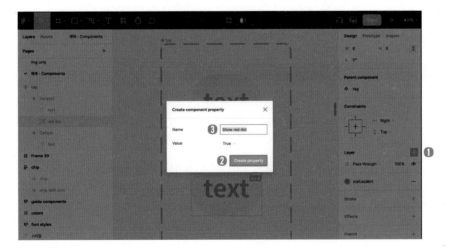

6. 껐다 켤 수 있는 상태를 만들었으니 원래 있던 첫 번째 베리언트는 삭제해도 될 것 같습니다. 빨간
점이 들어간 베리언트를 남기고, [Property]와 [Value] 이름을 바꿉니다.

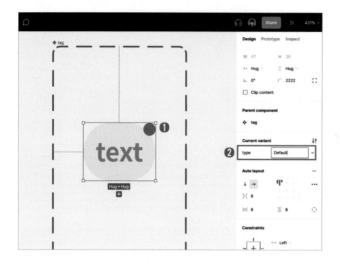

7. 하나의 베리언트에서 벗어나 전체 컴포넌트 영역을 선택해 볼까요? 지금까지 설정한 모든 옵션을
확인하고 수정할 수 있는데요. 빨간 점이 없는 상태가 기본 상태로 더 적합한 것 같아 [Boolean]
오른쪽 아이콘을 클릭해 [Value]를 [False]로 변경합니다. [Boolean] 설정에서 오브젝트가 보이
는 상태가 [True], 안 보이는 상태가 [False]입니다.

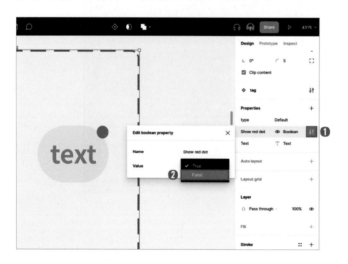

8. 방금 만든 tag 컴포넌트를 복사, 붙여넣기 해 인스턴스를 확인해 보겠습니다, Property 영역에서
의도한 대로 [Boolean], [Text]의 값이 들어가 있는 것을 확인할 수 있습니다.

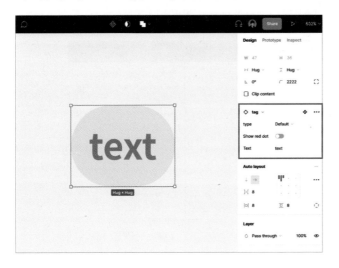

9. 다시 작업 화면으로 돌아와 방금 만든 tag 컴포넌트를 적용해 보겠습니다. 화면 왼쪽 패널에서
[Assets]를 클릭하거나 Alt + 2 를 누르면 지금까지 만들어 둔 컴포넌트를 확인할 수 있는데요.
여기에서 'tag'를 검색하면 섬네일과 함께 컴포넌트를 확인할 수 있습니다. 실제 화면에는 여러
태그 리스트가 필요하니 방금 만든 컴포넌트를 여러 개 붙여 넣겠습니다.

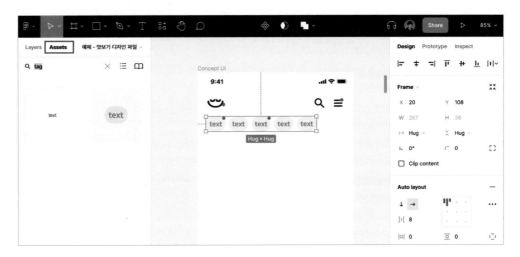

10. 컴포넌트를 모두 선택한 상태에서 [Shift]+[A]를 눌러 [Auto layout]을 적용합니다. 그러면 컴포넌트가 일정한 간격으로 배열되는데요. 여기에서는 컴포넌트 사이의 간격을 [8]로 설정하겠습니다. 컴포넌트에 '떡볶이', '비빔국수' 등 구체적인 메뉴를 입력합니다.

✅ **궁금해요!** **왜 내 작업물은 예제와 다르게 보이나요?**

실습하다가 '똑같이 따라 하고 있는데 왜 나는 예제처럼 안 되지?'라는 의문이 드는 분, 혹시 계신가요? 4배수로 크기와 간격을 맞춰 보세요! 오브젝트 사이의 간격은 화면을 안정적으로 구성할 수 있게 하는 중요한 규칙으로, 화면에서 이 부분을 일관성 있게 설정하고 오브젝트를 배치하면 시각적으로 안정감을 줍니다.

- 큰 규칙을 잘 세우면 스크린샷처럼 버튼이나 아이콘 사이의 간격부터 서비스 전체 마진에까지 적용할 수 있습니다.
- 구글의 머티리얼 디자인 등 많은 서비스에서는 4배수 마진 규칙을 사용하는데요. 이 규칙은 너비(360, 412dpi)가 4배수인 안드로이드 기기에 특히 적합합니다.
- 아이폰 X처럼 해상도가 홀수(375pt 등)로 끝나는 경우에는 양쪽 가장자리부터 4배수를 맞추고 가운데 애셋이나 마진의 크기를 홀수로 남기는 방식으로 4배수 간격을 적용할 수 있습니다.
- 꼭 4배수에 맞춰야 하는 것은 아닙니다. 하지만 4의 배수 규칙처럼 전체 서비스 UI 간격에 적용할 수 있는 규칙을 정하고 일괄 적용하면 보다 빠르고 통일성 있게 디자인할 수 있습니다.

메시지 전달하기

카테고리 UI 하단에 텍스트를 입력해 보겠습니다. 텍스트를 입력할 때에도 레시피 콘텐츠 UI 에서도 언급했던 것처럼 폰트, 크기, 전달하고자 하는 메시지 UX writing 등을 고려해야 합니다. 일반적으로 화면에서 가장 메인을 차지하는 메시지는 맥락에 맞게, 간결하면서도 강렬한 인상을 줄 수 있도록 적는 것이 좋습니다. 모바일 화면은 생각보다 작아서, 정보량이 너무 많으면 오히려 읽지 않고 넘어가거나 앱에서 이탈할 가능성이 높아지기 때문입니다.

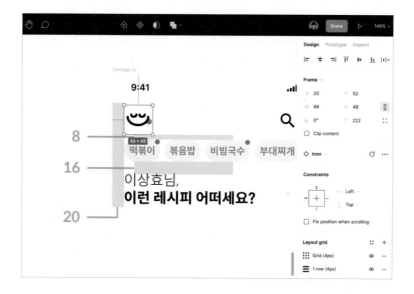

- 텍스트의 용도별로 다를 수 있으나 시인성, 가독성을 위해 메인 텍스트 크기는 가급적 크게 잡습니다.
- 다음과 같이 대략적인 모바일 폰트 크기 범위와 용도를 나눠 보겠습니다(임의로 나눈 크기이므로 이것이 정답은 아닙니다).
  - 24~32pt: 아주 큽니다. 헤드라인이나 차례를 분류할 때 사용합니다.
  - 18~24pt: 적당히 큽니다. 헤드라인 바로 아래 수준의 큰 제목이나 소제목 등을 표현할 때 사용합니다.
  - 14~18pt: 적당합니다. 대다수 모바일 텍스트에 사용하는 크기이며 버튼, 본문, 탭 등을 표현할 때 사용합니다.
  - 10~14pt: 작습니다. 캡션, 부가 정보 등을 표현할 때 주로 사용합니다.
  - 9pt 이하: 모바일 환경에서 눈을 찡그리고 봐야 하는 크기입니다. 사용하지 않기를 권장합니다.

그 외에도 텍스트가 사용자 설정에 따라 변하도록 설정할지, 고정할지, 기기별로 어떻게 보여질지 등을 고민해야 하는데요. 5장에서는 콘셉트 UI를 빠르게 디자인해 보는 게 목적이므로 여기까지는 고려하지 않고 작업하겠습니다.

앱에 사용할 폰트를 처음으로 고려한다면 다음 내용을 참고해 UI에서 사용할 텍스트 스타일을 결정해 보는 것도 좋습니다. 디자인, 개발 시간을 절약할 수 있기 때문인데요. 제 개인적인 기준이 들어가 있으니 꼭 그대로 쓰기보다는 상황에 맞게 응용해 보세요.

1. 가독성이 높은 폰트가 좋습니다. 폰트에는 크게 산세리프와 세리프 타입이 있는데요. 산세리프 타입은 간단히 말하면 고딕체이고 세리프 타입은 명조체입니다. 인터넷 뉴스에서는 대부분 산세리프를, 종이 신문에서는 세리프를 사용합니다. 디지털 환경에서는 산세리프체가 표현력이나 가독성이 우수하다 보니 앱 전반적으로 사용할 폰트로는 산세리프를 권장합니다. 세리프 폰트의 예시로는 조선일보명조체, 산세리프 폰트의 예시로는 프리텐다드(Pretendard)가 있습니다.

<table>
<tr><td>세리프 폰트</td><td>산세리프 폰트</td></tr>
<tr><td>조선일보명조체</td><td>Pretendard</td></tr>
</table>

2. 폰트 사용에 제약이 적을수록 좋습니다. 안드로이드에서는 (버전별로 다르지만) [Noto Sans], 애플에서는 [SF Pro], [Apple SD Gothic Neo] 등을 시스템 폰트로 사용합니다. 이렇게 시스템에서 제공하는 폰트를 사용하면 앱에서 폰트 때문에 개발자가 별도로 처리해야 하는 일이 거의 없고 안정성도 뛰어납니다.

3. 서비스 전반에서 통일된 폰트를 사용하는 것이 좋습니다. 서비스를 디자인할 때에는 앱 외부 환경도 함께 고려하는 것이 좋은데요. 애플의 시스템 폰트는 앱스토어에 출시할 앱에만 사용할 수 있기 때문에 외부 확장성이 떨어집니다. [Noto Sans]는 어디에서나 무료로 사용할 수 있고 요즘 안드로이드 OS의 시스템 폰트라는 큰 장점이 있지만, 한글 문자에 최적화되어 있지 않아 심미성이 아쉽습니다. 다국어 문자를 표현하는 데 초점이 맞춰진 폰트이기 때문입니다.

4. 가늘게(light), 보통(regular), 굵게(bold)처럼 굵기를 다양하게 표현할 수 있는 폰트가 좋습니다. 용도별로 중요도를 다르게 표현할 수 있습니다.

5. 브랜드 이미지와 잘 어울리는 폰트를 사용하는 것이 좋습니다. 폰트에서도 일관된 브랜드 가치를 느낄 수 있다면 고객이 더욱 기억하기 쉽습니다.

6. 아직 검증받지 않은 서비스 초기 구축 단계에는 무료 폰트가 좋습니다. 폰트의 브랜드 일체감을 위해 폰트 구입에 큰 비용을 지불한다면 위험 부담이 클 수 있고, 요즘은 좋은 무료 폰트도 꽤 많기 때문입니다.

7. 브랜드에 어울리는 폰트를 제작하는 것이 가장 이상적이지만, 디자이너가 혼자라면 전용 폰트를 직접 만드는 건 사치입니다. 서비스에 사용할 만한 수준의 한글 폰트를 만드는 작업은 최소한 수 개월이 걸리기 때문입니다.

그렇다면 앱에는 어떤 폰트를 사용하면 좋을까요? 저는 [Pretendard]와 [Spoqa Han Sans Neo]를 추천합니다. 이 2가지 폰트는 [Noto Sans]를 수정해 무료로 재배포한 폰트로, 위의 조건을 대부분 충족하는 소중한 폰트입니다.

레시피 콘텐츠 UI 붙여넣기

1. 05-3절에서 만들어 두었던 레시피 콘텐츠 UI를 붙여 넣겠습니다. 수직 무한 스크롤은 대부분의 사람들에게 굉장히 친숙한 인터랙션인데요. 연속적으로 동일한 포맷의 UI를 반복할 때 유용합니다. 이를 활용해 사용자가 다양한 레시피 콘텐츠를 둘러볼 수 있도록 하단에 연속적으로 배치합니다. 이때도 가급적 4배수의 법칙을 지켜 배치합니다.

2. 흰색 그라디언트를 콘텐츠 위에 스크롤되지 않는 고정 영역으로 추가하면 완성됩니다. 그라디언트 없이는 맨 아래 홈 인디케이터와 콘텐츠 사이가 끊어진 것처럼 보이므로 좀 더 자연스럽게 스크롤 영역을 인식하도록 넣어 주었습니다. 이처럼 그라디언트 하나로 UI의 완성도를 높임과 동시에 사용자에게 스크롤할 수 있다는 것을 자연스럽게 알려 줄 수 있습니다. 레이어의 이름도 'gradient'로 알맞게 바꾸고 [Constraints]까지 설정하면 더욱 좋습니다.

06장
서비스 구체화하기

>
> 디자이너는 훌륭한 조력자입니다.
> 사용자의 말을 진심으로 경청하세요.
> (특히 B2B에서) 사용자는 자신이 필요한 것이
> 무엇인지 정확히 알고 있습니다.
>
> - 제레미(프로덕트 디자이너)
>

06-1 고객을 위한
서비스 기획하기

6장에서는 실제로 있을 법한 플로로 함께 서비스를 디자인해 보고, 그 과정에서 프로덕트 디자이너로서 겪을 수 있는 시행착오와 고민의 과정을 함께 따라가 보려고 합니다.

서비스를 만들기 위해서는 이미 있는 정보를 수집해서 패턴을 파악하고 의미 있는 요소를 골라내는 리서치 과정이 필요합니다. 5장에서는 이미 출시된 앱을 토대로 빠르게 콘셉트 UI를 만드는 데에 초점을 맞췄는데, 이번에는 기획에 대해 좀 더 살펴보려고 합니다. 여러분 스스로 어떤 화면을 실제 출시하는 것이 좋을지 좀 더 깊게 고민해 보기 바랍니다.

기획, 왜 필요할까?

우리는 이전 장에서 열심히 리서치하고 실습해 가며 콘셉트 UI를 도출했습니다. 그런데 콘셉트 UI는 콘셉트일 뿐이라는 것, 알고 있었나요? 건축에 비유하면 아직 벽돌 한 장도 올리지 않고, 제대로 된 설계도도 없이 이제 막 건물의 대략적인 모습을 상상해 (조금 정교하게) 그린 것에 불과합니다. 디자이너는 내가 지금까지 열심히 만든 UI가 그대로 구현될 것이라고 상상하기 쉬운데요. 이 단계의 디자인은 실제로 서비스할 수 없는 경우가 무척 많습니다.

이미 출시된 앱을 참고해 디자인했는데 왜 그대로 쓸 수 없을까요? '우리'의 상황에 비추어 봤을 때 콘셉트 UI에 들어간 기능이 정말 필요할지, 혹은 적용하기 쉬울지 검토하는 것은 또다른 문제이기 때문입니다. 이런 고려 사항을 더욱 체계적으로 반영하기 위해 기획이 필요한데요. 이러한 기획의 완성도를 높이기 위해 프로덕트 디자이너는 PM^{Project Manager}, 개발자, 사업 개발 담당자 등 다른 직무의 사람들과 긴밀하게 협업합니다.

콘셉트 UI, 목적에 맞게 활용하기

기획이 왜 필요한지 조금 더 고민해 볼게요. 우리가 콘셉트 UI 디자인을 구성함으로써 무엇을 얻고자 했는지 다시 한번 생각해 볼 필요가 있습니다. 저는 이렇게 시작해 보겠습니다.

- 초기 기획 단계, 즉 아무것도 없는 상태에서
- 서비스의 구체적인 형상(콘셉트)을 다른 구성원들에게 효과적으로 공유하고,
- 이를 기반으로 모든 관계자들이 더 나은 서비스를 고민하게 하는 것

그러므로 초기 기획 단계에서는 좋은 피드백을 기반으로 내가 만든 콘셉트 UI를 스스로 부수거나 개선할 수 있어야 합니다. 이 역시 더욱 효과적인 서비스 출시를 위한 하나의 과정입니다. 좋은 기획은 건물의 설계도와 같습니다. 고객이 들어가고 싶은 건물을 만들려면 매력적인 콘셉트 UI가 큰 도움이 될 것입니다. 하지만 실제로 이 건물에서 고객이 활동할 때 어려움이 없으려면 스스로를 건물의 설계자라고 생각하고 더욱 다양한 요소를 고민해 봐야 합니다. 팀이 처한 상황(예산이나 인력, 수급 가능한 재료 등)이 어떤지, 실제 고객이 안전하고 편안하게 활동할 수 있는 동선이 충분히 고민되었는지 등이 설계에 반영되어야 더 좋은 건물이 됩니다.

이때 디자이너로서 포기할 수 없는 부분을 정하는 것도 필요할 수 있습니다. 하지만 그때에도 합당한 원칙과 기준을 바탕으로 의견을 표현해야 설득력을 높일 수 있습니다. 제작 의도를 설명할 때 '예뻐 보여서' 같은 주관적인 의견은 이해관계자들의 공감을 얻기 어렵습니다. 그보다는 '고객의 중도 이탈을 방지하기 위해', '서비스 브랜드 가치를 일관되게 전달하기 위해', '특정한 외부 요인 때문에'와 같이 디자인에 이해할 수 있는 이유가 있어야 효율적인 논의와 의사결정이 이루어집니다.

다시 우리가 만든 콘셉트 UI로 돌아와 보겠습니다. 이미 나와 있는 앱의 UI를 참고한 디자인이니, 기술적으로는 구현 가능한 상태에 가까울 것입니다. 그렇지만 그 기능이 과연 우리의 상황에 필요할까요? 이 UI를 구현하는 것이 어떤 의미가 있을까요? 이처럼 기획 관점에서 다시 생각해 보면 좋습니다. 기획이 미흡한 상태에서 그려진 콘셉트 UI를 그대로 개발하기보다는, 이를 토대로 다시 가장 빠르고 매력적이면서도 직관적인 앱을 디자인하기 위해 무엇을 해야 하는지 생각해 봅시다.

레퍼런스 UI, 기획에 맞게 검토하기

바로 좋은 기획이 떠오르지 않을 때에는 이미 출시된 앱의 기능을 다시 살펴보는 것도 좋습니다. 레시피 앱을 리서치할 때 이미 출시된 3가지 앱의 메인 UI를 살펴봤던 것, 기억하나요? 빠르게 콘셉트 UI를 만드는 게 목적이었기 때문에 세부 기능은 자세히 뜯어보지 않고, 주로 UI상의 공통점을 찾아봤는데요. 이번에는 조금 더 깊게 들어가 볼게요. 하나의 앱을 지정해 실제 우리 서비스에 적용해 본다면 어떤 것들을 고려해야 할지 검토해 보겠습니다.

이번에 주로 살펴볼 화면은 '만개의레시피' 메인 UI입니다. 첫 화면만 해도 다양한 컴포넌트를 발견할 수 있는데요. 각각의 컴포넌트가 어떤 역할을 하고 있는지 서비스 관점에서 유추해 보겠습니다.

첫인상

- 메인 UI에서 이동할 수 있는 요소가 상당히 많습니다.
- 심지어 하단 내비게이션은 보이는 5개뿐 아니라, 스크롤하여 다른 내비게이션 탭으로 이동할 수도 있습니다.
- 첫 화면에서 레시피 관련 콘텐츠를 바로 확인할 수 없지만 배너와 자사 제품 추천이 화면의 50%를 차지합니다.

'만개의레시피' 메인 UI 레퍼런스 화면의 주요 컴포넌트(2021년 기준)

기능별로 살펴보기 - 상단 UI

1. 메뉴
- 메뉴에는 상대적으로 덜 중요한 기능이 들어갑니다. 클릭하지 않으면 안에 무슨 기능이 있는지 알수 없어 주목성이 낮기 때문입니다. 메뉴에는 서비스가 크게 강조하고 싶지는 않지만, 아예 뺄 수는 없는 기능을 넣습니다.
- 예시로는 계정, 설정, 문의하기 등이 있습니다.

2. 로고
- 사용자에게 이 서비스가 어떤 서비스인지 첫 화면에서 한 번 더 알려줍니다.
- 사용자가 지속적으로 로고에 노출됨으로써 브랜드를 각인시킬 수 있습니다.

3. 검색
- '만개의레시피' 라는 이름답게, 상당히 많은 레시피 콘텐츠를 검색해서 찾아볼 수 있습니다.
- 이 서비스를 사용하는 사용자의 마음 상태를 생각해 보면 위의 기능 중 가장 사용자의 니즈에 부합하는 기능입니다. 앱을 켤 때 특정 요리나 레시피에 대한 생각을 갖고 있는 사용자가 많을 것 같기 때문입니다.
- 게다가 메인 UI의 다른 컴포넌트를 살펴보면 자신이 원하는 요리에 대한 정보를 바로 얻기가 어렵기 때문에 검색의 중요성이 더 부각됩니다.

기능별로 살펴보기 - 중단 UI

4. 탭

- 정보를 카테고리별로 분류해 보여 줄 때 주로 사용합니다.
- 서비스에서 보여 주고 싶은 정보가 많을 때 고려하면 좋습니다.
- 하단 내비게이션의 [홈]에 종속되어 있습니다.

5. 배너

- 사용자들에게 수시로 메시지를 노출시키며 신규 이벤트나 기능을 알리고 참여를 유도합니다.
- 대규모 VOC(Voice of Customer), 광고 등의 노출에도 유용해 보입니다.
- 이곳에 요리 관련 광고를 넣는다면 클릭률이 높을 것 같습니다.

6. 관련 제품

- 자사 제품을 판매하기 위한 영역으로 보입니다.
- 스크린샷의 콘텐츠는 레시피와 직접적인 관련이 없어 보입니다.
- 판매하는 제품의 신뢰도를 높이기 위해 별점과 리뷰, 구매 수를 함께 노출합니다.

기능별로 살펴보기 - 하단 UI

7. 레시피

- '만개의레시피'에서 큐레이션한 추천 레시피 모음이 노출되는 영역으로 보입니다.
- 클릭하면 레시피 콘텐츠로 바로 이동하지 않고 큐레이션하는 페이지로 연결됩니다.
- 타깃 사용자나 시기(계절 혹은 시간대)별 특성에 맞는 레시피 모음을 추천할 수 있다면 클릭률이 높을 것입니다.

8. 배너 광고

- 매출을 위해 광고 지면을 넣은 것으로 보입니다.

9. 내비게이션

- 쇼핑, 토크, 이벤트 등 구매 관련 탭이 많아 보입니다.
- 서비스에서 보여 주고 싶은 정보가 카테고리별로 많을 때 고려하면 좋습니다.

인사이트

첫 화면만 보자면 온전한 레시피 앱이라기보다는 레시피 관련 커머스의 비중이 큰 앱처럼 보입니다. 사용자가 많은 서비스라면 프로모션이나 광고를 통해 일정 수준의 매출을 기대할 수 있겠으나, 레시피 앱을 처음부터 기획, 출시하는 입장에서 그대로 적용하기는 어려워 보이는데요. 제품과 비즈니스를 연결 지어 왜 그런지 생각해 볼 수 있습니다.

- 자사 제품 추천 탭을 운영하기 위해서는 소싱, 물류, 초반 리뷰 모으기 등 제품 디자인, 개발 이외에도 많은 노력이 필요합니다.
- 광고는 매출 증대를 위해 유용하지만, 잘 설계되지 않은 광고 노출은 서비스 브랜딩에 회복하기 힘든 악영향을 끼칩니다. 레퍼런스 화면처럼 레시피와 관련 없는 정보가 노출될 확률이 높기 때문입니다.
  1. 사용자가 적은 상황이라면 광고, 자사 제품 추천 탭에서 예상되는 매출 또한 미미할 것으로 예상되며, 그 효과를 제대로 측정하기도 어렵습니다.
  2. 레시피와 직접적인 연관이 없기 때문에, 위의 기능이 레시피 앱을 연 사용자들이 1순위로 기대하는 기능이라고 보기는 어렵습니다.
- 한 번 브랜드에 안 좋은 경험을 하고 이탈한 사용자를 앱으로 다시 끌어들이려면 첫 유입 대비 훨씬 많은 비용이 필요합니다.

이런 상황을 고려하면 우리가 새로 만들 서비스에 '만개의레시피'의 화면을 그대로 도입했을 때 위험과 비용이 커 보입니다. 조금 다른 접근이 필요합니다.

Do it! yourself | **다른 레퍼런스 UI 검토하기** ● ● ●

디자인하려고 하는 서비스와 비슷하거나 동일한 분야의 레퍼런스 UI를 하나 선정하고, 위와 유사한 방식으로 검토, 인사이트를 도출해 보세요. 검토 후 레퍼런스 UI가 새로운 서비스 디자인에 적용될 때 어떤 의미를 가질 것인지 논리적으로 설명할 수 있다면 더욱 좋습니다.

제품 기획 브레인스토밍하기

새로운 앱에 기존 서비스의 구조를 그대로 적용하면 위험하다는 것은 알았습니다. 그러면 대체 어떤 식으로 다르게 접근해 볼 수 있을까요? 관계자들에게 혹은 스스로 다양한 질문을 던지며 브레인스토밍 해보는 것도 방법일 것 같습니다. 현재 상황에 맞게 서비스를 거시적인 관점에서 바라보고, 출시했을 때 이것이 어떤 의미를 가지는지 고민해 볼게요. 브레인스토밍으로 우리가 이 서비스를 통해 전달하고자 하는 것과 우리가 만들어야 하는 것을 명확하게 할 수 있다면 시행착오를 훨씬 줄일 수 있을 것입니다.

이번에는 이 서비스를 왜 만들어야 하는지 생각해 보겠습니다. 다음 과정을 거치며 프로젝트 기획에 실마리를 얻어 보겠습니다.

1. 현재의 문제 상황을 잘 이해할 수 있는 배경을 적습니다.
2. 단계마다 현상과 이유를 고민한 후 적어 봅니다.
3. 다른 사람과 함께 기획하는 상황이라면 이유에 대해 합의하는 시간을 가집니다.
4. 합의된 문장을 확정하고 이것을 다섯 번 반복합니다.
5. 반복하며 나온 단어와 이유를 바탕으로 도출 가능한 해결책을 적습니다.

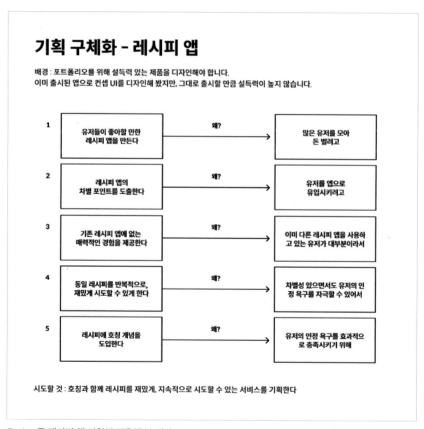

5 whys를 레시피 앱 기획에 적용해 본 예시

- 팀원들과 하나의 현상에 대한 이유를 탐구하다 보면 사람마다 굉장히 다른 관점을 공유할 때도 있습니다. 그럴 때마다 서로의 의견을 충분히 듣고 더 나은 판단을 위해 노력하려는 자세가 중요합니다.
- 그렇게 단계별로 우리 제품의 방향성을 더 잘 대변할 수 있는 문장을 합의한 후 다음 why로 넘어가면 더욱 종합적인 관점에서 서비스를 고민해 볼 수 있습니다.

- 혼자 디자인하고 있는 상황이라고 할지라도, 이유마다 여러 관점을 녹여 내려고 노력해야 합니다. 이때 '내가 하고 싶은'이 아닌 '제품의 성공을 위한' 관점으로 생각해야 실패 확률이 낮아집니다.
- 단계별로 의사결정에 도움이 될 만한 정성적, 정량적 데이터가 있으면 더욱 좋습니다.

다양한 방식으로 새로운 앱에 대해 고민해 보니 여러 힌트가 보이는 듯도 합니다. 여기서 제시된 방법 이외에도 사용자 페르소나^{Persona}, 고객 여정 지도^{customer journey map} 등을 활용해 서비스가 해결하고자 하는 니즈를 더욱 뾰족하게 세울 수 있습니다. 새로운 앱을 구축하는 상황에서 피해야 할 요소를 확인하면서 어떤 문제를 해결하고 싶은지 도출해 볼 수 있는 시간이었기를 바라며, 다음 절에서는 실제 아이디어를 어떻게 시각화하면 좋을지 고민해 보겠습니다.

Do it! yourself	'왜'를 기반으로 접근하기	● ● ●

디자인하려고 하는 서비스와 비슷하거나 동일한 분야의 레퍼런스 UI를 하나 선정하고, 위와 유사한 방식으로 검토, 인사이트를 도출해 보세요. 검토 후 레퍼런스 UI가 새로운 서비스 디자인에 적용될 때 어떤 의미를 가질 것인지 논리적으로 설명할 수 있다면 더욱 좋습니다.

06-2 정보 구조에 맞게 화면 재구성하기

이전 절에서 도출한 여러 아이디어와 콘셉트 UI를 구성하다 보면 서비스의 형상이 점점 더 구체화됩니다. 그렇다면 이 모든 것이 녹아들어 실제 서비스로 나오면 어떤 모습일까요? 이번에는 좁혀진 아이디어를 시각화할 수 있는 방법을 순서대로 알아보겠습니다.

콘셉트 UI의 정보 구조 살펴보기

정보 구조 Information Architecture, IA란 어떤 서비스를 정보 위주로 시각화한 설계도라고 볼 수 있는데요. 정보 구조를 보면서 어떤 식으로 서비스의 기능을 쌓아 올려야 할지 한눈에 파악할 수 있고, 더욱 정확한 논의를 기반으로 구조적인 서비스를 설계할 수 있습니다. 우리가 만든 콘셉트 UI의 1단계 정보 구조는 다음과 같이 표현할 수 있겠습니다.

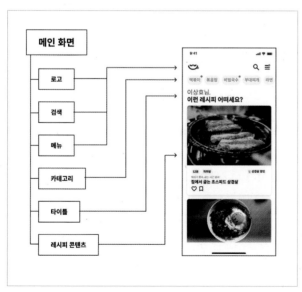

콘셉트 UI의 1단계 정보 구조 예시

이런 식으로 콘셉트 UI 화면에 표현된 기능과 컴포넌트를 6가지 큰 단위로 묶어 시각화할 수 있습니다.

이제부터 각 핵심 기능 속에 어떤 기능이 들어 있는지 마저 시각화해 보겠습니다. 여기부터는 눈으로 보이는 것이 없어 조금 어려울 수 있지만, 실제 사용자가 콘셉트 UI에서 무엇을 하고 싶을지 생각해 가며 내용을 채워 보겠습니다.

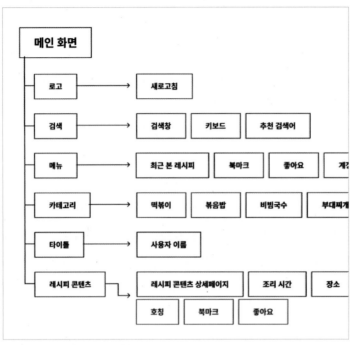

콘셉트 UI의 2단계 정보 구조 예시

정보 구조가 조금 복잡해졌는데요. 먼저 6가지 핵심 기능에 속한 요소를 어떻게 목록화했는지 살펴보겠습니다.

1. **로고:** 콘셉트 UI의 로고와 관련해 어떤 기능이 들어갈 수 있을지 상상해 봅니다. 첫 화면의 로고를 누르면 그 페이지가 새로고침 되는 것이 떠오릅니다.
2. **검색:** 아이콘 형태이기 때문에 누르면 사용자가 더 상세하게 검색할 수 있는 페이지나 환경이 필요합니다. 검색 창과 키보드를 배치하고 사용자가 좋아할 만한 추천 검색어가 뜨는 것도 자연스러울 것 같습니다.
3. **메뉴:** 레시피 앱에서 상대적으로 덜 중요하지만 필요한 모든 기능이 있습니다. 레시피 콘텐츠에서 표현한 좋아요와 북마크 내역, 계정 정보와 기타 설정, 사용자 본 레시피 목록 정도가 떠오릅니다.

4. **카테고리:** 콘셉트 UI에 표현된 떡볶이, 볶음밥, 비빔국수 등 해당 영역에 노출될 음식 이름을 목록으로 보여 줍니다.

5. **타이틀:** 개인화된 메시지로 콘텐츠 추천을 장려할 수 있습니다. 사용자 이름을 미리 받아 함께 노출하면 좋을 것 같습니다.

6. **레시피 콘텐츠:** 사용자가 이 영역을 클릭했을 때 요리 레시피를 상세하게 보여 줘야 하니 상세 페이지를 추가합니다. 그 외에도 조리 시간, 장소, 호칭, 북마크, 좋아요 등 콘셉트 UI에서 표현했던 여러 정보를 나열해 봅니다.

6가지 구성 요소 속에 들어갈 기능을 생각나는 대로 추가해 보았습니다. 구체적으로 정리해 보니 디자인할 화면과 개발할 영역이 꽤 많아 보입니다. 지금보다 단순한 구조로 설계하는 것이 좋겠다는 생각이 듭니다. 화면이 2단계 정보 구조로 구현되려면 많은 노력이 필요한 것에 비해 성공 여부는 불확실하기 때문입니다.

정보 구조 초안 만들기

우리가 기획할 레시피 앱은 어떤 식으로 정보 구조를 구성하는 것이 좋을까요? 정보 구조를 확정하려면 지금까지 진행하면서 고려한 내용을 바탕으로 우선순위를 결정해야 합니다. 앞에서 정리한 기획 재료를 다시 살펴보겠습니다.

- 특정 레시피를 반복적으로 재미있게 시도할 수 있는 앱을 기획합니다
- 추천 탭, 광고 영역, 복잡한 내비게이션 UI는 사용하지 않는 것이 좋습니다.
- 배너는 좋은 커뮤니케이션 수단일 수 있지만, 처음 유입하는 사용자의 주의를 분산시킬 수 있습니다.
- 레시피 콘텐츠를 하나라도 빠르게 인식해서 시도해 보고 싶게 설계합니다.
- 검색은 세 레시피 앱에 공통으로 들어 있는 중요한 기능이지만 구현하려면 많은 노력이 필요합니다.
- 단순하면서도 차별성 있는 '레시피 호칭'에 집중하는 것이 초기 출시에 적합해 보입니다.
- 좋아요 대신 업로드한 사람의 호칭을 노출해서 해당 레시피 콘텐츠의 신뢰도를 높입니다
- 북마크와 좋아요는 중요하지만, 겹치는 부분이 많아 보여서 하나로 통일합니다.
- 가장 중요하지 않은 기능은 모두 메뉴 속에 넣습니다.
- 출시 후 개선에 도움이 되게끔, 사용자의 목소리를 앱 내에서 들을 수 있게 메뉴에 넣습니다.

이런 생각을 바탕으로 메인 화면의 정보 구조를 재구성해 보면 다음과 같습니다.

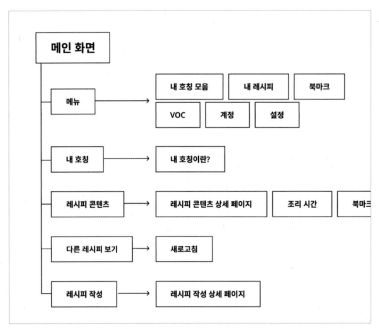

기획을 반영한 정보 구조 예시. 기존 콘셉트 UI의 정보 구조와 비교하면 훨씬 단순한 구조로 정리되어 있습니다.

이번 예시에서는 메인 UI의 정보 구조를 중심으로 했지만, 실제로 서비스를 기획할 때에는 여러 논의와 기획을 거듭하면서 다른 페이지의 정보 구조도 그립니다. 이렇게 계속해서 필요한 페이지의 구조를 쌓아 올리며 지속적으로 관리하면 훨씬 효율적이고 구조적으로 서비스를 디자인할 수 있습니다.

- 팀원들과 서비스 구조의 큰 틀을 미리 합의할 수 있고, 덕분에 모든 화면을 전부 디자인, 개발하지 않아도 됩니다. 현재 우리는 혼자 이 책을 보고 있으니 여기서는 예시의 정보 구조가 치열한 논의를 거쳐 합의되었다고 가정하겠습니다.
- 합의된 내용을 바탕으로 여러 직무 영역마다 팀원들이 자신의 업무에 빠르게 집중할 수 있습니다.
- 개발자, 기획자 등 다른 역할을 맡고 있는 팀원들과 화면별 정보에 대해 논의하면 앱 구조 설계 시점에 혼자서는 생각하지 못했던 기술적, 비즈니스적, 마케팅적 관점 등을 함께 고려할 수 있습니다.
- 화려한 UI에 시선을 빼앗기지 않고 팀원 모두가 사용자에게 전달할 정보 자체에 집중할 수 있습니다.

정보 구조 반영하기

새롭게 배치된 정보나 기능을 기반으로 메인 화면의 디자인을 재구성해 보겠습니다. 정보 구조를 디자인에도 최대한 반영하되, 작업 중간중간 팀원들과 소통하며 어느 정도 유연하게 진행하면 더욱 좋습니다. 아무리 기획을 체계적으로 구성하고 합의했다고 하더라도, 막상 실제 디자인 작업을 시작하면 처음에는 예상하지 못했던 여러 변수가 발견되기 때문입니다. 또한 콘셉트 UI의 느낌을 계승하면서 정보 구조에서 합의된 정보를 잘 보여 줄 수 있는 메인 화면을 다시 디자인할 수도 있습니다. 이때 정보 구조에 명시된 파생 정보를 어떻게 잘 담을 수 있을지도 함께 고민하면 좋습니다.

사용자가 가장 많이 보는 메인 화면부터 UI 디자인을 시작해 보겠습니다. 새로운 화면의 구성 예시를 05-2절에서 살펴본 콘셉트 UI 정보 구조와 비교하며 살펴봐도 좋습니다.

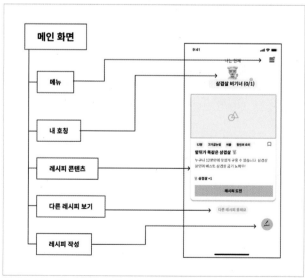

정보 구조를 기반으로 재구성한 서비스 메인 화면의 와이어프레임 예시

정보 구조에서 요소별로 어떤 사항을 고려하며 화면으로 옮길지 짚어 보겠습니다.

1. **메뉴:** 가장 중요한 레시피 콘텐츠 이외의 다양한 기능이 모두 들어가는 곳입니다. 찾기도 쉬우므로 바로 눈에 띄지 않는 오른쪽 위에 아이콘 형태로 배치합니다. 새로운 콘텐츠는 콘셉트 UI에서 생각했던 것처럼 빨간 점으로 표현합니다.

2. **내 호칭:** 이 앱에서 핵심적으로 강조할 내용입니다. 사용자가 요리별로 얼마나 많은 경험을 했는지 보여 주어야 하기 때문에, 이미지나 아이콘, 숙련도를 알 수 있게끔 요리 완료 횟수 등의 정보로 더욱 강조합니다. 사용자가 원할 때, 해당 호칭에 대한 자세한 설명이나 레벨 업 방식을 보여 줄 수 있는 정보 아이콘도 함께 배치해 봅니다.

3. **레시피 콘텐츠:** 사전에 기획된 호칭이나 태그 등 레시피 관련 정보를 쉽게 확인하는 것도 중요한 부분입니다. 하지만 막상 화면을 그리다 보니 여기서 가장 중요한 것은 사용자가 해당 레시피를 클릭해서 참여할 수 있다는 것을 강조하는 버튼이라는 생각이 들었습니다. 태그, 좋아요, 북마크를 간소화하는 것과 동시에, 성취욕을 자극할 수 있는 문구를 담은 CTA(Call To Action)를 추가해 콘텐츠 클릭을 더욱 장려해 봅니다.

4. **다른 레시피 보기:** 무한 스크롤은 보유한 콘텐츠가 많을 때 효과적인 전략입니다. 앱을 출시할 시점에 보여 줄 게 많지 않은 우리 서비스에서는 다양한 레시피를 한 번에 뿌려 주는 것보다, 먼저 취향에 맞는 1~2가지 레시피를 보여 주고 사용자가 원할 때 다른 레시피를 직접 띄우는 방식이 효과적일 것 같습니다.

5. **레시피 작성:** 사용자가 자신의 레시피를 직접 올린다면 따로 관리하지 않아도 시간이 갈수록 콘텐츠를 수급하기 쉬워질 것입니다. 레시피를 올린 사용자의 해당 레시피 숙련도를 표현해 줄 수도 있으니 신뢰성도 어느 정도 담보됩니다. FAB(Floating Action Button) 형태의 버튼으로 사용자가 원할 때 언제든 레시피를 업로드할 수 있도록 화면을 구성합니다.

용어 사전

🔍 FAB

FAB는 Floating Action Button의 줄임말로, 화면 스크롤과 관계없이 항상 같은 자리에 떠 있는 (Floating) 버튼을 뜻합니다.

세부 요소는 맨 처음 생각한 것과 조금씩 다를 수 있지만, 이것으로 좀 더 실제 UI와 비슷한 화면을 확인하며 논의할 수 있습니다. 이런 식으로 화면 설계 작업을 반복하면 앱의 여러 장면마다 윤곽이 대략 그려지는데요. 거기에 필요한 조건이나 기술 스펙, 플로 등을 추가하며 연결하며 자연스럽게 와이어프레임 작업을 진행합니다.

06-3 기획을 화면에 담아 내는 와이어프레임 만들기

앞서 정보 구조를 기반으로 메인 UI 화면을 재구성해 보았는데요. 이번에는 다양한 화면을 만들어 보고 서비스에 필요한 흐름으로 연결하는 방법을 다뤄 보겠습니다.

와이어프레임 화면 그리기

와이어프레임 wireframe 은 화면 설계, 화면 사이의 플로를 비롯해 좀 더 실제적인 레이아웃을 그려 보는 과정입니다. 콘셉트 UI 디자인만큼 시각적인 완성도가 높지는 않지만, 기획을 실제 UI로 반영하기 위해 필요합니다. 어떤 위치에 어느 UI를 배치할지, 어디를 누르면 어떤 페이지로 이동할지, 필요하다면 어떤 데이터를 어디에서 수집할지 등 정보 구조보다 세부적인 정보가 포함됩니다. 와이어프레임을 토대로 디자인과 개발을 진행하면 더욱 효과적이기 때문에, 프로덕트 디자이너뿐 아니라 PM, PO, PL project leader 등 기획과 관련 있는 다양한 직무에서도 많이 제작합니다.

이제 다른 화면도 그릴 차례입니다. 최초 정보 구조를 존중하되, 실제 화면을 그리면서 생기는 새로운 고민 포인트가 있다면 유연하게 수정하도록 노력해 봅니다.

정보 구조를 화면으로 옮길 때는 비주얼에 크게 신경 쓰지 않고, 스케치북에 스케치하듯 요소를 채워 넣어 봅니다. 공책에 대략적으로 그려도 좋고, 피그마 커뮤니티에서 와이어프레임 유형을 검색해 활용하는 것도 좋습니다. 다만 표현에 너무 오래 걸리지 않도록 주의하고, 정보의 중요도에 따라 배치할 수 있도록 신경 써주세요. 와이어프레임 구성에 필요한 요소를 피그마 커뮤니티에서 검색해 찾아보고, 1~2가지 정도의 유명한 파일을 확인해 필요한 요소만 부분적으로 활용하면 효율성을 높일 수 있습니다.

가입 프로세스, 기능의 종류, 플로나 서비스 자체의 복잡도 등 기획에 따라 필요한 화면의 수는 천차만별인데요. 그중 MVP^{Minimum Viable Product}앱 출시를 위해 필요한 서비스 화면의 수는 제 경험상 적어도 50~100장 정도인 것 같습니다. 정보 구조를 기반으로 화면을 선정하고 와이어프레임 그리는 작업을 반복하다 보면 서비스 구축에 필요한 페이지를 모두 그릴 수 있습니다.

메뉴 화면 그리기

메인 화면에서 배치한 메뉴 아이콘을 클릭했을 때 어떤 화면을 보여 주면 좋을까요?

- 메뉴 아이콘을 화면 오른쪽에 배치했으니, 오른쪽에서 나타나는 드로워 UI 형태로 표현하면 자연스러울 것 같습니다.
- 화면을 그리다 보니 정보 구조에 포함된 주요 요소 외에도 기존 화면 영역을 어둡게 처리하고, 닫기 버튼도 만드는 게 좋을 것 같습니다. 사용자가 원할 때 누르면 이전 페이지로 돌아갈 수 있다고 알려 주어 화면의 사용성을 높일 수 있기 때문입니다.
- 이 외에도 정보 구조를 구현할 때 미처 생각하지 못했던 개인 정보 처리 방침이나 이용 약관 등 서비스 내에 명시해야 하는 필수 표기 정보도 여기에 표현하면 효과적일 것 같습니다.

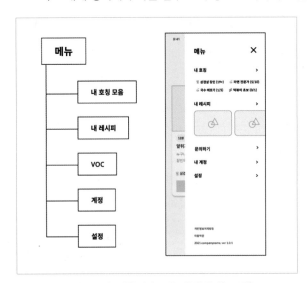

정보 구조를 기반으로 재구성한 서비스 메뉴 화면 예시(드로워)

기능 사전

⭐ 드로워

드로워(drawer)는 서랍이라는 뜻을 갖고 있는데요. 옷장의 서랍처럼 다양한 요소를 가지고 숨어 있다가, 사용자가 꺼내 보고 싶을 때 한 켠에서 열리는 UI 컴포넌트입니다. 주로 메뉴 아이콘처럼, 왼쪽이나 오른쪽에 숨어 있다가 클릭하거나 스와이프를 할 때 관련 기능을 보여 주기 위해 사용합니다.

와이어프레임을 그릴 때 구성 요소별로 고려할 내용을 짚어 보겠습니다.

1. **내 호칭 모음:** 이 앱에서 호칭은 사용자에게 지속적으로 동기부여를 하는 중요한 기능을 합니다. 이 메뉴를 클릭해 주요 호칭을 바로 확인할 수 있다면 사용성에 도움이 될 것 같습니다.
2. **내 레시피:** 같은 이유로 사용자가 최근 보거나 북마크한 레시피의 섬네일을 보여 주면 예전에 봤던 관심 레시피를 빠르게 확인할 수 있습니다. 화면 크기에 한계가 있으므로 해당 영역에서 수평 스크롤을 할 수 있도록 구성해 봅니다.
3. **VOC:** 사용자 문의를 종류별로 제대로 접수하려면 다른 화면으로 이동하는 것이 좋습니다. 드로워에서는 추가적인 UI 없이 문구로 명확하게 안내합니다.
4. **계정, 설정:** 계정 관련 기능, 설정 관련 기능을 따로 넣을 수 있는 영역을 마련합니다. 핵심 기능은 아니므로 드로워의 맨 후순위에 배치합니다.

서비스 메뉴 화면 옆에 배치한 부연 설명 예시

화면별로 기능이나 상태에 대한 부연 설명이 필요할 때에는 예시 이미지처럼 해당 화면 옆에 적어 두면 더욱 좋습니다.

이렇게 메인 UI와 같은 방법으로 메뉴 화면도 그려 보았습니다. 조금씩 화면 구성 감이 잡혔길 바라며, 메인 UI 파생 화면 예시를 몇 가지 더 보여 드리겠습니다.

레시피 콘텐츠의 상세 페이지 그리기

레시피 콘텐츠를 클릭했을 때 백드롭(또는 바텀시트) UI로 내용을 보여 주면 좋습니다. 풀 페이지에 비해 가벼워 보이고, 사용자가 현재 레시피의 어떤 단계에 있는지 알아차리기 쉬우며, 이미 사용자가 원하는 레시피를 선택한 상황이라는 맥락을 유지할 수 있기 때문입니다.

1. **섬네일:** 메인 화면에서 노출된 이미지를 맨 처음 보여 주어 이전 화면과 연속성을 높입니다.
2. **레시피 설명, 준비물:** 화면의 한계로 메인 UI에서 하지 못했던 세부적인 설명이 들어갑니다. 본격적으로 요리를 시작하기 전 어떤 요리인지 충분히 알 수 있는 내용이 좋습니다.
3. **단계별 가이드:** 스크롤해서 전체 레시피를 단계별로 볼 수 있도록 합니다.
4. **CTA:** '요리 시작'처럼 CTA 버튼으로 요리에 참여하는 상태를 명확하게 구분해서 실행할 수 있게 합니다.

정보 구조를 기반으로 재구성한 레시피 콘텐츠 메뉴 화면의 예시

★ 백드롭 UI

백드롭 UI(backdrop UI)는 기존 화면 위에 덮이는 UI 형태입니다. 풀 페이지처럼 전체 화면을 사용하지는 않지만, 일부 상단 영역을 제외한 대부분의 화면을 차지합니다.

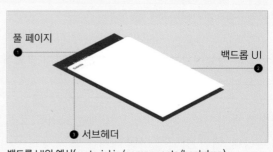

백드롭 UI의 예시(material.io/components/backdrop)

팝업 UI 그리기

메인 화면에서는 부연 설명 없이 호칭 자체와 진행 상황만 보여 주기 때문에, 사용자가 '삼겹살 비기너' 같은 호칭이 무엇인지 바로 알기 어렵습니다. 호칭을 쉽게 이해할 수 있도록 호칭 옆 추가 정보 아이콘을 클릭했을 때 팝업을 띄워 설명해 주면 좋습니다. 팝업 페이지는 세부적인 추가 정보를 확인한 후 원하는 페이지로 이동할 수 있게 하는 것이 주 목적이니 최대한 단순하게 구성합니다.

호칭에 대한 부연 설명 외에도, 팝업 UI는 다른 화면에서도 추가 정보를 전달하는 목적으로 사용할 수 있는데요. 이런 UI는 컴포넌트로 만들어 두면 좋습니다. 이후 UI를 재사용할 때 효율적으로 최종 UI를 반복 활용할 수 있기 때문인데요. 이런 식으로 여러 번 쓰일 UI 요소를 체계적으로 관리하는 것이 디자인 시스템의 시작이라고 말할 수 있겠습니다. 디자인 시스템에 대해서는 다음 장에서 더 자세히 다룰 예정입니다.

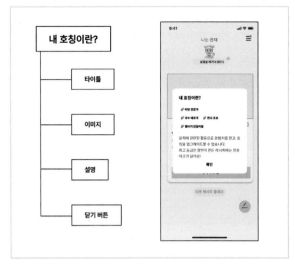

팝업 UI 와이어프레임 예시

화면 취합하기

서비스에 필요한 화면을 어느 정도(5~10장) 그렸다면 화면 사이에 이야기를 만들어 볼 차례입니다. 정보 구조에 맞게 각각의 화면이 어떤 식으로 연결되어 있는지 알아차릴 수 있어야 보는 사람이 화면 사이의 관계까지 함께 이해할 수 있기 때문입니다. 화면 사이를 연결하는 방법도 여러 가지가 있는데요. 미리 만들어둔 정보 구조와 동일한 구조로 표현하려면 디렉터리 구조로 분류하고, 사용자가 어떻게 들어와서 무엇을 클릭하면 어떤 일이 벌어지는지 위주로 표현하려면 사용자 플로 방식으로 분류합니다.

이번에는 사용자 플로 위주로 와이어프레임의 흐름을 그려 보겠습니다.

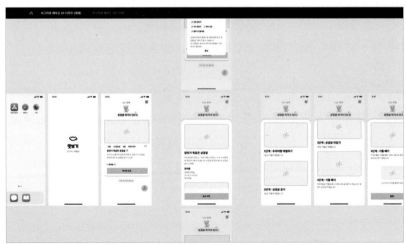

중요한 화면부터 차례대로 만들다 보면 자연스레 대략적인 플로 순서대로 놓이게 됩니다.

기능사전

✪ 디렉터리 구조

나무 뿌리가 하나의 나무에서 여러 갈래로 뻗어 나가듯, 계층을 나눠 정보를 관리하는 구조입니다. [바탕화면/새 폴더/가마우지/최종.jpg]처럼 컴퓨터에서 파일을 저장하는 방식이나 정보 구조를 시각화할 때 방식을 예로 들 수 있습니다.

플로를 그리기 전에 와이어프레임을 연결하는 이유를 정리해 보겠습니다.

- UI, 인터랙션 디자인, 기능 개발 등 이후 어떤 작업이 필요한지 유기적으로 파악할 수 있습니다.
- 흐름을 보며 비효율적이거나 모순적인 플로를 초기에 발견하고, 실제 개발 전에 미리 수정할 수 있습니다.
- 기획 초반 수시로 바뀌는 플로에 유연하게 대응하고 흐름도의 수정 사항을 빠르게 반영할 수 있어서 더욱 좋습니다.

와이어프레임의 흐름을 표현하는 4가지 방법은 다음과 같습니다.

1. 그려 둔 와이어프레임 화면을 인쇄해 화이트보드에 붙이고 보드 마커로 플로를 그립니다.
→ 빠르게 플로를 표현할 수 있고 플로를 수정하기도 쉽습니다. 하지만 와이어프레임 화면을 인쇄물로 준비하는 데 시간이 오래 걸리고, 서비스 플로를 비대면으로 논의해서 수정하기 어렵습니다.
2. 피그마에서 Shift + L 을 눌러 기본적으로 제공하는 화살표를 사용합니다.
→ 가장 빠르게 플로를 표현할 수 있습니다. 하지만 플로가 복잡해질수록 수정할 화살표도 많아진다는 단점이 있습니다.
3. 피그마 커뮤니티에서 화살표 플러그인을 설치해 사용합니다.
→ 빠르게 플로를 표현할 수 있고, 화면을 수시로 이동해도 수정 사항을 곧바로 반영할 수 있습니다. 관련 플러그인으로는 Arrow auto, Autoflow, ProToFlow 등이 있습니다. 단, 화살표가 많아지면 피그마 파일이 무거워질 수도 있습니다.
4. 피그마 화면에 코멘트를 달아 어떤 화면으로 이동하는지 알려 줍니다.
→ 빠르게 생각을 기록할 수 있지만, 화살표 없이 플로를 직관적으로 표현하기는 어렵습니다.

여러 표현 방법을 검토해 본 후 3번 방법이 가장 효율적일 것 같아 채택합니다. 다만 다른 방법도 다른 여러 상황에서 활용할 수 있으니 꼭 한 가지 방법만 고집할 필요는 없습니다. 이런 식으로 여러 옵션을 스스로 탐색한 뒤 그중에 가장 나은 것을 채택하는 습관을 들이면 어떤 상황에서도 최선에 가까운 표현 방법을 찾아갈 수 있을 것입니다.

Do it! **와이어프레임 화살표로 연결하기**

실습 페이지 : UI_06-3_01

와이어프레임을 피그마로 제작하면 손쉽게 와이어프레임의 플로를 표현할 수 있습니다. 어떻게 할 수 있는지 한번 알아볼까요?

1. Shift + i 를 누르고 [Plugins]에서 플로 관련 플러그인을 검색합니다. 저는 이번에 ProToFlow를 사용해 보겠습니다.

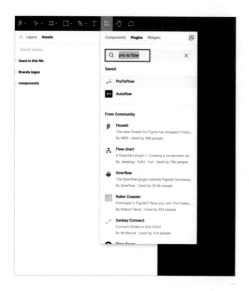

2. 앞에서 모아 둔 와이어프레임 화면으로 돌아가 보겠습니다. 흐름은 어느 정도 파악할 수 있지만, 어디에서 어디로 이동하는지 화살표로 표현하면 화면 간 설계를 구체적으로 이해할 수 있겠네요. ProToFlow로 화살표를 그리기 위해 화면 오른쪽 Design 패널을 Prototype 패널로 바꿔 보겠습니다.

3. Prototype 모드에서는 오브젝트를 선택하면 오른쪽 중간에 파란 동그라미가 보이는데요. 이것을 드래그해 원하는 화면에 놓으면 플로가 연결됩니다. 서비스 플로를 생각하며 차례차례 연결해 봅니다.

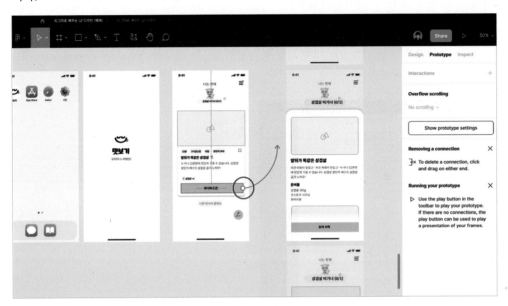

4. 어느 정도 플로를 연결했다면 Shift + 1 을 눌러 전체 화면의 흐름을 확인해 봅니다. 프레임의 이름과 화살표를 한꺼번에 확인할 수 있어서 플로 파악이 한결 쉬워졌습니다.

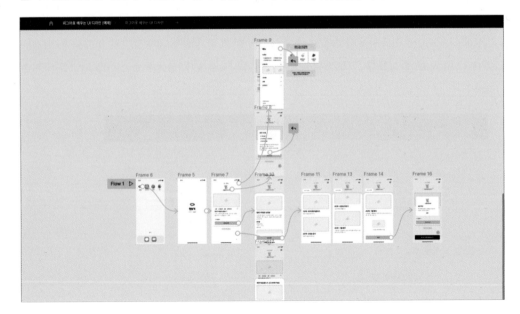

5. 기본적인 흐름을 완성했으니, 좀 더 구체적으로 플로를 다듬어 보겠습니다. 화면을 그릴 때 프레임 이름은 기본적으로 생성된 [Frame 14], [Frame 16] 같은 이름보다는 화면별로 의미를 부여하는 것이 좋겠네요. 화면을 더블클릭해 해당 화면을 나타내는 이름으로 수정합니다.

- 화면 이름은 영어로 적기를 권장합니다. 개발 구현이나 데이터 네이밍 등 다른 곳에서도 같은 이름으로 지정하면 커뮤니케이션 비용을 최적화할 수 있고, 대개 개발 툴은 영어 친화적이기 때문입니다. 심지어 디자인 툴 피그마도 영어 친화적입니다.
- 프레임 이름에 슬래시(/)를 입력하면 내보내기(export)할 때 슬래시를 기준으로 폴더가 생성됩니다. 이를 응용해 이름을 입력하면 정보 구조를 만들 때처럼 같은 수준의 화면끼리, 종속된 화면끼리 분류해서 확인할 수 있습니다.

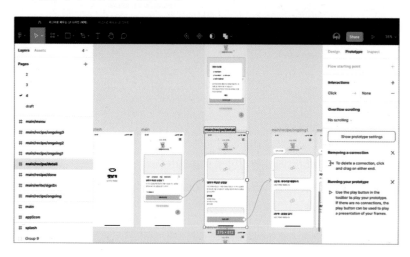

6. `Ctrl`+`P`를 눌러 검색 창을 열고 처음에 설치한 ProToFlow 플러그인을 엽니다.

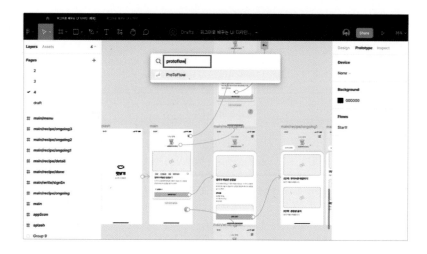

7. 원하는 화면을 선택한 채로 ProToFlow 모달 창을 확인하면 파란 버튼이 활성화됩니다. 선택한 인터랙션을 화살표로 바꿔 주는 버튼인데요. 화면을 모두 선택한 후 버튼을 눌러 봅니다.

8. 이제 편집 권한이 없더라도 프로토타입에서 연결한 플로를 한눈에 확인할 수 있습니다. 이후 화면 이동이 필요하거나 새로운 플로를 추가할 때도 ProToFlow 모달 창에서 [Live Mode]를 활성화 하면 화살표가 알맞은 위치로 동기화됩니다.

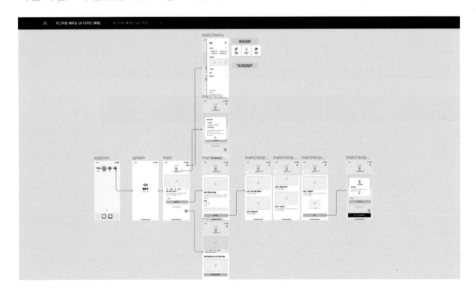

✅ 궁금해요! **얼마나 상세하게 플로를 연결하면 좋을까요?**

플로를 연결하려는 목적에 따라 다른데요. 현재 와이어프레임 수준에서는 너무 많은 플로를 전부 시각화하기보다 서비스 관점에서 가장 중요한 흐름대로 연결하기를 추천합니다. 물론 이상적인 사용자 플로와 더불어 예상되는 엣지 케이스를 함께 고려하는 것도 중요합니다. 하지만 첫 와이어프레임부터 아직 발생하지 않은 엣지 케이스를 모두 고려하는 것은 현실적으로 어려우니, 먼저 와이어프레임 초안을 만든 후에 팀원들과 논의하며 차차 개선하는 것도 좋은 방법입니다.

⭐ 엣지 케이스

엣지 케이스(edge case)란 오류 페이지나 로딩 실패 메시지, 특정 기기나 OS 버전에서만 발생하는 버그 등 서비스 전체적인 구현 방식과 다르게 구현된 현상을 뜻합니다. 버그나 오류 페이지 등 달갑지 않은 상황인 경우가 대부분이지만, 경우에 따라서는 테스트 목적 등을 위해 의도적으로 엣지 케이스를 만들기도 합니다.

Do it! yourself **서비스 와이어프레임 만들기** ● ● ●

이번 절에서 배운 내용을 참고해서 디자인할 서비스에 필요한 사용자 플로를 1개 이상 만들어 보세요. 아래는 주요 사용자 플로 예시입니다.

- 핵심 서비스 이용(예시)
- 가입/로그인
- 첫 결제 연동
- 프리미엄 서비스 구매
- 콘텐츠 업로드
- 콘텐츠 저장
- 콘텐츠 검색, 브라우징
- 알림 설정

06-4 │ 서비스 UI 디자인하기

와이어프레임으로 서비스의 골격을 만들었다면 드디어 서비스에 살을 붙일 차례입니다. 이번에는 와이어프레임을 토대로 최종적인 화면을 디자인하고, 이를 구현하기 위해 어떻게 커뮤니케이션 하면 좋을지 알아보겠습니다.

와이어프레임을 기반으로 UI 디자인하기

유연하지만 목표 중심적으로 디자인하기

이미 어느 정도 뼈대가 완성된 상황이니, 와이어프레임에 담은 기획을 최대한 존중하며 UI를 디자인해 봅니다. 아무리 와이어프레임을 꼼꼼하게 만들었다고 하더라도, UI 디자인 컴포넌트의 관점에서 개선할 부분이 많아 보일 수 있는데요. 이럴 때 디자이너는 주요 플로를 해치지 않는 선에서 화면에 맞게 UI 요소를 정돈해서 더 나은 비주얼과 레이아웃을 제안할 수 있어야 합니다.

단계별로 집중하는 분야가 다르다 보니 UI 디자인과 와이어프레임이 어느 정도 달라질 수 있습니다. 이때 내가 바꾸는 것이 기획을 개선하는 것인지 무시하는 것인지 세심하게 고려해야 합니다. 디자인뿐 아니라 앞선 기획 과정을 거쳐 마케팅, 개발 등 다양한 작업이 동시에 진행 중일 수 있고, 기획을 무시하고 섣불리 바꾸었을 때 예상치 못한 새로운 문제가 발생할 수 있기 때문입니다. 따라서 UI 디자인 과정에서 기획이나 핵심 플로를 해치지 않도록 신경 써야 합니다.

이 책에서는 디자이너가 기획하는 것부터 시작했지만, 실무에서는 PM, PO, 기획자 등 다른 직군으로부터 기획안을 넘겨받는 경우도 상당히 많습니다. UI 디자인 단계에서 실제 디자인과 와이어프레임의 차이가 큰 경우처럼 개선 사항을 발견할 때, 수정된 디자인 시안과 그 이유를 빠르게 공유해 기획 담당자와 논의하면 더욱 효과적으로 의사결정을 할 수 있습니다. 이때 해당 디자인에서 어떤 부분을 왜 개선하고자 하는지 맥락과 이유를 정리해 제안하려는 노력이 중요합니다.

콘셉트 UI와 와이어프레임 합치기

콘셉트 UI에서는 캐주얼한 주황 계열 색상과 메시지 등 전달하고자 하는 브랜딩을, 와이어프레임에서는 기획 의도가 반영된 화면 설계를 확인할 수 있습니다. 콘셉트 UI와 와이어프레임을 종합해 다음과 같이 새로운 시안을 도출했습니다. 새로운 시안에서 2가지를 모두 고려했다는 것이 느껴지나요? 이런 결론에 도달하는 과정을 살펴보겠습니다.

콘셉트 UI　　　　　새로운 시안　　　　　와이어프레임

Do it! 새로운 메인 UI 디자인하기　　　　　📖 실습 페이지 : UI_06-4_01

와이어프레임과 콘셉트 UI를 기반으로 새로운 시안을 도출하는 과정을 살펴보겠습니다. 툴 사용 방법은 그동안 많이 다뤘으니, 여기서는 기획과 함께 UI를 그릴 때 무엇을 고민했는지 위주로 살펴보려고 합니다.

1. 콘셉트 UI를 다시 한번 확인하고 실제 화면에 계승할 요소를 도출합니다. 콘셉트 UI는 기획을 고려하지 않은 상태이므로 화면 사이의 플로나 기능 요소보다 서비스의 전체 인상이나 브랜딩 등 시각적인 요소에 조금 더 집중해 봅니다.

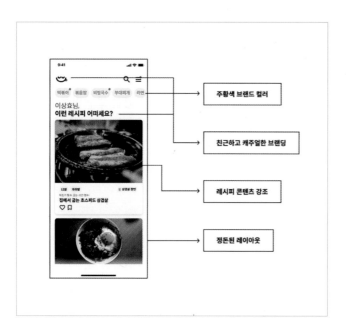

2. 화면에서 강조하고 싶은 부분을 선정합니다. 프라이머리 컬러로 표현하여 시선을 집중시킬 수 있고, 해당 화면에서 기대할 수 있는 가장 이상적인 경험을 설계할 수 있습니다.

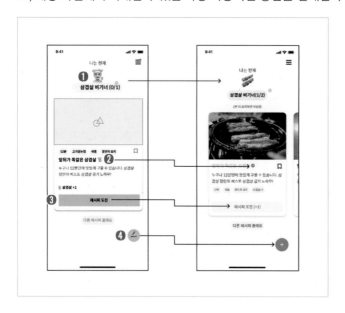

❶ 가장 상단의 내 현재 숙련도를 강조합니다. 고객은 강조된 숙련도 UI를 쉽게 확인하고, 해당 레시피를 도전할지 스킵할지 결정하는 데 도움을 줍니다.

❷ 레시피 콘텐츠 타이틀 오른쪽의 인증 아이콘도 레시피를 검증할 수 있는 중요한 수단입니다. 이를 감안해 여기에도 프라이머리 컬러를 사용할 수 있습니다.

❸ CTA는 화면에서 가장 강조되어야 합니다. 프라이머리 컬러를 사용해 알려 주면 좋습니다.

❹ FAB는 대개 고객의 시선을 방해하지 않도록 오른쪽 하단에 있는데요. 여기에 프라이머리 컬러를 사용해서 새로운 것을 생성할 수 있다는 것을 한 번 더 강조하면 좋습니다.

✅ 궁금해요! **프라이머리 컬러가 무엇인가요?**

예제 서비스에서 사용한 주황색 브랜드 색상은 프라이머리 컬러(primary color)입니다. 프라이머리 컬러는 앱 화면과 컴포넌트에서 핵심 인상을 결정하는 색상을 말합니다. 서비스에서 프라이머리 컬러를 적재적소에 활용하면 고객은 서비스 자체를 그 색과 연결 지어 떠올리게 할 수 있는데요. 이는 서비스 바깥에서 고객을 능동적으로 유입시킬 수 있는 요소이기도 합니다.

---

3. 친근하고 캐주얼한 브랜딩으로 서비스의 기능을 친절하게 알려 줄 수 있습니다.

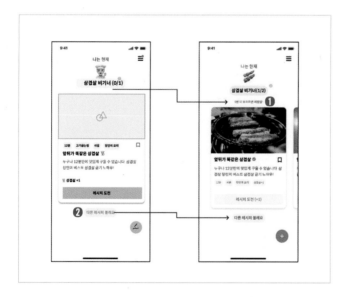

❶ 와이어프레임에는 포함되지 않았지만, 호칭 레벨 업 직전에 그 사실을 사용자에게 넛지하면 레시피를 한 번 더 시도하는 데 동기부여가 될 것 같습니다. 와이어프레임에 없는 기능이기 때문에 팀과 논의 후 친근하지만 직관적인 어조로 부연 설명을 추가해 봅니다.

☑ 넛지(nudge)란 '슬쩍 찌르다'라는 뜻인데요. 유용한 정보를 적절한 타이밍에 알려 줌으로써 해당 서비스 유입을 유도하는 기획을 뜻하기도 합니다.

❷ 하단의 [다른 레시피 볼래요] 버튼은 해당 브랜딩에 부합합니다. 다만 현재는 시인성이 떨어져 비활성화 버튼처럼 보일 수도 있으니, 조금 더 대비를 강조해 표현했습니다.

4. 레시피 앱인 것을 감안하면 첫 화면에서 레시피 콘텐츠가 차지하는 비중이 가장 커야 합니다.

- 와이어프레임의 카드 뷰에서도 충분히 강조되고 있으니, 레이아웃을 다듬어 시각적인 안정감을 주도록 합니다.
- 막상 디자인해 보니 전체 화면에서 단 한 가지 레시피만 띄우는 것은 고객이 레시피를 탐색하는 데 너무 불편합니다. 팀원들과 논의한 후 해당 콘텐츠 뷰를 연속으로 배치해 레시피 콘텐츠 선택의 폭을 넓혔습니다.

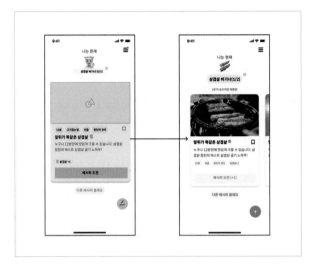

5. 카드 뷰를 정리하며 전체 화면의 균형과 레이아웃이 자연스러워지도록 조절합니다. 예제에서는 전체적인 컴포넌트를 가운데로 정렬하고 컴포넌트 사이, 카드 뷰 속의 마진과 패딩을 4배수로 통일해 시각적인 안정감을 높였습니다. 4장에서 배운 [Auto layout]과 [Layout grid]를 활용하면 더욱 빠르고 정교하게 디자인할 수 있습니다.

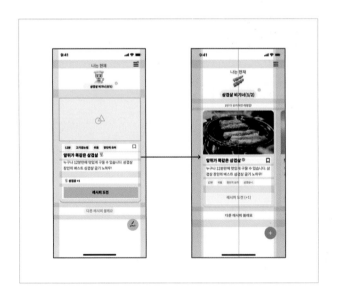

다양한 상황 고려하기

메인 시안이 어느 정도 나왔으니, 여러 엣지 케이스에 대해 고민해 볼 차례입니다. 디자이너는 편의상 가장 메인이 되는 기기에서 디자인하는데요. 하나의 디자인 시안만으로는 표현할 수 없는 여러 상황을 함께 디자인하면 더욱 완성도 높은 제품을 만들 수 있습니다.

다양한 기기 대응

하나의 화면을 어느 정도 디자인해 본 이후로는 우리의 앱에서 얼마나 다양한 기기를 지원해야 하는지 고민해 봅니다. 가능한 한 많은 고객에게 기기와 관계없이 일관적인 시각 경험을 전달하는 것이 중요하기 때문입니다. 어떤 기기에 얼마만큼 집중해야 하는지도 함께 고려합니다.

- 예상 사용자 계층과 그 사용자군이 주로 사용하는 기기를 조사 및 정의하고, 가장 높은 비율을 차지하는 화면을 표준으로 지정합니다. 아무 데이터도 없다면 스탯카운터(statcounter.com)에서 원하는 사용자나 지역 필터를 넣어 기기 비중을 참조합니다.
- iOS는 기기의 종류가 안드로이드보다 훨씬 적습니다. iOS를 우선적으로 개발한다면 걱정을 조금 덜어도 좋습니다.
- 안드로이드의 기기는 정말 다양하므로 크고 작은 기기에서 컴포넌트가 어떻게 보일지 규칙을 설정하는 것이 매우 중요합니다.
- 안드로이드에서 텍스트 단위 sp는 가변값, dp는 고정값을 나타냅니다. 사용자의 편의성을 생각하면 가변값으로 설정해야 할 것 같지만, 주요 사용층이나 개발 난이도, 해당 텍스트가 적용될 UI의 특성, 테스트에 걸릴 시간을 함께 고려해 결정하는 게 좋습니다.

아이폰 XS(375×812px)와 아이폰 SE(320×568px)의 비교 예시

다양한 케이스 대응

우리가 디자인한 화면이 의미를 가지려면 사용자의 상황에 맞는 데이터가 필요합니다. 그런데 데이터는 그냥 뜨는 것이 아닙니다. 잠시 디자이너가 알면 좋을 기초 개발 환경 이야기를 해볼게요. 일반적으로 서비스는 클라이언트와 서버로 이루어지는데요. 이 둘이 네트워크(인터넷)를 통해 데이터를 잘 주고받을 수 있어야 서비스가 원활하게 돌아갈 수 있습니다. 우리가 디자인하는 화면은 클라이언트와 서버가 의도한 대로 잘 통신했고, 이를 성공적으로 로드해야 보이게 됩니다. 그렇다면 통신이 제대로 되지 않으면 어떻게 될까요?

데이터가 없을 때 뜨는 플레이스홀더(스켈레톤) 디자인 예시. 데이터가 화면에 제대로 뜨기 전의 싱황을 미리 정의하면 상황별 사용자 경험을 더욱 정교하게 설계할 수 있습니다.

예를 들어 볼게요. 어떤 앱을 사용하려면 스토어에서 앱을 내려받을 것입니다. 이때 우리가 내려받아 설치하는 앱 파일이 클라이언트입니다. 내려받기만 해도 앱을 실행하는 데에는 문제가 없을 것입니다. 그런데 인터넷이 연결되어 있지 않다면 거의 모든 앱이 정상적으로 작동하지 않을 것입니다. 서버와 클라이언트가 통신할 수 없으니 서비스에 필요한 데이터를 불러올 수도 없기 때문입니다. 이러한 경우는 서비스를 만들 때 가급적 피해야 할 상황이지만, 실제 서비스가 구동될 때에는 항상 이상적인 경우만 있을 수는 없습니다. 그렇다면 디자이너인 우리는 이런 상황에 어떻게 대비할 수 있을까요? 문제가 될 만한 다음 상황을 미리 예측하고, 문제 상황에서 보여 줄 적절한 디자인을 미리 준비할 수 있겠습니다.

- 어떤 컴포넌트에 관련된 문제인지 정의
- 데이터를 받아 올 수 없는 케이스 정의
- 데이터를 받아 오다가 중간에 실패한 케이스 정의
- 데이터를 불러오는 중인 케이스 정의
- 그 외 여러 오류 메시지나 오류 상황 정의

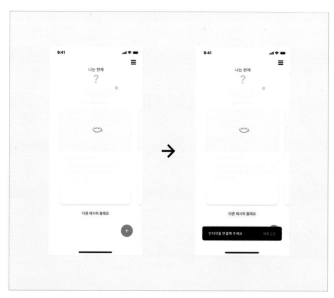

네트워크 연결에 실패했을 때의 UX 예시. 스낵바 UI를 이용해 현재 상황을 안내하고 행동(새로고침)을 제시함으로써, 사용자가 인터넷을 연결한 후 앱을 재실행하지 않고도 바로 서비스를 사용할 수 있게 유도할 수 있습니다.

이런 식으로 서비스를 출시하기 전에 발생할 수 있는 여러 문제 상황을 정의하고 적절한 문구와 화면을 함께 디자인하면 사용자가 느낄 감정과 향후 행동을 더욱 촘촘히 설계할 수 있습니다. 이렇게 다양한 케이스를 미리 설계하면 예기치 않은 상황이 발생하더라도 높은 확률로 브랜드의 일관성을 지킬 수 있고, 실제로 앱을 출시했을 때 이상한 화면을 본 사용자가 앱을 삭제하거나 회원 탈퇴를 시도하는 등 최악의 상황이 발생하는 경우를 줄일 수 있습니다. 물론 출시 전 모든 케이스를 전부 정의하기는 어렵습니다. 그러므로 여러 경우의 화면을 디자인하기 전에 개발 구현 방식이나 기획을 더 상세히 아는 것이 중요합니다. 따라서 우리가 디자인한 화면에 가져올 수 있는 데이터가 무엇인지, 어떤 오류 상황이 발생할지 등을 개발자나 PM과 미리 논의하고 함께 정의한 후 디자인하는 것도 좋습니다.

지금까지 메인 화면의 이상적인 화면과 엣지 케이스 화면까지 디자인해 보았습니다. 사용할 때는 크게 생각하지 않고 넘어가지만, 사용자에 대해 체계적으로 고민할수록 UI 디자인은 더욱 빛을 발합니다. 비주얼을 놓치지 않으면서도 고객의 입장에서 치열하게 고민해 만들어진 UI는 서비스 재방문율과 브랜드 전달력을 동시에 높일 수 있습니다.

06-5 | 사용자 경험을 구현하는 프로토타입 만들기

저번 절에서는 와이어프레임 기반으로 메인 UI를 만들어 보았습니다. 그런데 UI 화면이 실제로 어떻게 연결되어 있는지 더 구체적으로 보여 줄 수 있으면 어떨까요? 개발자, 기획자 등 다른 이해관계자들과 더욱 정확하게 협업할 수 있고, 기획과 어긋난 부분이 있다면 개발 전에 바로잡을 수 있으며, 고객은 제품을 실제로 사용해 보며 더욱 구체적인 피드백을 줄 수 있을 것입니다. Prototype 모드는 와이어프레임을 만들 때에도 유용했는데요. 실제 UI를 연결할 때는 어떻게 사용하면 좋을지 한번 알아볼까요?

피그마에서 프로토타입 만들기

프로토타입은 실제 제품 출시 전 다양한 검증을 위해 개발 및 디자인되는 시제품을 뜻하는데요. 디자이너는 피그마를 비롯해 프로토파이, 프레이머 등 프로토타이핑 툴을 이용해 개발 전에 실제 디지털 제품과 유사하게 구현해서 테스트해 볼 수 있습니다. 이를 통해 개발 시작 전 발생할 수 있는 모순점이나 미진한 부분을 미리 개선할 수 있고, 다양한 이해관계자들이 디자이너의 의도를 실제 제품 수준의 완성도로 이해할 수 있게 합니다.

Do it! 앱 실행 화면 프로토타이핑하기   🖢 실습 페이지 : UI_06-5_01

프로토타이핑의 개념을 익혔으니, 이제 실습해 볼 차례입니다. 앱 진입 플로를 프로토타이핑해 보며 Prototype 모드에 조금 더 익숙해지기 바랍니다. 그럼 시작해 볼까요?

1. 디자인한 UI 화면과 함께 프로토타이핑에 필요한 화면을 생각한 후 나열합니다. 앱 진입 플로를

구현할 예정이니 홈 화면, 스플래시 스크린, 로딩 아이콘, 메인 화면을 준비합니다. 이때 홈 화면과 스플래시 스크린 디자인은 5장에서 작업한 컴포넌트를 재활용하면 편리합니다.

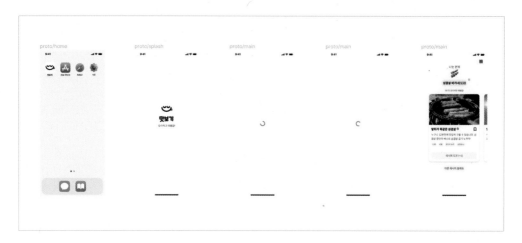

2. Prototype 패널을 선택합니다. 프로토타입에 사용된 화면인 375×812px에 해당하는 [iPhone 13 mini]를 선택합니다. 프로토타입을 재생할 때 해당 기기의 가상 목업이 입혀진 상태로 구현되어 실제와 더욱 비슷한 화면으로 프로토타입을 만들어 볼 수 있습니다.

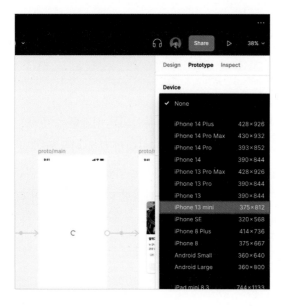

⭐ 기기 해상도와 프레임 크기

설정한 기기 해상도와 프레임 화면의 크기가 맞지 않으면 프로토타입 재생 화면이 뒤틀려서 나옵니다. 자신이 디자인한 해상도의 기기가 피그마 Prototype 모드에 없다면 기기 설정을 [None]으로 유지하세요.

3. 프로토타입의 주요 플로에 시작점을 지정해 두면 프로토타입 시연 화면에서도 수시로 해당 플로로 돌아갈 수 있습니다. 첫 번째 화면을 선택한 채로 오른쪽 상단 [Flow starting point]의 [+] 버튼을 누릅니다. 알아보기 쉽도록 'Intro'라는 이름도 지어 보겠습니다.

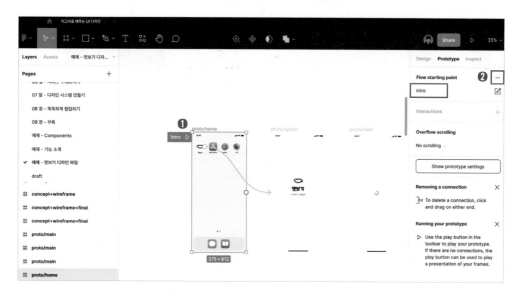

4. 로고를 선택해 스플래시 스크린으로 연결합니다. 프로토타입 기기를 모바일(iPhone 13 mini)로 설정하면 [On click] 대신 [On tap]이라는 조건으로 바뀌는데요. 클릭과 동일한 행동을 모바일에서 부르는 방식입니다. 이때 애니메이션이 [Instant]면 어색할 것 같으니 [Dissolve]로 바꿔 봅니다. 저는 [Linear]를 [Ease out], [200ms](0.2초)로 변경했습니다.

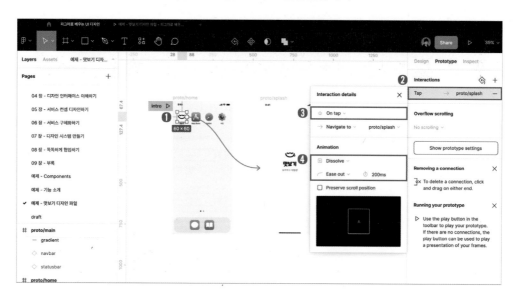

5. 스플래시 스크린이 어떻게 행동하는지 상상해 볼까요? 별도로 클릭할 필요 없이 기다리면 다음 화면으로 곧바로 넘어갑니다. 이를 구현하기 위해서 두 번째 화면을 선택하고 [On tap]을 [After delay]로 바꿉니다. 해당 플로를 실행하기 전 스플래시 스크린을 확인할 시간을 주기 위해 대기 시간을 [800ms](0.8초) 정도로 조절했습니다.

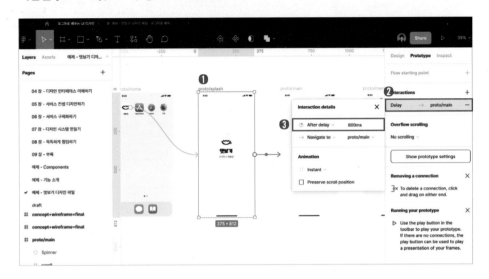

6. 이번에는 화면이 로드되는 것을 스피너Spinner UI로 표현해 봅니다. 스피너 UI가 회전하지 않고 멈춰 있으면 정상 동작처럼 보이지 않겠죠? 이를 구현하기 위해 세 번째 화면을 선택하고 [After delay]는 최소 단위인 [1ms]로, 애니메이션은 [Smart animate]로 바꿔 봅니다. [Smart animate]는 이름이 비슷한 레이어를 자동으로 인식해 변화한 값에 자동으로 애니메이션을 만들어 주는 유용한 기능인데요. 이를 활용해 다음 장면에 변화를 줘보겠습니다.

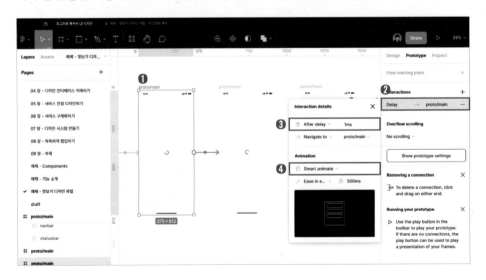

7. 원래 화면을 복제하고 Design 패널에서 스피너 UI의 각도에 [-150]만큼 변화를 주겠습니다. 스피너가 돌아가는 애니메이션을 구현할 수 있습니다.

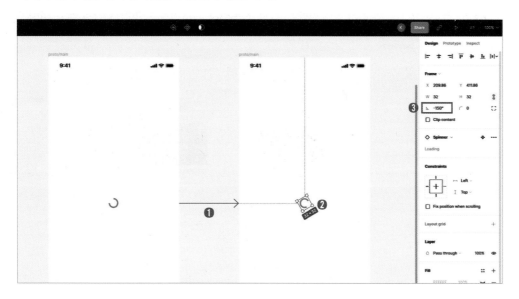

8. 이번에는 전체 메인 UI 컴포넌트에 [Smart animate] 효과를 넣어 보겠습니다. 아무것도 없는 화면에서 UI가 스르륵 나타나는 애니메이션을 구현하기 위함입니다. 먼저 스피너 화면을 복제하고 그 위에 메인 UI 컴포넌트를 모두 붙여 넣습니다.

9. 스피너를 선택한 채로 Ctrl + Alt +] 를 눌러 스피너가 모든 오브젝트의 앞에 위치하도록 정렬을 바꿉니다.

10. 스피너와 시스템 UI를 제외한 모든 컴포넌트가 나타나는 애니메이션을 주고 싶으니, 모두 선택한 후 오른쪽 레이어 영역에서 투명도를 0%로 조절합니다. 단축키 0 을 연속으로 두 번 누르면 빠르게 투명도를 0%로 만들 수 있습니다.

11. 밑에서 위로 올라오는 애니메이션도 넣고 싶으니, 이 상태에서 애셋을 전부 살짝 밑으로 내립니다. 예제에서는 Y축을 [20]만큼 내렸는데요. Shift + ↓를 두 번 눌러 빠르게 입력했습니다.

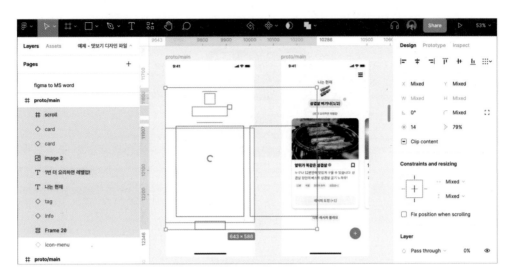

12. Prototype 모드에서 프레임 간 연결 애니메이션을 [Smart animate]로 변경한 후 값을 넣으면 완성됩니다. 오른쪽 위 재생 버튼을 눌러 Prototype 모드를 실행해 보고, 애니메이션이 의도대로 잘 구현되었는지 확인하고 상세 조절을 합니다. 프레임을 선택한 채로 Shift + Space 를 누르면 피그마 디자인 탭 안에서 프로토타입을 더욱 간편하게 확인해 볼 수도 있습니다.

13. 제대로 설정했다면 앱 아이콘을 눌러 스플래시 화면과 로딩 아이콘을 거쳐 메인 UI에 진입하는 프로토타입을 확인할 수 있습니다.

14. 작업 중 공유하고 싶은 화면이 있다면 Prototype 모드에서 해당 화면을 띄운 상태에서 오른쪽 위 [Share prototype]을 눌러 링크를 복사해서 사용하세요. 프로토타입에 곧바로 코멘트를 달아 화면과 함께 직관적으로 피드백을 주고받을 수 있고, 수정 사항을 디자인에 반영하면 프로토타입에도 자동으로 동기화됩니다.

✅ 링크는 ctrl + L 을 눌러 빠르게 복사할 수도 있습니다.

여기서 유념해야 할 사항은, 피그마에서 플로를 그렸다고 모두 개발 가능한 것은 아니라는 것입니다. 프로토타입으로 구현한 여러 인터랙션을 확장성 있는 형태로 구현하려면 시간이 필요하고, 개발자는 정해진 시간 안에 가장 의미 있는 곳에 개발 리소스를 투자해야 하기 때문입니다. 프로토타이핑은 사용자가 가장 많이 접하는 핵심 경험 위주로 구현한다는 마음가짐과 함께, 이를 개발자가 이해하기 쉽도록 정리해 수시로 커뮤니케이션하려는 노력 또한 중요합니다.

✅ 궁금해요! **프로토타이핑은 모든 화면에 필요한가요?**

이상적으로는 그렇습니다. 하지만 현실적으로 소수의 디자이너가 짧은 시간 안에 모든 화면의 프로토타이핑을 정교하게 구현하는 것은 쉽지 않을 때가 많은데요. 이럴 때에는 우선순위를 정해서 핵심적인 화면 위주로 작업하기도 합니다. 이처럼 실무에서는 주어진 인력과 시간을 먼저 고려한 후 초기 기획을 달성하는 데 가장 도움이 되는 화면을 선별해서 우선 작업하는 상황도 발생할 수 있습니다. 그러므로 상황에 맞게 전략적으로 디자인하는 방법을 고민해야 합니다.

07장
디자인 시스템 만들기

> 가능한 한 빨리 디자인 시스템을 만들기
> 시작하세요. 강력한 기반을 제공할 것이고,
> 생각했던 것보다 더 많은 시간을 절약할 수
> 있습니다.
>
> — 제레미(프로덕트 디자이너)

07-1 | 업무 효율성을 극대화하는 디자인 시스템

6장을 모두 마친 여러분, 수고하셨습니다! 6장까지만 제대로 해도 맨땅에서 시작해 제품을 출시하는 데까지 필요한 디자인 방법을 대부분 알 수 있습니다. 다만 이렇게 탄생한 제품을 효과적으로 발전시키려면 반복 작업을 줄이기 위한 방법도 함께 고민해야 합니다.

반복적인 개발 과정에서 여러 사람, 여러 팀의 손을 거치다 보면 제품의 통일성이 깨지고 개발 복잡도가 늘어날 수 있습니다. UI도 마찬가지입니다. 이런 파편화를 최소화하고 디자인 효율성을 높이려면 디자인 시스템이 필요합니다.

우리는 지금까지 서비스를 구체화하는 과정에서 필요한 화면을 그리고, 이를 고객에게 전달하는 방법을 연습해 보았습니다. 그런데 이런 방법이 단 한 번의 과정만으로 끝날까요? 그렇지 않습니다. 프로덕트 디자이너는 제품 디자인의 시안 도출과 QA를 한 제품당 한 번만 하는 게 아니라 고객에게 필요한 것을 지속적으로 발견하고 제공하기 위해 노력해야 합니다.

그러므로 프로덕트 디자이너는 이러한 작업을 빠르게 할 수 있도록 이미 만들어 둔 버튼을 반복적으로 활용할 수 있어야 하고, 버튼 자체나 브랜드 전략에 변화가 있을 때에는 제품에 최대한 빠르게 적용할 수 있는 효율적인 방법도 함께 고민해야 합니다. 이렇게 반복적인 디자인 요소를 조직적으로, 효율적으로 관리하는 것을 **디자인 시스템**이라고 합니다.

'복붙'으로 이해하는 디자인 시스템

제가 이해하는 디자인 시스템은 한마디로 '복붙의 끝판왕'입니다. 기본적으로 여러 사람의 제품 디자인 관련 프로세스를 효율적으로 통일성 있게 진행하기 위해서 고안된 개념이기 때문입니다. 디자이너가 재사용하고 싶은 요소는 다양할 것입니다. 폰트나 색상 등 시각 정보의 가장 기본을 이루는 요소부터, 버튼이나 카드 뷰, 팝업처럼 특정 목적을 갖고 있는 UI, 여러 UI의 조합으로 이루어진 최종 화면까지요. 좋은 디자인 시스템을 만들려면 실무자가 재사용하려는 요소의 수준을 구분할 수 있어야 합니다. 우리 서비스에 사용된 다양한 요소를 수준별로 정의해, 실무자들이 저마다의 용도에 맞게 '복붙하기 쉬운' 상태로 만드는 것이 중요합니다.

실무자가 복사, 붙여넣기 하고 싶지 않은 요소도 있을 것입니다. 예를 들어 볼게요. 어느 디자이너가 금융 앱을 디자인하기 위해 스크린샷을 찍어 가며 레퍼런스를 모으고 있습니다. 그런데 막상 모은 스크린샷을 공유하려고 보니, 다른 동료들과 공유하고 싶지 않은 '내 계좌 잔고'라는 정보도 포함되어 있습니다. 이를 제거하기 위해 디자이너는 아래와 같은 작업을 해야 합니다.

1. 스크린샷 위에 배경색을 얹어 원하지 않는 정보를 지웁니다.
2. 내가 지운 정보의 폰트와 동일한 폰트를 설치해 적용합니다.
3. 폰트 색상과 크기를 원본과 최대한 일치시킨 후 원래 정보를 대신할 더미 정보를 입력합니다.
4. 다시 이미지로 추출해 레퍼런스로 활용합니다.

이렇듯 원치 않는 정보가 포함된 자료를 재사용하려면 추가 작업이 필요합니다. 그렇다면 이를 반면교사 삼아 디자인 시스템에 적용하려면 어떻게 해야 할까요? 시스템화할 UI에 들어갈 시각 정보를 최대한 실무자가 '원할 만한' 요소로 채울 필요가 있습니다. 이를 우리의 UI에 적용해 볼까요? 카드 뷰에 북마크 아이콘을 넣으면 플레이스홀더 아이콘이 아니라 북마크 아이콘 그대로 기본 컴포넌트로 지정할 수도 있습니다. 또한 타이틀 영역의 텍스트에는 '타이틀을 입력하세요'라는 플레이스홀더를, 내용이 들어갈 영역에는 '내용을 입력할 수 있는 영역입니다'라는 플레이스홀더 텍스트를 넣어 둘 수도 있을 것입니다. 이런 식으로 실무자가 원할 만한 요소로 시스템의 요소를 구성한다면 최단 시간에 실무자가 본인의 생각을 표현할 수 있도록 도와주는 길잡이 역할을 할 것입니다.

디자인 시스템의 구성 요소

버튼 하나를 시스템화하더라도 '버튼의 무엇'을 '왜' 시스템화하는지 정의하는 것이 중요합니다. 먼저 예시의 이미지를 보겠습니다.

같은 스타일의 버튼에 텍스트만 덮어씌워진(오버라이드) 모습인데요. 버튼을 구성하는 요소로는 배경 색상, 모서릿값, 폰트 크기, 자간, 행간, 텍스트 색상, 텍스트 상하좌우 마진 및 패딩, 텍스트 내용 등이 있습니다. 예시 이미지에서는 다양한 요소 중 텍스트 내용만 바뀌고 나머지 요소는 일관되게 사용하고 있습니다. 왜 그럴까요? 이 시점에서 저는 이 버튼이 어떤 맥락에서 사용될 것인지 고민합니다.

- 다양한 하위 카테고리를 직관적으로 표현하기 위해 텍스트 내용을 커스텀 수정해야 합니다.
- 브랜드 색상을 잘 인지할 수 있도록 배경과 텍스트 색상을 프라이머리 컬러군으로 통일합니다.
- 캐주얼한 분위기가 나도록 둥글둥글한 모서릿값을 사용합니다.
- 다양한 텍스트 내용에 집중할 수 있도록 텍스트 내용 이외의 모든 요소를 통일합니다.

이렇게 맥락을 고민하며 필요한 요소를 정의했다면 버튼의 구성 요소를 다시 살펴볼 차례입니다. 6장에서 콘셉트 UI를 만들 때 프라이머리 컬러를 정했고, UI를 배치할 때 4배수 원칙을 알아보았습니다. 이렇게 색상, 마진, 패딩 등 기본 구성 요소를 이미 정의해서 컴포넌트를 제작할 때 쉽게 사용할 수 있는 상태라면 버튼 하나를 만들기 위해 고민하는 시간도 줄어들 것입니다.

이처럼 디자이너는 구성 요소 중에 어떤 부분을 컴포넌트로 반복 사용하고 어떤 부분을 커스텀 수정할 수 있는지 고민한 다음, 현 상황에 가장 좋은 시스템화 방법을 고민해 제안할 수 있어야 합니다. 이를 반복하다 보면 시스템의 최종 그림이 조금 더 명확하게 보일 것입니다.

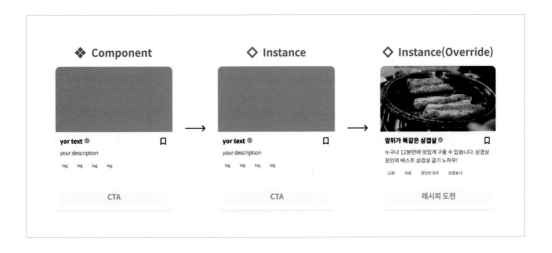

피그마에서는 컴포넌트 기능을 적극적으로 활용해 디자인 시스템을 구성할 수 있습니다. 일단 반복될 것 같은 요소를 모두 컴포넌트로 만들고, 이를 복제한 인스턴스로 UI 화면을 채우면 이후 관리하기가 훨씬 쉬워집니다. 메인 컴포넌트를 수정하면 다른 화면에서 사용한 인스턴스도 모두 동기화되기 때문입니다. 피그마 프로페셔널 플랜을 이용한다면 여러 프로젝트에서 활용할 만한 컴포넌트를 묶어 별도의 라이브러리로 관리하기도 합니다.

✅ 궁금해요!　프로덕트 디자이너가 디자인 시스템까지 담당하나요?

회사마다 상황마다 다릅니다만, 프로덕트 디자이너가 담당하는 경우가 많아지고 있습니다. 디자인 시스템은 프로덕트 디자이너에게 가장 필요한 개념이기 때문입니다. 최근 동향을 살펴보겠습니다. 업계 전반에 디자인 시스템에 대한 니즈가 커지게 된 것은 작업 환경의 발전 덕분으로 보입니다. 불과 몇 년 전까지만 해도 [최종의최종.psd]처럼 주먹구구식으로 관리되던 디자인 애셋을 이제는 피그마나 프레이머 같은 디자인 툴로 쉽게 시스템화할 수 있게 되었기 때문입니다. 이에 영향을 받은 다양한 조직이 저마다의 방식으로 디자인 시스템을 만들어 사용하고 있는데요. 비즈니스가 성장하고 있거나 내부 제품의 효율성에 투자할 의지가 있는 조직이라면 풀타임으로 시스템을 전담하는 프로덕트 디자이너를 지정하기도 합니다. 최근에는 이러한 디자인 시스템을 전담해 관리하는 직무를 '플랫폼 디자이너'라고 부르기도 하며, 별도 직무로 채용하는 기업도 많아지고 있는 추세입니다.

이런 동향과는 별개로, 디자이너의 수가 적은 대부분의 회사에서는 소수의 디자이너가 사용자 플로와 시스템을 함께 고민해야 하는 때가 많습니다. 디자인 시스템의 중요성을 이해하고 디자이너가 시스템에 시간을 할애할 수 있는 환경도 있지만, 업무 우선순위에 밀려 제품의 화면부터 그리는 경우도 많습니다. 하지만 이렇게 되면 히스토리 관리가 어려워지고 서비스 담당 디자이너들마다 조금씩 차이가 생겨서 제품 전체의 통일성을 해치는 결과로 이어질 수 있습니다. 심지어 같은 디자이너가 관리하더라도 시간에 따라 스타일이 달라지기도 합니다. 그렇다 보니 프로덕트 디자이너가 이러한 잠재적인 문제를 최소화하고 효율성과 통일성이라는 두 마리 토끼를 잡기 위해 고민해야 하게 되었습니다. 만약 디자인 시스템이 제대로 고려되지 않은 환경에서 프로젝트를 진행한다면 미래의 본인과 동료들의 업무 편의성, 제품의 일관성을 위해서라도 디자인 시스템의 필요성을 제기하고 이를 함께 고민할 수 있도록 노력하기를 권장합니다.

디자인 시스템의 목표 정의하기

디자인 시스템은 조직 규모를 막론하고 어디에나 필요합니다. 그런데 막상 시스템을 만들거나 발전시키려고 하니, 구체적으로 무엇부터 준비해야 할지 막막하기만 합니다. 디자인 시스템의 실체는 무엇이고 어떤 시스템을 만들어야 할까요? 그리고 디자인 시스템을 운영한 결과 어떤 실무자의 시간을 어떻게 줄일 수 있었고 그 시간을 어떻게 측정할 수 있을까요? 이를 고려해 디자인 시스템의 목표objective를 '실무자의 프로덕트 디자인 업무 효율성 극대화하기'라고 정의해 봤습니다.

저는 먼저 디자인 시스템의 목표에서 '실무자'의 범위를 생각해 보았습니다. 디자인 시스템과 관련된 실무자로는 쉽게 프로덕트 디자이너와 클라이언트 개발자를 떠올릴 수 있습니다. 아주 넓게 보면, 브랜드 디자이너, 데이터 엔지니어, 기획자, PM, PO, 사장님, QA 엔지니어 등 회사 제품을 만들고 발전시키는 데 필요한 모든 역할도 실무자에 해당할 수 있습니다. 여기서는 작업의 우선순위를 고려해서 UI와 사용자 플로를 그리는 **디자이너**와 화면을 구현하는 **프런트엔드, 클라이언트 개발자**를 핵심 실무자로 정하겠습니다. 그렇다면 개발자, 디자이너가 UI를 새로 그리기보다 반복해서 사용할수록 시스템의 효용이 높아진다는 가설을 세울 수 있습니다.

디자인 시스템은 언제 필요할까요?

장점이 많은 디자인 시스템이지만 도입과 발전 시기를 정하는 것은 또 다른 문제입니다. 디자인 시스템을 만들기 위해서는 조직 단위로 효율적인 프로덕트 디자인을 위한 투자가 이루어져야 하고, 한 번 만든 시스템은 관련된 실무자들이 활용할수록 더 큰 의미를 갖기 때문입니다. 그런데 실무 상황은 어떨까요? 시스템에 대한 이해나 공감대가 없는 상황이라면 막상 시스템을 만들었더라도, 당장 제품을 빨리 출시하기 위해 예전 방식 그대로 제품을 개발할 것입니다. 제품 출시일은 제품 팀 이외에도 다양한 이해관계자가 관여하는 중요한 정보이고, 일정을 지키지 못하는 상황에서는 시스템에 대한 공감대를 얻기 힘들 수도 있기 때문입니다. 따라서 실무에서는 디자이너 혼자서 디자인 시스템을 구축하다가 제품의 출시일을 늦추기보다는, 현재 조직의 상황을 함께 고려하며 필수적인 컴포넌트 위주로 점진적인 시스템화를 제안 및 도입하고, 다른 구성원의 공감대를 얻는 것이 더 중요할 수도 있습니다. 내가 소속된 조직의 상황을 함께 파악해서 시스템에 대한 공감대 형성과 함께 조직 맞춤형 시스템을 도입해 나갈 수 있기를 바랍니다.

Do it! yourself **디자인 시스템이 필요한 이유 도출하기** ● ● ●

실제로 만들고 있던 내 서비스가 있다면 그 서비스에 디자인 시스템이 필요한 본인만의 이유를 정리해 보세요.

- 먼저 서비스를 구체화하며 반복적으로 만드는 데 시간을 쏟은 요소는 무엇인지 나열해 보세요.
- 반복적인 요소가 디자이너의 관점뿐 아니라, 기획이나 개발, 마케팅에 어떤 식으로 활용될 수 있을지 생각해 보세요.
- 내가 만든 디자인 시스템으로 어떤 문제를 어떻게 해결할 수 있을지 고민해 보세요.

디자인 시스템, 어떻게 분류하나요?

복붙의 끝판왕 디자인 시스템의 최종적인 그림은 디자인 시스템만으로 모든 화면이 한 번에 구현되고, 의도를 갖고 원하는 부분을 원하는 만큼 수정할 수 있는 상태라고 볼 수도 있겠습니다. 최종적으로 이러한 그림을 그리기 위해서는, 통일된 버튼 하나를 화면에 집어넣는 수준보다 훨씬 고도화된 무엇이 필요합니다. 예를 들면, 전체 UI 화면을 통째로 시스템화하는 것, 클릭 몇 번으로 라이트/다크 모드 화면을 번갈아 가며 체크할 수 있는 것 등이요. 프로덕트 디자인과 디자인 시스템의 단계를 집 짓기에 비유해 보겠습니다.

집 짓기	프로덕트 디자인	디자인 시스템
설계	서비스 기획, 브랜드 전략	리서치, 시스템화 요소 정의
재료 수급	개발, 디자인 스펙 정의	폰트, 컬러, 그리드, 아이콘
기초 공사	IA, 와이어프레임 구체화	버튼, 드랍다운, 카드
뼈대 만들기	디자인 시안, 프로토타이핑	인터랙션, 상태값 정의
살 붙이기	개발 구현 핑퐁, QA	화면 단위 템플릿, UI 테스트
건물 완성	업데이트 및 모니터링	업데이트 및 모니터링
인테리어	UX writing, 상세페이지	커스텀 가능 영역
조명 플랜	시간대별, 유저별 화면 설계	라이트, 다크모드
오픈 행사	푸시, 마케팅, 유저 온보딩	실무자 온보딩, 가이드 배포

모든 단계가 정확하게 나누어떨어지는 것은 아니지만 참고 비유라고 생각해 주세요. 디자인 시스템의 단계별로 구체적인 상황을 그려 보겠습니다.

1. 설계

먼저, 집을 설계하듯 만드는 서비스의 어떤 요소들에 시스템화가 필요한지 조사합니다. 현재 서비스에 이미 반복적으로 사용되고 있는 디자인 요소는 어떤 것이 있는지, 자신을 포함한 실무자들이 어떤 식으로 작업하며 반복적인 디자인 작업에 시간을 쏟고 있는지, 그중에서 시스템을 통해 효율화할 수 있는 포인트는 무엇이 있는지 조사합니다. 이를 종합해 가장 먼저 어떤 요소를 시스템화해야 하는지 결정합니다. 이를 잘 파악하기 위해 필요하다면 실무자 대상으로 사용자 인터뷰나 설문, 워크샵을 진행하는 것도 좋습니다.

2. 재료 수급

설계한 대로 집을 지으려면 콘크리트, 철근, 유리 같은 기초 재료가 필요합니다. 같은 곳에 쓸 재료를 실무자가 각자 다른 가게에서 가져온다면 어떻게 될까요? 재료에 미묘한 차이가 생기게 되고, 건물의 통일성과 안정성을 해치게 될 것입니다. 컬러, 폰트, 그리드 등을 미리 정의하고 일관적으로 사용하는 것을 재료 수급에 비유할 수 있을 것 같습니다. 미리 정의된 브랜드 전략이나 실제 사용 예시를 참고해 정의하는 것도 좋습니다.

3. 기초 공사

재료를 준비했으니, 이를 기반으로 기초 공사를 진행할 차례입니다. 버튼, 카드, 드롭다운 등 기초 UI 컴포넌트를 만드는 과정에 비유할 수 있을 것 같은데요. 설계 단계에서 가장 핵심적인 컴포넌트를 미리 정의했다면 큰 고민 없이 해당 컴포넌트를 우선적으로 제작할 수 있을 것입니다. 이때 기초 재료를 얼마나 잘 사용했는지에 따라 확장성과 통일성을 겸비한 컴포넌트를 만들 수 있을 것입니다.

4. 뼈대 만들기

건물에 뼈대를 층층이 올리는 것처럼, 컴포넌트 하나에 다양한 추가 정보를 넣을 수도 있겠습니다. 최초 구성요소에 포함되지 않던 인터랙션, 클릭, 호버(마우스 올려진 상태), 비활성화 상태 등 해당 컴포넌트에 필요한 상탯값을 정의할 수 있겠습니다.

5. 살 붙이기

건물 각 층에 사람이 다닐 수 있게 살을 붙입니다. 앞서 만든 다양한 컴포넌트를 조합해 우리가 필요한 레이아웃을 어떻게 구성할 수 있을지, 더 큰 단위(페이지별, 레이아웃별)로 고민해 볼 수 있습니다. 이 단계에서는 우리가 만든 컴포넌트가 이미 다양한 상황에서 쓰이고 있을 것이기 때문에, OS, 디바이스 환경 등 다양한 상황을 고려해, 디자이너의 의도가 잘 반영되었는지 확인합니다.

6. 건물 완성

건물이 완성되면 이제 실제로 사람이 들어와 돌아다닐 수 있습니다. 이 단계에서 실제 안전성이나 방 구조, 사람들의 실제 동선, 만족도는 어떤지 측정하고 세부적인 개선을 진행할 수 있게 되는데요. 이는 디자인 시스템 배포 및 모니터링과 비슷한 상태라고 생각합니다. 실무자들이 실제 만든 시스템을 어떻게 사용하는지 다시 관찰하고, 추가 개선에 필요한 인사이트를 얻을 수 있을 것입니다.

7. 인테리어

완공된 건물의 각 공간에는 입주할 사람들이 필요할 것입니다. 각각의 입주자는 건물의 특정 공간을 분배받고 이를 자신의 니즈에 맞게 어떻게 활용할 수 있을지 고민할 텐데요. 입주자 (컴포넌트를 사용할 사람)에게 분양할 공간을 얼마만큼 설계할 것인지, 어느 위치에 어떤 공간을 얼마만큼 크게 만들지, 모든 입주자의 공용 공간은 무엇인지 고민합니다. 엘리베이터나 로비, 계단 같은 공간은 모든 입주자의 공용 공간이니 한 명의 입주자가 민원을 제기해도 쉽게 바꿀 수 없을 것입니다. 대신 자신이 입주한 영역 – 정해진 공간 안에서 자유롭게 활용하는 것처럼, 디자인 시스템도 비슷한 맥락으로 커스텀 가능한 영역을 고민하게 됩니다. 버튼의 텍스트를 커스텀하는 것도 이런 맥락에서 이해할 수 있겠습니다.

8. 조명 플랜

다른 단계에 비해 세부적입니다만, 조명 플랜도 고민해 봅니다. 빌트인 오피스텔에 매립식 조명을 기본으로 설치해 낮 시간 채광을 고려하는 것처럼, 미리 정해둔 색상 스타일을 사용해 디지털 화면의 다크 모드와 라이트 모드에 모두 대응할 수 있도록 시스템화할 수도 있습니다. 설계할 때 이런 고민을 함께 진행했다면, 입주자는 시간이나 상황별로 더욱 최적화된 시각 경험을 누릴 수 있을 것입니다.

9. 오픈 행사

다양한 고민을 통해 좋은 건물을 최종적으로 완공했다면, 오픈 행사를 진행할 수 있습니다. 건물을 실제로 분양해 이익을 실현하려면 잠재 고객에게 이 사실을 적극적으로 알려 그들의 이목을 끌 필요가 있기 때문입니다. 디자인 시스템에도 오픈 행사가 필요합니다. 잘 만들어 배포하는 것으로 끝나지 않고, 이 시스템을 잘 사용할 것 같은 잠재 고객을 정의하고, 관심있을 만한 항목을 우선적으로 공유하며, 적극적으로 실무 프로세스에 사용할 수 있도록 유도해야 하기 때문입니다. 다양한 기업에서 디자인 시스템의 오픈 행사(외부 공개)를 진행했는데요, 함께 사례를 살펴봅시다.

디자인 시스템 사례 살펴보기

우리 프로젝트에 맞는 디자인 시스템을 만들려면, 잘 만들어진 다른 디자인 시스템 사례를 참고해 보는 것이 효과적입니다.

구글 머티리얼 디자인

구글의 머티리얼 디자인 material design 은 가장 유명한 디자인 시스템 사례입니다. 머티리얼 디자인 시스템의 가장 강력한 점은 다양한 OS에서 디자이너와 개발자 모두에게 친숙한 방식으로 컴포넌트를 제공한다는 것입니다. 구글 머티리얼 디자인 웹사이트(material.io)에서는 디자이너를 위해 머티리얼 디자인 시스템의 컴포넌트와 아이콘을 피그마나 스케치 등의 UI 디자인 파일로 제공하고 있고, 개발자를 위한 해당 컴포넌트의 개발 라이브러리도 이미 준비되어 있습니다. 심지어 컴포넌트에 대한 정의나 활용 사례까지 수준 높은 문서 형태로 제공하고 있기도 합니다.

이렇게 높은 접근성 덕분에 머티리얼 디자인의 컴포넌트만 잘 이해하고 있어도 하나의 앱 화면을 빠른 시간 안에 구현할 수 있습니다. 단시간에 서비스를 만들고 싶다면 처음부터 UI를 디자인하는 대신 머티리얼 디자인을 적극 활용해 볼 수도 있겠습니다.

하지만 단점도 있습니다. 머티리얼 디자인 UI에는 구글 특유의 브랜딩이 묻어나서 완전히 디자이너가 원하는 룩으로 수정하기 어렵습니다. 그렇기 때문에 자체 브랜드 성격을 고려한 UI로 표현하고 싶다면 결국 해당 서비스 고유의 디자인 시스템이 필요합니다.

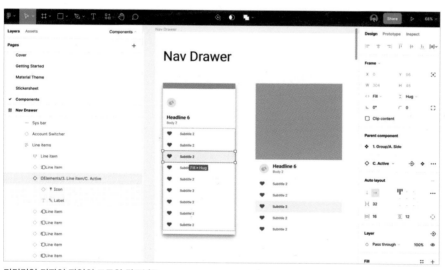

머티리얼 디자인 파일의 드로워 컴포넌트

피그마 커뮤니티에서 머티리얼 디자인 파일을 내려받아 컴포넌트 구조를 살펴보는 것도 좋은 공부가 됩니다. 색상이나 폰트 등 기본 구성 요소를 조합해 상위 컴포넌트를 어떤 식으로 쌓아 올렸는지 참고한 후, 새 컴포넌트 제작에 응용하는 식으로 프로젝트에 적합한 디자인 시스템을 구성할 수 있습니다. 디자인 시스템 레퍼런스에서 주로 참고할 만한 사항은 아래와 같습니다.

- 각 컴포넌트는 피그마 파일에서 어떤 구조로 정리되어 있는가?
  - → 페이지 - 프레임 - 컴포넌트 - 네이밍을 전체적으로 확인하고, 애셋에 정리된 컴포넌트 구조도 함께 확인하기
- 이 컴포넌트는 다양한 레이아웃에서 어떤 규칙으로 활용될 수 있을까?
  - → [Constraints], [Auto layout] 등 세부 규칙 확인하기
- 각 애셋의 이름을 어떻게 지었고, 어떤 의미를 지니는가?
  - → Style과 Component의 이름 정리 방식, snake나 camel case 등의 이름 표기 방식 참고하기
  - → Ctrl + F 를 눌러 다양한 이름의 컴포넌트 사례를 검색해 보기
- 우리 프로젝트에 활용한다면 어떤 식으로 응용할 수 있을까?
  - → 커뮤니티에 공유된 파일을 복제해 내 프로젝트에 맞게 커스텀 수정해 보기

토스 디자인 시스템(TDS)

한국의 디자인 시스템으로는 토스의 사례가 유명한데요. 토스는 프레이머라는 툴을 활용해 여러 디자인 요소를 컴포넌트화해서 디자인 애셋을 효율적으로 활용했습니다. 토스 디자인 시스템의 디자인 컴포넌트와 관련 코드는 대부분 공개되지 않았지만, 다음 인터랙션 컴포넌트 쇼케이스에서 일부를 공개한 적이 있습니다. 프레이머에 익숙하지 않은 디자이너도 무리 없이 사용해 볼 수 있도록 컴포넌트별 인터랙션 옵션을 직관적으로 설계했는데요. 별도 프로토타입 뷰를 통하지 않고도 디자인하는 화면에서 인터랙션을 실시간으로 확인할 수 있다는 점이 인상적이었습니다.

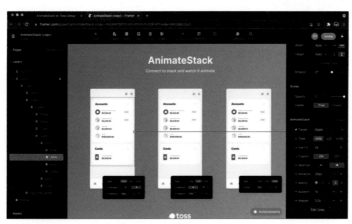

AnimateStack 프로젝트 파일 복제 후 살펴본 화면

AnimateStack 프로젝트에서 TDS의 단면을 엿볼 수 있었습니다. 프로젝트 파일을 살펴보면 오른쪽 UI에서 컴포넌트별 인터랙션을 단계마다 조절할 수 있게 만들어 두었고, 인터랙션 이외 UI에서도 TDS 컴포넌트를 활용해 상탯값이 구성되어 있습니다.

iOS 디자인 시스템

안드로이드와 iOS에서 기본적으로 제공하는 컴포넌트를 활용하면 개발 시간을 단축하면서 완성도 높은 UI를 전달할 수 있습니다. 피그마 커뮤니티에서는 iOS 등 우리가 일상적으로 접하는 OS의 컴포넌트가 잘 정리되어 있습니다. 예를 들어 iOS 컴포넌트를 참고하거나 필요한 컴포넌트만 가져와 사용하면 더욱 효율적으로 제품을 디자인할 수 있습니다.

피그마 커뮤니티에서 찾아볼 수 있는 애플 공식 OS 라이브러리 파일(Apple Design Resources - iOS 17 and iPadOS 17)

그 외 디자인 시스템 사례

애드테크 스타트업 버즈빌에서는 디자인 시스템의 일부를 피그마 커뮤니티에 공개했는데요. 베리언트 기능을 포함해 범용성 있는 컴포넌트의 정리 사례를 확인할 수 있습니다.

버즈빌 디자인 시스템(Apps - Buzzvil Design System)

피그마 커뮤니티에서 'Design systems' 키워드로 검색해서 시스템에 사용된 피그마 컴포넌트를 함께 살펴보면 더욱 체계적으로 분석하고 인사이트를 얻을 수 있습니다.

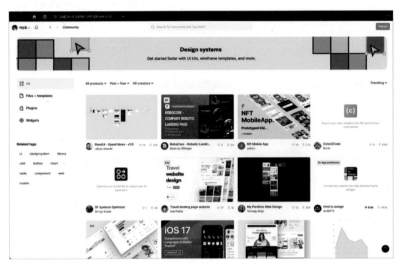

다양한 디자인 시스템 사례를 피그마 커뮤니티에서 찾아볼 수 있습니다.

지금까지 소개한 디자인 시스템 이외에도 다양한 회사가 저마다의 디자인 시스템을 외부에 공개하고 있습니다.

- 쇼피파이의 폴라리스 디자인 시스템(polaris.shopify.com)
- 마이크로소프트의 플루언트 디자인 시스템(www.microsoft.com/design/fluent/#)
- 라인 디자인 시스템(designsystem.line.me)

07-2 디자인 시스템 기초 공사하기

이제 디자인 시스템이 무엇인지, 어떤 방식으로 만들면 좋을지 조금 더 명확해진 것 같습니다. 이번에는 6장에서 만든 UI 디자인을 토대로 디자인 핵심 요소를 시스템화하는 방법을 알아보겠습니다.

우리 서비스용 디자인 시스템 설계하기

6장에서 만들어 본 메인 UI를 기반으로 디자인 시스템을 도입하는 실제 상황을 설정해 보겠습니다. 실무적인 고민의 흐름에 집중하기 위해 여기서는 스타일에 대한 기술적인 내용은 최대한 생략했습니다. 스타일을 만드는 툴 활용법이 궁금하다면 4장을 참고하세요.

상황

회사 A는 레시피 앱을 만들려고 합니다. 초기부터 작업을 효율적으로 하려면 디자인 시스템이 필요하다는 공감대는 형성되었지만, 소규모 조직이어서 1인 디자이너로 프로덕트와 시스템 디자인을 전담하게 된 상황을 가정해 보았습니다. 제품 관점에서 보면 기획과 세부 플로는 어느 정도 확정되었고, 상세 페이지 추가 디자인과 개발이 동시에 진행되고 있습니다. 디자이너는 이미 만들어 둔 디자인 요소를 복사하고 붙여넣기 쉽게 만들어 나중에 필요할 때마다 언제 어디서나 빠르게 적용하고 싶어할 것입니다.

분석

일단 가장 빠르게 파악할 수 있는 최소 디자인 단위를 찾아보면 좋겠는데요. 일반적으로 UI의 기초 재료에 해당하는 색상과 폰트 위주로 분류해 보겠습니다.

메인 UI에서 사용된 색상을 분류한 결과　　메인 UI에서 사용된 폰트를 분류한 결과

첫 화면에서만 확인했는데도 꽤 여러 종류의 색상과 폰트를 확인할 수 있었습니다. 예시 이미지에서는 이런 스타일값을 색상과 폰트의 크기, 굵기 등의 형태별로 분류했는데요. 이런 요소들을 디자인할 때마다 매번 정의하지 않아도 되도록, 기초 디자인 요소를 적절한 형태로 스타일화해 보겠습니다.

디자인 요소 스타일화하기

4장에서 다뤘던 Design 패널의 스타일 기능을 적극적으로 활용하면 예시 이미지처럼 서비스에서 사용할 폰트, 색상, 그리드를 용도에 맞게 묶을 수 있습니다. 잠시 제 컴퓨터의 바탕화면을 볼게요. 제 경우 여기저기서 내려받은 파일이 곳곳에 혼재되어 있는데요. 파일이 너무 많이 쌓여 구분이 안 되는 임계점에 다다르면 파일을 한데 묶어 '2021' '2020'… 이런 식으로 연도별 폴더를 만들어 정리하기 시작합니다. 나중에 더 잘 찾아보고 싶다면 좀 더 시간을 투자해 세부적으로 파일을 분류하기도 하고요.

디자인 애셋도 마찬가지입니다. 이미 UI 디자인이나 개발이 어느 정도 진행된 상황에서는 프로젝트에 사용한 디자인 요소를 한데 묶어 의미와 용도를 정의해 관리한다는 느낌으로 접근하는 것이 좋습니다. UI를 만드는 데 쓰인 스타일 예시를 살펴보겠습니다.

폴더 구분 없는 스타일 ——
상위 폴더 ——
하위 스타일 ——

예시 서비스를 효율적으로 만들기 위해 실제로 제작한 스타일 화면

프로젝트에 필요한 예시 스타일 목록. 고도화된 서비스
일수록 더욱 다양하고 체계적인 스타일이 필요합니다.

먼저 화면에 쓰인 폰트와 색상을 피그마의 배리어블이나 스타일 기능으로 재정의합니다. 이때 이름을 신경 써서 짓는 것이 좋습니다.

1. 디자인 파일 외부 환경(개발, 기획 등)에서도 같은 요소에 같은 이름이나 규칙을 적용할 수 있는가?
2. 어떤 용도인지 직관적으로 파악할 수 있는가?
3. 머티리얼 디자인 등 다른 레퍼런스에서는 스타일을 어떻게 정의했는가?
   - 이런 기준과 함께 스타일의 이름을 고민해 봤을 때 코드화가 필요한 스타일에 한글로 이름 짓는 것은 효율적이지 않을 수 있습니다. 거의 모든 개발 환경에서 영어를 사용하기 때문입니다.
   - 용도 기반으로 이름 짓는 방식을 시맨틱 네이밍(semantic naming)이라고 하는데요. 이 방식은 이름만 봐도 어디에 쓰일지 바로 알 수 있다는 장점이 있습니다. 그래서 다양한 사람이 스타일을 활용할 때 비슷한 용도로 사용하도록 유도할 수 있습니다.

이를 예시 제품에 대입해 보면 메인 색상을 'Orange'라고 부르는 것보다 'Primary'라고 부르는 것이 시맨틱 네이밍 방법으로, 특정 색상을 표시하는 것보다 색상의 위계나 중요도를 파악하기 쉽습니다. 한번 이름을 붙여 개발된 요소는 시간이 지날수록 이름을 바꾸기 어려워지는데, 이후 실제 내용(색상값)이 수정된다면 이름과 내용이 달라져서 비효율적으로 관리해야 할 수도 있기 때문입니다.

예를 들어, 서비스 출시 몇 년 후 리브랜딩으로 인해 메인 브랜드 색상이 바뀌는 상황을 가정해 봅시다. 색상 이름은 그대로 'Orange'인데, 사실상 빨간색인 웃지 못할 상황이 벌어질 수 있고, 바꾸기 힘든 이름인 'Orange'가 무엇인지 설명하기 위해 매번 커뮤니케이션 비용이 들수도 있습니다. 이런 상황을 방지하기 위해서라도 용도를 보다 명확히 알 수 있게 여러 상황을 고려해 네이밍 하려는 노력이 필요합니다.

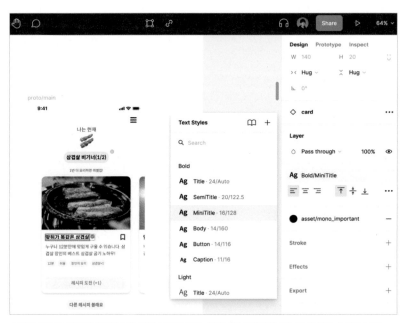

스타일 이름을 시맨틱 네이밍으로 지어 두면 다양한 스타일의 사용처를 한눈에 파악할 수 있습니다.

예시의 메인 UI 스타일을 확인해 볼까요? 'Bold/MiniTitle'이라는 이름으로 카드 뷰 UI 타이틀의 텍스트 스타일이 정의되어 있고, 'asset/mono_important'라는 이름으로 검은색이 정의되어 있습니다. 이 외에도 Body, Button, Caption 등 여러 가지 텍스트 스타일도 보이는데요. 이런 식으로 피그마에서 스타일을 잘 정리해 두면 개발 과정에서도 동일한 값을 그대로 참고해 구현할 수 있고, 디자이너와 개발자 모두가 이름의 용도에 맞게 해당 스타일을 사용할 것이라고 기대할 수 있습니다.

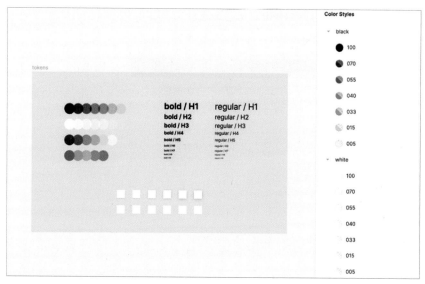

형태별로 스타일을 분류한 예시(Hyo Design Tokens)

그런데 과연 시맨틱 네이밍이 언제나 더 효과적인 분류법일까요? 그럴 수도, 아닐 수도 있습니다. 시맨틱 네이밍으로는 해당 스타일이 어떤 상황에서 쓰일지 알기 쉽다는 큰 장점이 있지만, 각각의 스타일이 어떤 형태인지, 어떤 값을 갖고 있는지 빠르게 알기 어렵기 때문입니다. 이처럼 네이밍에는 정답이 없기 때문에 현재 작업 중인 프로젝트의 상황에 맞는 이름을 고민하는 것이 중요합니다.

> **기능 사전** ⭐ **슬래시(/)를 이용한 스타일 분류**
>
> 스타일 이름을 입력할 때 슬래시를 사용하면 더욱 분류하기 편한데요. 피그마에서는 Bold/Title을 'Bold 폴더 속 Title 스타일'이라고 인식해 폴더 형식으로 시각화해서 보여 줍니다.

Do it! 스타일 적용하기

📑 실습 페이지 : UI_07-2_01

이미 디자인된 시안에 스타일을 적용하는 상황을 재현해 보겠습니다. 효율적으로 스타일을 반영하려면 어떻게 하는 것이 좋을지 함께 알아볼까요?

1. 디자인하고 있던 UI 화면에서 스타일을 적용하고 싶은 요소를 고릅니다. 이번에는 가장 잘 보이는 상단 텍스트의 폰트를 골라 보겠습니다.

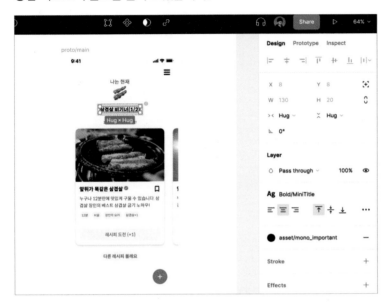

2. 이 폰트와 동일한 값을 갖고 있는 폰트가 있는지 찾아봅니다. 그런데 일일이 눈으로 보고 폰트를 확인하는 것은 비효율적입니다. 이럴 때 'Similayer'라는 플러그인을 활용하면 속성이 같은 레이어를 한꺼번에 선택할 수 있는데요. [Resources → Plugins]에서 'Similayer'를 검색해 설치해 보겠습니다. [Run] 버튼을 눌러 Similayer를 실행합니다.

3. Similayer가 활성화된 모습입니다. 내가 현재 선택한 레이어가 갖고 있는 속성을 보여 주고, 원하는 속성을 선택해 공통점이 있는 레이어를 모두 선택할 수 있습니다. 지금은 동일한 폰트를 찾고 싶으니 [Text properties] 속성을 선택하고 오른쪽 아래 [Select layers]를 누릅니다.

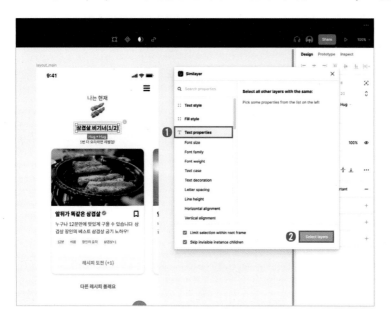

4. 선택이 완료된 모습입니다. 맨 위 호칭 이외에도 카드 뷰 UI에서 동일한 폰트를 썼는데요. 이런 식으로 Similayer의 선택 기능을 응용하면 복잡한 실무 파일에서도 원하는 레이어를 한 번에 모두 선택할 수 있습니다.

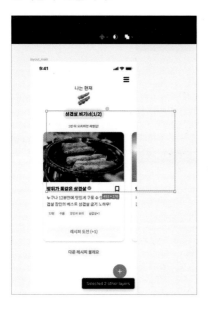

5. 이제는 이 텍스트를 모두 동일한 스타일로 묶어도 괜찮을지 고민해 봅니다. 메인 호칭에 들어간 텍스트와 카드 뷰 UI 속 타이틀의 용도가 다르다고 볼 수도 있기 때문입니다. 고민 후 'MiniTitle'이라는 이름으로 한 번에 묶어 주기로 결정합니다. 피그마에 해당 이름으로 스타일을 추가합니다.

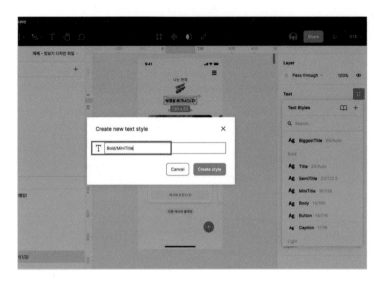

✅ 이 과정에서 개발자와 논의하여 이름을 일치시키면 더욱 효율적인 스타일 네이밍을 만들 수도 있습니다.

6. 색상도 폰트처럼 피그마의 [Selection colors] 기능을 활용하면 더욱 쉽게 정의할 수 있습니다. 예시 이미지처럼 원하는 화면을 모두 선택한 후 마우스 포인터를 올려놓으면 뜨는 오른쪽 아이콘을 눌러 주세요. Similayer 없이도 손쉽게 같은 색상값을 한 번에 선택할 수 있습니다.

7. 이 과정을 반복하면 한 화면에서 사용한 다른 폰트와 색상도 스타일을 만들 수 있습니다. 만들어 둔 스타일을 예시 이미지처럼 별도의 페이지에 따로 정의해 두는 것도 도움이 되는데요, 이렇게 하면 개발자가 디자이너의 의도를 더욱 빠르고 명확하게 파악할 수 있기 때문입니다. 스타일별 제작 의도를 가이드에 함께 적어 두거나 실제 스타일 활용 사례를 첨부하는 등 상황에 따라 스타일 가이 드를 더욱 풍성하게 구성할 수도 있습니다.

✅ **궁금해요!** **서비스에서 사용한 폰트와 색상을 모두 스타일화해야 할까요?**

서비스의 상황이나 디자인 요소의 사용 범위에 따라 다를 수 있지만, 가급적 모든 디자인 요소를 스타일로 정의하는 것이 좋습니다. 시간이 흘렀을 때 서비스가 언제 어디서 어떻게 발전될지 알기 어렵고, 새로운 기획이 나왔을 때 빠르게 반영하려면 이미 스타일로 정의되어 있는 요소를 가져다 쓰는 것이 효과적이기 때문입니다. 이때 스타일이 용도별로 정해져 있다면 고민하는 시간을 줄이고 새로운 화면을 훨씬 빠르게 제작할 수 있습니다.

개발 환경이 이미 복잡하게 얽혀 있는 경우나 급박하게 추가 디자인을 진행해야 할 경우 등 디자인 및 개발 과정에 스타일을 활용하지 못할 수도 있습니다. 이러한 경우를 '디자인 부채'라고 부를 수 있겠는데요. 빠른 서비스 구현을 위해 예외를 허용하는 것은 제품이 언젠가 갚아야 할 빚이기 때문입니다. 이러한 경우에는 히스토리를 잘 기록해 두고 다음 프로젝트를 진행할 때 이를 고려해 작업할 수 있도록 준비해 두면 좀 더 빠르게 부채를 갚을 수 있습니다.

Do it! yourself **내 서비스의 폰트, 색상 스타일 만들고 적용하기** ● ● ●

지금까지 다룬 예시를 참고해서 내 서비스에 맞는 스타일을 제작해 디자인 파일에 적용해 봅니다. 개발 라이브러리와 피그마 스타일을 일치시키는 방법에 대해 개발자와 함께 고민해 보는 것도 큰 도움이 됩니다.

07-3 │ 빠르게 컴포넌트 만들기

우리 서비스에 맞는 스타일을 정의했다면 이제는 상위 컴포넌트로 정의할 수 있는 것은 무엇인지 살펴볼 차례입니다. 이번에는 예시 상황에서 실제로 어떤 컴포넌트를 어느 수준까지 정의해야 하는지에 대한 분류 기준을 함께 고민해 보겠습니다. 또한 예제를 실습하며 디자인 시스템 컴포넌트를 만들어 볼 텐데요. 새로운 프로젝트를 시작하는 시점이라면 이 정도만으로도 꽤 효율적으로 일할 수 있을 것입니다. 프로젝트를 진행하면서 가장 기초적인 것부터 디자인 요소를 차곡차곡 쌓아 가며 시스템을 만들다 보면 상당히 많은 시간을 아껴 가며 제품을 발전시킬 수 있습니다.

우리 서비스 살펴보기

앞 절에서 기초 공사에 해당하는 디자인 요소를 정의해 보았다면, 이번에는 그 요소가 어떻게 컴포넌트로 결합되는지, 그 컴포넌트가 어떤 맥락에서 사용되는지 파악해 보려고 합니다. 메인 UI 화면 위주로 살펴보겠습니다.

— 카드

✔️ 실무적인 고민의 흐름에 집중하기 위해, 여기서는 컴포넌트에 대한 기술적인 내용은 최대한 생략했습니다. 컴포넌트에 대해 궁금하다면 〈03-2절 컴포넌트로 한 차원 높게 복사·붙여넣기〉를 참고하세요.

메인 UI에 사용한 컴포넌트의 분류 예시. 버튼 등의 기본 컴포넌트를 감싸는 상위 컴포넌트를 확인할 수 있습니다.

컴포넌트에 이름 붙이기

메인 화면의 카드 UI를 컴포넌트화하려면 무엇을 해야 할까요?

1. 카드 UI를 선택합니다.
2. 피그마의 컴포넌트 아이콘을 누릅니다.
3. 컴포넌트 속 규칙(Constraints, Auto layout 등)이 잘 짜여졌는지 확인합니다.
4. 컴포넌트의 이름을 짓습니다.

여기서 잠깐, 왜 우리는 컴포넌트의 이름을 지어야 할까요? 일단 만든 컴포넌트는 쉽게 재사용할 수 있어야 하고, 잘 지어진 이름은 컴포넌트를 찾기 쉽게 만들어 주기 때문입니다. 예를 들어 볼게요. 만약 컴포넌트의 이름을 'Component 1', 'ㄴㅇㄹ'같이 무작위로 지으면 어떨까요? 기껏 시간 들여 만든 컴포넌트를 누구도 검색해 사용할 수 없을 것입니다.

컴포넌트 이름의 예시. 중요한 컴포넌트라면 명확한 이름으로 정리하는 것이 좋습니다.

이름이 중요하다는 것은 알았는데, 막상 어떻게 이름을 지어야 할지 막막하니 또 한 번 예를 들어 볼게요.

제작한 컴포넌트가 첫 화면에서만 쓰일 것이라고 판단했다면 컴포넌트의 이름에 'main', 'firstScreen'같이 화면에 대한 정보를 넣으면 담당자가 좀 더 쉽게 찾아 활용할 수 있습니다. 그런데 만약 최초 예상과 다르게 이 UI를 다른 화면에서 활용하고 싶어지면 어떻게 해야 할까요? 이에 맞게 이름을 수정할 수 있으면 좋겠지만, 컴포넌트를 사용하는 곳이 많을수록 쉽지 않습니다. 디자인에서만 바꾸는 것이 아니라 개발 컴포넌트의 이름도 통일시켜야 하고, 이전 버전과의 호환성 등 고려해야 할 것이 많아지기 때문입니다.

이 컴포넌트를 그대로 복사해서 새로 'secondScreen'을 만들어 관리하면 어떨까요? 이렇게 하면 당장의 문제는 해결할 수 있겠지만, 매번 이런 식으로 컴포넌트를 새롭게 생성하면 업데이트할 때 들어가는 시간이 계속해서 늘어납니다. 시간을 절약해야 하는 디자인 시스템에서는 피해야 하는 상황입니다.

그래서 컴포넌트는 우리 제품 상황에 맞게 최대한 단순하고 직관적인 네이밍으로, 최소한으로 만들어 효율적으로 관리할 수 있도록 설계해야 합니다. UI가 디자인된 배경을 알 수 있다면 다른 곳에도 널리 사용할 만한 컴포넌트인지 제작하기 전에 좀 더 잘 판단할 수 있고, 이에 기반해 더욱 정확하게 컴포넌트의 이름을 붙여 관리할 수 있기 때문입니다.

컴포넌트의 이름을 정확하게 짓는 것은 처음에는 중요해 보이지 않을 수 있습니다. 하지만 시스템에 추가되는 컴포넌트가 다양하고 복잡해질수록 좋은 네이밍의 효과는 다음처럼 커집니다.

1. 수많은 컴포넌트 중 현재 상황에 필요한 컴포넌트를 쉽게 파악할 수 있게 해줍니다.
2. 네이밍에 기반해 제작 의도에 맞게 컴포넌트를 사용할 수 있도록 도와줍니다.
3. 컴포넌트의 용도가 달라졌을 때 발생할 수 있는 혼란과 시간 낭비를 최소화할 수 있습니다.

따라서 컴포넌트를 제작할 때부터 이름의 중요성을 염두에 두고 적절한 이름을 짓기 위해 노력하는 것이 좋습니다. 단, 이름을 짓는 데 너무 많은 시간이 걸리면 배보다 배꼽이 커질 수 있는데요. 이럴 때에는 레퍼런스 디자인 시스템 파일에서 이름 규칙을 참고하거나, 같은 프로젝트의 개발자, 디자이너 등에게 의견을 구해 보는 것도 좋겠습니다.

날림 공사용 컴포넌트 만들기

이번에는 집 짓기에 비유하여 약식으로 디자인 시스템을 구축하는 과정을 살펴보겠습니다. 앞 절에서 우리는 색상과 폰트를 스타일화하여 '재료 수급'을 한 상태인데요. 이 재료를 조합하면 더욱 복잡한 컴포넌트를 만들고 관리할 수 있게 됩니다. 그런데 앞서 참고했던 다른 디자인 시스템처럼 단기간에 완성도 높은 컴포넌트를 제작하고 정리하기는 어려워 보입니다. 실제로 한 명의 디자이너가 프로덕트 디자인과 시스템 구축을 병행하는 상황에서 모든 컴포넌트를 수준별로 고려해 제작하려면 시간과 학습 비용이 많이 듭니다.

이런 상황에서 당장 프로젝트의 성공을 좌우할 수도 있는 프로덕트 디자인을 제쳐 놓고, 장기 효율성을 위한 디자인 시스템에 투자할 수 있는 시간은 제한적입니다. 따라서 두 영역을 동시에 담당하며 서비스를 출시해야 한다면 자연스레 시스템보다는 프로덕트 디자인에 초점을 맞출 수밖에 없습니다. 시스템을 고민할 시간이 충분하다면 레퍼런스를 참고해 가며 체계적으로 작업하는 것도 좋습니다만, 프로젝트 초기에 이러한 경우는 별로 없기 때문입니다.

프로덕트 디자인 작업 속도와 시스템 확장성이라는 두 마리 토끼를 잡으려면 일단 빠르게 핵심 컴포넌트를 만들어 필요한 곳에 활용할 수도 있는데요. 이러한 목적으로 만든 작업물을 '날림 공사용 컴포넌트'라고 이름 붙여 보았습니다. 처음에는 이런 식으로 조금 거칠더라도 최소한의 시스템을 구축하는 것이 좋은 절충안이 될 수 있습니다. 프로덕트 디자인에 가장 필요한 UI를 효율적으로 관리하면서도, 시스템 구축에 필요한 시간을 줄일 수 있기 때문입니다. 사전에 디자인에 필요한 기초 스타일을 잘 만들어 두었다면 날림 공사를 하는 와중에도 큰 도움을 받을 수 있습니다. 그러면 이제 예시 화면에서 가장 필수적인 컴포넌트가 무엇인지, 어떻게 정리하면 좋을지 본격적으로 알아보겠습니다.

기획 의도 다시 보기

컴포넌트를 제대로 만들려면 우리가 6장에서 함께 살펴본 '기획'의 의도를 파악하는 것이 중요합니다. 디자인 시스템은 프로덕트 디자인과는 다른 작업인데, 왜 기획 의도를 파악해야 할까요? '컴포넌트를 더 잘 분류해서 사용하기 편하게 만들기 위해서'입니다. 바로 전에 색상과 폰트 스타일을 만들었던 방법과 크게 다르지 않은데요. UI 컴포넌트도 제품 개발의 맥락별로, 상황별로 굉장히 다르게 분류할 수 있습니다. 다만 지금은 스타일보다 더 복잡한 UI를 설계하는 상황인 만큼 분류 방식과 기준이 더욱 중요하게 다가옵니다.

컴포넌트를 제작할 때 기획 의도를 함께 고민하면 다음과 같은 이점이 있습니다.

1. 컴포넌트 이름을 실제 사용 사례를 고려해 지을 수 있습니다.
2. 컴포넌트를 더 편하고 직관적인 방식으로 분류할 수 있습니다.
3. 궁극적으로는 해당 컴포넌트를 찾아 적용하는 시간을 줄일 수 있습니다.

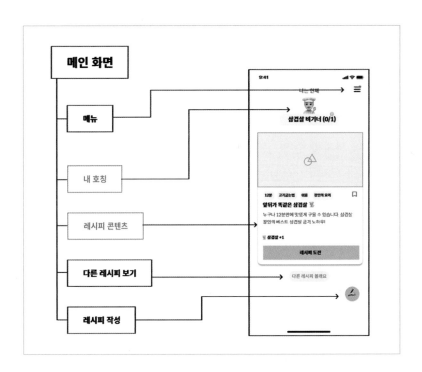

6장에서 함께 만들어 본 기획 화면을 다시 살펴보겠습니다. 앞서 주황색으로 분류했던 2가지 컴포넌트는 조직 수준인데요. 이렇게 복잡한 컴포넌트의 이름에는 '내 호칭'과 '레시피 콘텐츠'라는 기획 의도를 일부 반영해서 각각 'grade', 'card'라는 이름을 붙여 봅니다. 기획을 고려했을 때, 이 2가지 컴포넌트를 핵심 컴포넌트라고 말할 수 있습니다.

정확한 이름으로 분류하기

핵심 컴포넌트를 정했으면 그 속에 어떤 하위 컴포넌트를 넣을지, 또한 어떻게 분류하면 좋을지를 고민해 봅니다. 다음은 핵심 컴포넌트와 하위 컴포넌트 위주로 네이밍한 예시입니다. 하위 컴포넌트로 내려갈수록 다양한 용도로 사용될 수 있는 것 같네요. 처음에 기획한 내용을 반영해서 지은 grade 와 card라는 상위 컴포넌트의 이름은 그대로 두고, 하위 컴포넌트에는 현재 화면과 관련된 정보를 최대한 배제하기로 했습니다. 예시 이미지에서는 chip, button, FAB 등 UI의 생김새를 기준으로 이름을 지어 다양한 상황에서 활용할 수 있도록 만들었습니다.

grade

chip_large

card

chip_small
button_large_primary

button_small_gray

FAB

디자인 시스템에서는 기획을 고려하되 형태와 수준별 분류를 우선적으로 이름에 반영했습니다.

UI 속 정보 바꾸기

기본적인 분류가 끝났다면 이제 컴포넌트 기능을 사용해 볼 차례입니다. 이때 바뀔 수 있는 정보를 메인 컴포넌트에서 제거하는 것이 좋은데요. 지금 만든 컴포넌트를 다른 곳에도 사용해야 하기 때문입니다. 메인 UI에 포함된 추가 정보를 그대로 가져오면 매번 실제 적용된 값인지 혼란스러울 수 있고, 혼선을 빚을 여지가 있는데요. 이때 다양한 값을 넣을 수 있는 영역이라는 것을 암시하기 위해 기존 값을 모두 제거하면 혼선을 줄여서 UI 컴포넌트의 확장성을 높일 수 있습니다.

Do it! ## UI 디자인 시안을 컴포넌트화하기   📑 실습 페이지 : UI_07-3_01

UI를 구성하는 큰 틀은 그대로 유지한 채로 그 속의 값을 바꿔 주는 작업을 진행합니다. 이미 UI가 완성된 상황에서 이를 컴포넌트로 만드는 과정을 연습해 봅니다.

1. 프레임(혹은 Auto layout) 상태의 카드 UI를 선택한 후 복제합니다.

2. 상단의 컴포넌트 아이콘을 눌러 UI를 컴포넌트로 바꾸고, 컴포넌트 속에 있는 섬네일, 타이틀, 본문 등 바꿀 수 있는 정보를 확인합니다.

3. 기존 값을 모두 지웁니다. 대신 같은 위치에 새로운 값을 입력해야 하므로 더미 텍스트와 이미지를 넣어 둡니다.

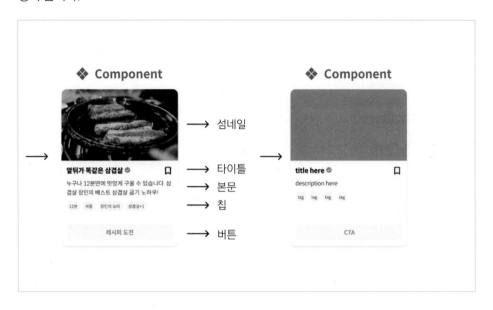

4. 컴포넌트를 재구성하면서 정의되지 않은 하위 컴포넌트나 스타일이 있는지 확인하고 새로운 스타일을 추가하거나 정의된 스타일에 편입합니다.

5. 컴포넌트의 이름을 알맞게 바꾸고 찾아보기 쉬운 위치에 다른 컴포넌트와 함께 정리합니다. 이렇게 다양한 환경에서 재사용할 수 있는 카드 컴포넌트를 완성했지만 [Constraints], [Auto layout], 베리언트를 활용해 정교하게 정의할수록 더욱 완성도 높은 컴포넌트를 만들 수 있습니다.

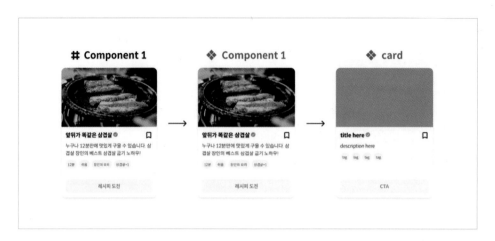

6. 카드 속 타이틀, 내용 등 구성 요소가 정말 실제 UI처럼 설계되어 있을까요? 타이틀 텍스트가 길어질 때 그 아래의 본문, 태그 영역은 어떻게 변할까요? [Auto layout] 기능을 이용하면 이렇게 달라지는 값을 실제 개발 방식과 매우 유사하게 관리할 수 있습니다. 예제를 참고해 여러 애셋에 [Auto layout] 속성을 입혀 상황에 따라 유연하게 바뀌는 UI를 설계해 보세요.

7. 카드 속 하위 컴포넌트가 실제 컴포넌트의 화면 속 규칙과 동일하게 정의되어 있는지 확인해 볼까요? [Constraints], [Auto layout] 기능을 이용하면 컴포넌트의 화면 배치 규칙을 설정할 수 있습니다.

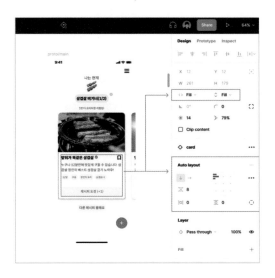

8. 베리언트를 이용해 카드의 상태를 다양하게 지정할 수도 있습니다. 이미지 하단을 자세히 보면 데이터를 불러오지 못했을 때 어떤 식으로 보일지도 정의되어 있네요. 카드 UI를 컴포넌트로 만들 때에도 이런 식으로 상탯값을 함께 정의할 수 있습니다. 이왕 설정하는 김에 구체적으로 삼겹살 섬네일이 들어간 카드도 함께 정의해 보았습니다. 디자이너 입장에서는 이렇게 정의된 컴포넌트를 활용해 빠르게 다양한 상태를 화면에 넣어 테스트해 볼 수 있고, 개발자 입장에서는 이렇게 정의된 값을 참고해 UI 컴포넌트를 더욱 효율적이고 풍부하게 개발할 수 있습니다.

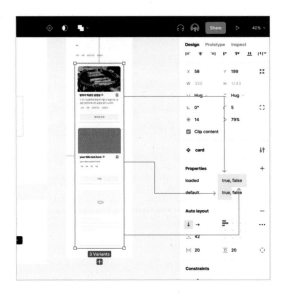

9. 원래 UI의 카드를 새로 만든 카드로 붙여 넣습니다. Ctrl + Alt + Shift + V 를 누르거나 마우스 오른쪽을 클릭해 [Paste to replace]를 선택하면 쉽게 기존 UI를 컴포넌트로 교체할 수 있습니다.

비슷한 방식으로 메인 UI에 사용된 다른 요소도 컴포넌트로 만들 수 있는데요. 예시 이미지처럼 컴포넌트를 한곳에 정리해 두면 필요할 때 쉽게 찾아보고 바로 활용할 수 있습니다. 실제 개발할 때에도 이를 참고해 동일한 방식으로 컴포넌트를 제작할 수 있는데요. 디자이너가 신경 써서 정의한 부분이 많을수록 높은 수준의 개발 컴포넌트를 만들 수 있습니다. 처음부터 컴포넌트를 잘 만들어 두었다가 활용할 수 있다면 커뮤니케이션 비용은 최소화하면서도 제품 개발 속도와 UI 확장성을 높일 수 있습니다.

다만 실제 프로젝트 진행 상황에서는 이 과정을 모든 컴포넌트에 적용할 시간이 부족할 수 있습니다. 따라서 이런 구축 방식을 어떤 컴포넌트에 얼마만큼, 어떻게 적용할지 지속적으로 고민하고, 프로젝트의 우선순위를 고려해 필요한 부분 위주로 작업해야 합니다. 기획, 심미성, 컴포넌트화 등 각각의 프로젝트 상황에서 가장 필요한 부분이 무엇인지 판단해서 필수 작업부터 먼저 시작해 보세요.

07-4 | 기획자, 디자이너, 개발자를 위한 디자인 시스템 전파하기

원칙과 목표를 정해 어느 정도 디자인 시스템을 만들었다면 적절한 시점에 공유하고 사용 피드백을 수집해야 합니다. UX 플로를 그릴 기획자, 프로덕트 디자이너, 실제로 구현할 개발자 등 관련 실무자가 디자인 시스템을 잘 이해하고 지속적으로 활용해야 하기 때문입니다. 혼자 만들고 사용한다면 자기만 알아볼 수 있게 거칠게 정리해도 괜찮겠지만, 디자인 시스템은 기본적으로 자신을 포함해 디자이너와 개발자, 제품 이해관계자 모두를 위한 개념이므로 구성원들이 디자인 시스템을 잘 활용할 수 있도록 하려면 사용자 플로에 적절한 컴포넌트가 있는지 확인하고, 있다면 어디에 있는지 쉽게 파악할 수 있어야 합니다. 또한 지금 당장 필요하지 않더라도 구성원들이 컴포넌트의 구조나 용도를 직관적으로 이해하고 사용할 수 있도록 해야 할 것입니다. 이를 달성하기 위해 시스템 담당 디자이너는 시스템의 업데이트를 구성원에게 적극적으로 공유하는 노력이 필요한데요. 이것에 대한 학습 비용을 이해하고 여러 곳에서 피드백을 받아, 더 나은 방식으로 계속해서 시스템을 발전시킬 수 있어야 하겠습니다. 이번에는 디자인 시스템을 널리 퍼뜨리기 위한 실무자의 고민을 다뤄 보겠습니다.

시스템이 쉽게, 자주 사용될 수 있을까?

아무리 잘 만든 시스템도 널리 쓰이지 않는다면 의미가 퇴색됩니다. 레시피 앱 예제 같은 B2C 제품을 기획할 때 사용자 중심으로 디자인하는 것처럼, 시스템을 만들 때에도 '실무자'라는 사용자 관점에서 끊임없이 고민해야 합니다. 시스템 디자이너로서 업무 효율성 극대화라는 목표를 달성하려면 시스템이 실무자에게 실질적인 도움을 줄 수 있어야 합니다. 또한 이에 기반해 시스템을 만들었다면 실무자가 프로젝트 니즈에 맞게 효과적으로 사용할 수 있도록 안내해야 합니다. 무엇보다도 이 과정을 잘 진행하기 위해, 실무자의 상황과 업무 환경을 이해하고 공감하려는 자세가 중요합니다.

따라서 시스템을 만들 때에도 조직이 처한 상황이나 중요하게 여기는 가치, 실무자의 역할과 비중, 지식 수준 등을 두루 살펴야 하며 그에 따라 시스템의 형태도 달라질 수 있습니다. 이런 맥락에서 시스템 디자인의 원리는 프로덕트 디자인과 같다는 점을 강조하고 싶습니다. 사용자의 문제를 해결하는 프로덕트 디자인처럼, 시스템의 필요성과 도입 과정을 구성원의 문제 해결이라는 관점에서 바라본다는 공통점이 있기 때문입니다.

그렇다면 1인 디자이너와 소수의 개발자로 이루어진 작은 팀에서 굳이 디자인 시스템을 구현할 필요가 있을까요? 저는 이런 경우에도 나중을 위해서 디자인 시스템이 유용하다고 생각합니다. 상세한 문서든 디자인 툴로 만든 파일이든 다른 사람이 빠르게 이해하고 공통 디자인을 발전시킬 수 있도록 시스템을 만들어 둔다면, 시간이 지날수록 훨씬 빠르고 일관적으로 제품을 디자인할 수 있기 때문입니다. 물론 상황에 따라 필요한 디자인 시스템이 훨씬 간결할 수 있습니다.

만약 프로젝트를 담당할 누군가가 파편화된 애셋을 맞닥뜨린다면 얼마나 당황스러울까요? 아마 어디에 어떤 디자인 요소가 어떻게 적용되었는지 파악하는 일부터 시작해야 할 것이고, 제품이 업데이트될수록 이 범위는 점차 넓어질 것이며, 결국 어떤 애셋을 어디에 사용해야 되는지 파악하는 데만 상당히 많은 시간을 쏟아부어야 할 것입니다. 따라서 시스템 담당 디자이너는 지금 만든 컴포넌트를 앞으로 다른 사람이 사용할 수도 있다는 것을 염두에 두어야 합니다. 이를 위해 검색하기 쉽고, 한눈에 컴포넌트 구조를 알 수 있으며, 컴포넌트를 쉽게 사용할 수 있도록 정리해야 합니다.

시스템은 실무자의 효율성을 얼마나 높여줄 수 있을까?

디자인 시스템에 대한 니즈와 사용 빈도는 직무에 따라 달라집니다. 그렇다면 다양한 역할을 수행하는 실무자들에게 시스템은 언제 필요할까요? 직무별 디자인 시스템의 니즈를 알아보겠습니다.

Do it! 직무별 니즈 분석하기

IT 직무는 정말 다양합니다만, 저는 크게 아래처럼 7가지 역할로 나눠 보았습니다. 전담 직무를 구분하는 조직도 있지만 한 사람이 여러 역할을 함께 수행하기도 합니다. 디자인 시스템 담당자는 조직이 처한 상황에 맞는 가설을 세워 제안하고, 실무자들의 피드백을 취합해 시스템의 개선 방향을 정하도록 합시다.

이번에는 실습이 아닌 각 7가지 역할이 어떤 부분에서 디자인 시스템에 효용을 느낄 것인지 함께 살펴보겠습니다. 일반적으로 직접 제품을 만드는 디자인과 개발 직무를 먼저 고려하는데요. 나머지 5가지 직무 실무자들에게도 어떤 가치를 전달할 수 있을지 생각해 보면 시스템을 더 깊이 이해할 수 있을 것입니다. 시스템을 많이 활용할수록 효용이 커지기 때문입니다.

1. 기획

PM, PO, 기획자, 사장님, UX & 프로덕트 디자이너가 주로 이 역할을 담당합니다. 디자인 시스템 관점에서는 이미 서비스에 구현된 화면이나 새로 기획한 화면을 쉽게 불러와, 이를 기반으로 기획자의 아이디어를 구체화하는 시간을 줄일 수 있습니다. 예를 들어 이미 출시한 서비스를 개선하기 위해 와이어프레임을 그릴 때 구현해 둔 UI 화면을 바로 불러올 수 있다면 어떨까요? 더 나아가 시스템을 통해 디자이너의 도움 없이도 UI 속 텍스트나 이미지를 바꿔 가며 세부 기획을 구체화할 수 있다면 어떨까요? 전문가가 아니더라도 자연스레 이미 만들어진 컴포넌트를 참고하거나 재사용할 수 있고, 그 결과로 디자인, 개발, QA 직무 분야에서 업무량이 줄어들 것입니다.

2. 디자인

주로 브랜드, 인터랙션, 프로덕트, 플랫폼 디자이너가 이 역할을 담당합니다. 여기서 디자인이란 디지털 화면이 어떤 식으로 보여질지 고민하고 설계하며, 필요한 애셋을 제작하고 개발자와 커뮤니케이션하는 역할을 말합니다. 예를 들어 수백 가지 브랜드 일러스트레이션이 시스템화되어 있다면 UI를 디자인할 때 디자인할 화면에 적절한 브랜드 이미지를 바로 찾아 활용할 수 있을 것입니다. 또 다른 예로는 버튼을 클릭했을 때 어떤 일이 일어날지 등 사용자 인터랙션을 상세히 정의해 컴포넌트로 만들어 두면 해당 인터랙션이 필요한 컴포넌트에 일괄 적용할 수도 있을 것입니다. 새로운 디자인을 시도하고 싶을 때에도 기존 시스템 컴포넌트를 불러와 참고하거나 따로 테스트하면 일관성을 지키면서 효율적으로 디자인할 수 있습니다.

3. 개발

개발자의 관점에서도 디자인 시스템의 효용을 높일 수 있습니다. 개발자 중에서도 클라이언트(안드로이드, iOS)와 프런트엔드 개발자가 디자인 시스템을 주로 활용할 수 있는데요. 다양한 상황에 맞게 UI 컴포넌트가 디자인 시스템 개발 라이브러리에 잘 정리된 상태라면 개발자가 UI를 처음부터 코딩하지 않고 개발 환경에서 컴포넌트의 이름을 호출하는 것만으로도 불러올 수 있기 때문입니다. 더 나아가 디자인한 컴포넌트의 설정값을 동기화해 자동으로 개발 라이브러리를 업데이트할 만큼 시스템이 고도화되어 있다면, 이후로는 개발자가 크게 신경 쓰지 않아도 디자이너의 의도에 맞게 기존 컴포넌트가 업데이트되는 이상적인 그림도 그릴 수 있습니다. 이를 통해 반복적인 UI 구현에 필요한 시간을 절약하고, 비즈니스 로직이나 코드 리팩터링 등 다른 중요한 일에 더 시간을 할애할 수 있습니다.

4. QA(Quality Assurance)

QA는 실제 배포되기 전 여러 테스트를 진행해 제품이 의도대로 잘 구현되는지 검증하는 과정으로, 전담 QA 매니저 혹은 제품을 만든 실무자들이 직접 담당합니다. 디자인 관점에서 진행하는 QA만 따로 구분해서 '디자인 QA'라고 부르기도 합니다. 제품 제작 초기부터 디자인 시스템을 만들고 QA까지 모두 진행해 배포한 상태라면 처음에 만든 시스템 컴포넌트를 적극적으로 활용하는 만큼 QA에 걸리는 시간을 단축할 수 있습니다. 시스템 컴포넌트는 제품을 처음 배포할 때 QA 과정을 통과했기 때문에 의도한 범위 내에서 재사용했다면 다시 QA를 할 필요가 없기 때문입니다. 새로운 케이스에 대응하기 위해 디자인 시스템 컴포넌트를 업데이트할 때에도, 새롭게 변하게 된 컴포넌트의 변경 사항에만 집중할 수 있어 효율성을 높일 수 있습니다.

5. 운영

출시한 제품에서 발생하는 사용자 피드백과 문의 사항에 대응하고, 이를 취합하고 공유해 제품의 방향성에 인사이트를 주는 역할입니다. 일반적으로 전담 운영 매니저가 담당하지만, 사용자 인사이트를 얻기 위해 프로덕트 디자이너, UX 리서처, PO, 사장님이 참여하기도 합니다. 디자인 시스템과 직접적인 연관성은 적지만, 시스템을 발전시키는 데 인사이트를 줄 만한 중요한 정보를 얻을 수도 있습니다.

6. 측정

배포된 제품이 목적을 잘 달성했는지, 그 효과는 얼마나 있었는지, 앞으로 어떻게 제품을 발전시켜야 할지 등을 측정합니다. 애자일한 환경에서는 모든 직무가 측정에 기여하지만, 크게 정량 조사를 담당하는 데이터 분석가나 데이터 엔지니어, 마케터, PO와 정성적 리서치를 담당하는 프로덕트 디자이너, UX 리서처가 전문성을 띄고 이 역할을 수행합니다. 여러 데이터를 측정한다는 점에서 어떤 제품의 화면에 어떤 데이터가 들어가는지 쉽게 확인할 수 있다면 데이터가 쌓이는 맥락을 더욱 쉽게 파악함으로써 업무 효율성을 높일 수 있습니다.

7. 영업

주로 사장님, 사업 개발, 세일즈, 마케터, 기획자가 이 역할을 담당합니다. 다양한 고객에게 제품의 강점을 알리고 유입하게 만드는 역할을 합니다. 개인 고객이라면 시스템을 통해 제품 플로를 빠르게 확인할 수 있도록 해서 마케팅이나 넛지 기획을 더욱 명확하게 진행할 수도 있습니다. 기업 고객에게는 잘 준비된 디자인 시스템을 활용해서 제품 화면이나 브랜딩으로 PPT를 빠르게 만들어 제안할 수도 있고, 디자인 시스템에 구현된 프로토타입을 고객에게 직접 시연하며 제품의 강점을 어필할 수도 있습니다.

시스템을 어떻게 설명할 수 있을까?

예상 고객에게 프로젝트를 구두로 전달해야 해서 프로젝트를 충분히 설명하기 어렵다면 온보딩 세션을 준비하거나 문서를 제작하는 것이 좋습니다. 예를 들어 디자인 시스템을 잘 설명할 수 있는 웹 문서를 만들거나 FAQ 섹션을 미리 준비할 수도 있고, 컴포넌트 적용 사례를 Do와 Don't로 분류해 가이드하는 방법도 있습니다.

Do it! yourself | **다른 직무의 입장에서 장점 나열하기** • • •

위 예시를 참고해 7가지 역할이 디자인 시스템에 효용을 느낄 만한 구체적인 상황을 나열해 보고, 역할별 피드백을 받아 발전시켜 보세요. 직무별 실무자를 만나 직접 물어볼 수도 있고 온라인 채팅으로 설문조사를 진행하는 방법도 있습니다. 이때 디자인 시스템에 대해 간단히 소개해서 기본 개념을 알려 주는 것도 좋지만, 디자인 업무와 관련된 불편 사항(pain point)부터 먼저 물어보면 좋습니다.

08장
디자인 툴 밖에서
협업하기

> 때로는 도구로 멋지게 구현하는 것보다
> 한마디 말이 더 효율적일 때도 있습니다.
>
> - 마현지(당근 프로덕트 디자이너)

08-1 │ 형상 관리로 협업하기

보통 디지털 제품은 기획-디자인-개발-QA-배포-측정과 같은 주기를 거쳐 사용자에게 전달되는데요. 이를 체계적으로 관리하기 위해서는 우리가 어디에서 어떤 제품을 언제 개발하는지 빠르고 정확하게 파악하는 것이 중요합니다. 이번에는 이러한 방식을 통칭하는 용어인 형상 관리에 대해 살펴보겠습니다.

형상 관리

형상 관리는 디지털 제품의 상태를 '언제'와 '무엇'의 개념을 활용해 체계적으로 정리하는 모든 작업을 말합니다. 사실 작업자 수가 적어서 한 사람이 많은 작업 내역을 파악하고 있다면 형상 관리는 덜 중요하다고 느낄 수도 있습니다. 그런데 프로젝트가 커지거나 시간이 오래 지나면 어떻게 될까요? 자연스레 담당자는 예전에 어떤 작업을 어떤 기준으로 분류했는지 기억하기 어려워질 것이고, 담당자가 바뀌는 경우도 있을 것입니다. 따라서 관리할 영역과 이해관계자가 많아질수록 형상 관리는 점점 더 중요해집니다.

직무를 막론하고 담당자는 업무를 진행할 때, 어느 시점에 자신이 맡은 프로젝트의 어떤 요소가 어떤 카테고리이며 얼마만큼 작업이 진행되었는지 파악해야 합니다. 그래야만 프로젝트의 상태에 확신을 갖고 업무를 진행할 수 있기 때문입니다. 디자인 업무를 진행할 때 이런 니즈를 충족시키려면 내 작업물을 형상 관리하면 됩니다. 그런데 이런 형상 관리는 어떻게 할 수 있을까요? 사실 이미 하고 있을 수도 있습니다. 내가 발표를 위해 만든 [최종파일_final_최종의최종. pptx]도 형상 관리의 일종이기 때문입니다(작성한 사람만 무엇이 최종인지 알아볼 수 있을 뿐). 이렇게 나도 모른 채 하고 있던 형상 관리, 다른 사람들도 알아볼 수 있다면 더욱 효과적으로 할 수 있습니다. 어떤 종류의 형상 관리가 있는지 함께 알아볼까요?

버저닝

버저닝 versioning 이란 제품의 현재 상태를 숫자로 기록하는 방식으로, 디지털 제품의 업데이트를 기록하기 위해 가장 널리 쓰이고 있습니다. 예를 들면 [앱 이름 1.12.3] 이런 식으로요. 여기에서 숫자는 앞에서부터 차례로 [major].[minor].[patch]를 뜻하는데요. 중요한 업데이트는 메이저 major 버전을 올리고, 그 외 소소한 업데이트는 마이너 minor 버전을, 예상치 못한 급한 버그나 자잘한 수정 사항은 패치 patch 버전으로 관리합니다. 우리가 일반적으로 앱스토어나 컴퓨터에서 프로그램을 내려받을 때 이런 버전 기록 방식을 심심치 않게 확인할 수 있습니다.

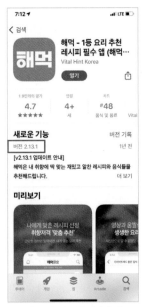

버저닝 예시. 구글 플레이나 앱스토어에서 쉽게 찾아볼 수 있습니다.

시간순 저장

버저닝을 효과적으로 사용하려면 메이저, 마이너, 패치의 기준이 명확해야 합니다. 그런데 파일 관리를 이렇게 항상 체계적으로 할 필요가 있을까요? 앱 버전처럼 다양한 사람이 한꺼번에 살펴봐야 하는 게 아니라면 간단한 방식으로도 충분히 파일을 관리할 수 있습니다. 바로 **시간순 저장** 방법인데요. 말 그대로 내가 이 작업을 공유한 시점을 시간순으로 기록하는 것입니다. 파일명으로 예를 들어 보겠습니다

- [프로젝트이름_01.pdf]
- [0515_프로젝트이름.pptx]
- [프로젝트이름-21-6-13.docx]

컴퓨터로 파일을 만들어 본 적 있다면 좀 더 친숙한 방법일 것 같은데요. 이처럼 시간순으로 프로젝트를 관리하는 것은 이미 널리 쓰이고 있습니다. 프로젝트 파일 이름에 시간 정보를 함께 표시해 두면 히스토리를 관리하기가 무척 쉬워지기 때문입니다.

인쇄물 등 오프라인 문서에 비해 디지털 환경에서는 이런 시간순 저장이 훨씬 쉽습니다. 따로 설정하지 않아도 파일이 최근 저장 내역을 기록해 두기 때문이기도 하고, 여러 소프트웨어에서 자동 저장 기능을 지원하기 때문이기도 합니다. 특히 피그마에서는 수정 사항이 있을 경우 30분마다 자동으로 파일의 히스토리를 저장해 주는데요. 이는 최근 작업한 파일이 덮어씌워지거나 날아가는 것을 방지할 수 있으며, 따로 신경 쓰지 않아도 알아서 시간순 정보를 기록해 주기 때문에 매우 유용합니다. 아쉽게도 피그마 무료 버전에서는 최근 30일 동안 저장한 히스토리만 제공하지만, 유료 버전인 프로페셔널 플랜부터는 모든 기간의 저장 기록을 언제든 쉽게 찾아볼 수 있습니다.

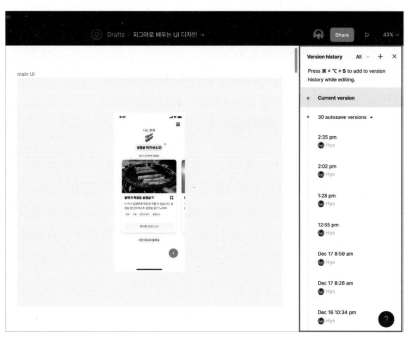

피그마 자동 저장의 예시

상태 표시

상태 표시status란 말 그대로 우리가 작업 중인 작업물의 상태를 구분하기 위해 표시하는 것을 말합니다. 예를 들면 한창 작업 중인 파일명 앞에 WIP라는 약어를 붙인다든가, 아직 실제 완성되지 않은 컴포넌트에 🚧 이모지를 붙이는 것처럼요. 피그마 같은 UI 디자인 툴에는 대개 페이지

> ✅ WIP란 work in progress의 줄임말로 '작업 중'을 뜻합니다.

^{page} 개념이 있는데요. 작업을 페이지별로 정리해 둔 후 페이지명 앞에 이모지를 붙여 '작업 진행 중'이라는 표시를 할 수도 있습니다. 그 밖에 파일, 컴포넌트, 베리언트 프로퍼티 등 다양한 상황에서 이런 식으로 상태를 효과적으로 표현할 수 있습니다.

브랜치

브랜치 ^{branch}는 나뭇가지를 뜻합니다. 나무 몸통에 해당하는 원본을 직접 수정하지 않고, 하나의 파일에 여러 가지를 뻗쳐서 따로따로 작업한 후 합치는 방식인데요. 여러 작업자가 동시에 한 파일에서 작업할 때 유용합니다. 상황별로 차이가 있겠으나 브랜치는 다음과 같은 과정으로 작업할 수 있습니다.

1. 작업자가 원본의 복제본인 브랜치를 만듭니다. 원본에서 직접 작업하지 않기 때문에 수시로 원본을 확인해야 하는 사람을 헷갈리게 하지 않을 수 있습니다.
2. 각각의 브랜치에서 작업을 동시에 진행합니다.
3. 모든 작업자가 작업을 마쳤다고 신고합니다(pull request).
4. 신고한 작업을 검토해 줄 사람이 있다면 리뷰를 진행해서 오류가 없는지 확인합니다(review).
5. 모든 브랜치에서 오류를 발견하지 않았다면 작업물을 모두 합칩니다(merge).
6. 합칠 때 의도하지 않은 오류가 발생하면 이를 찾아내 해결한 후 다시 합칩니다.
7. 전부 합쳐지면 업데이트된 작업물을 배포합니다(publish).

브랜치는 하나의 큰 프로젝트를 여러 사람이 동시에 수정할 때 유용한 형상 관리 방법으로, 개발자에게 친숙한 깃허브의 코드 관리 방식이 대표적인 예시라고 말할 수 있겠습니다. 디자인 업계에는 비교적 최근 소개된 개념으로, 실제 작업 시에는 필요에 따라 위 방법 중 필요한 부분을 차용하게 됩니다. 피그마 상위 요금제인 오거니제이션 플랜 등에서 디자인 파일에 대한 브랜치 기능을 제공합니다.

✅ **궁금해요!** **회사의 1인 디자이너인데 브랜치 기능이 필요한가요?**

결론부터 말씀드리면 꼭 필요한 것은 아닙니다. IT 회사에는 여전히 개발자에 비해 디자이너 수가 적은 편이어서 디자이너 혼자서 모든 디자인 업무를 담당한다면 브랜치 기능이 오히려 비효율적일 수도 있기 때문입니다. 하지만 회사의 비즈니스 영역이 점점 커지는 데 비해 다양한 니즈를 한 화면에서 소화해야 하는 등 여러 디자이너가 동시에 작업해야 하는 경우도 생기는데요. 이럴 때 브랜치 기능을 활용해 하나의 파일에서 서로의 작업을 진행하고, 이후에 안전하게 합치는 식으로 활용해 볼 수 있습니다. 무엇보다도 자신과 조직의 상황에 맞는 형상 관리 방법을 찾아보고 가장 효과적인 것부터 도입하려는 자세가 중요합니다.

08-2 ┆ 디자이너를 위한 검색 방법

많은 사람에게 검색은 익숙한 일인데요. 디자이너 역시 지금 작업하는 맥락에 맞는 정보를 빠르게 찾아내 활용할 수 있어야 합니다. 또한 일을 잘하기 위해 어떤 정보를 가장 먼저 파악해야 하는지도 중요하고요. 이번에는 디자이너를 위한 여러 검색 방법을 살펴보려고 합니다. 다양한 업무 상황에서 필요한 정보를 검색하며 자신만의 성장 방정식을 찾아보세요.

디자이너에게 검색이란?

디지털 제품을 디자인하려면 우리는 정말 많은 것을 알아야 합니다. 하지만 우리가 그 모든 정보를 외우고 있어야 할까요? 아마도 아닐 것입니다. 디지털 환경은 1년이 멀다 하고 바뀌고, 사람들이 원하는 것도 계속해서 바뀌며, 계속해서 새로운 기술이 등장하기 때문인데요. 이렇게 팀의 상황이나 업계 트렌드가 변하면 프로덕트 디자이너의 역할 또한 바뀔 수 있습니다. 이런 상황에서 디자이너로서 일을 잘하려면 수많은 정보에서 필요한 것을 빠르게 찾고 알맞게 활용하는 능력이 매우 중요합니다.

검색을 잘하면 디자인할 서비스에 맞는 방법을 효과적으로 찾아내 활용할 수 있습니다. 서비스 초기 기획 단계에서 레퍼런스를 검색하지 않고 자신의 감으로만 디자인한다면 어떻게 될까요? 물론 참신한 디자인이 나올 수도 있지만, 선행 사례가 없으니 어느 방향으로 얼마나 더 깊게 고민해야 할지 감이 안 서는 경우도 많습니다. 이럴 때 여러 디자인 사례를 검색하고 정리해 두었다면 다양한 관점에서 함께 고민해 볼 수 있고, 때로는 검색으로 얻은 정보가 팀의 제품 의사결정에 크게 기여하기도 합니다.

검색을 잘하는 디자이너는 사례를 기반으로 자신의 주장을 뒷받침할 수도 있습니다. 제품을 디자인하다 보면 항상 팀과 의견이 같을 수 없는데요. 디자이너는 눈에 보이는 화면을 작업하는 만큼 디자인에 대한 다양한 피드백이나 도전적인 의견을 심심치 않게 받게 됩니다. 이럴 때 디자인 시안과 비슷한 사례를 검색해 관련 인사이트를 도출해 둔 상태라면 더욱 설득력 있는 주장을 펼칠 수 있습니다. 물론 제품마다 맥락이 다르기 때문에 타사의 사례가 항상 옳지는 않습니다만, 일단 사례를 검색해둔 상태라면 더욱 효과적으로 고민할 수 있고, 이를 통해 더 나은 논리와 플로를 도출할 가능성이 높아집니다.

유용한 검색의 예시

웹 검색

인터넷에 넘쳐나는 디자인 정보 중 디자이너에게 유용한 정보를 어떻게 골라볼 수 있을까요? 가장 먼저 구글 검색을 추천합니다. 단, 평소에 하던 것과 조금 다르게요. 구글 검색 창에 영어로 원하는 키워드를 검색해 보세요. 전문적인 영역일수록 영어로 된 정보가 많습니다. 한국어 정보의 양 자체가 영어에 비해 많지 않기 때문에 이전에 놓치고 있던 정보에 접근할 수 있고, 훨씬 다양한 인사이트를 얻을 수 있습니다. 해외 아티클이나 포럼에는 양질의 정보가 많이 공유되기 때문에 평소에 영어로 검색하는 습관을 들였다면 이러한 최신 정보를 빠르게 찾을 수 있어서 제때 참고해 시행착오를 줄일 수 있습니다. 영어를 잘 모르더라도 한글로 입력한 뒤 구글 번역기 또는 딥엘(DeepL)을 이용해 검색하면 편리합니다.

그렇게 접근했다고 해도 다양한 검색 결과가 영어로 뜨는 것이 부담스러울 텐데요. 이 정보도 마찬가지로 구글 번역기나 딥엘로 번역해 살펴봅니다. 한국어로 된 아티클을 읽는 것만큼 자연스럽지는 않지만 이제는 번역 기술이 발전함에 따라 내용을 충분히 파악할 수 있어서 양질의 해외 정보를 잘 검색하기만 해도 큰 도움이 됩니다. ChatGPT에게 UX 컨설턴트라는 역할을 부여하고 직접 질문해 보는 것도 좋습니다.

SNS, 커뮤니티 검색

구글 검색 기능은 뛰어나지만 어느 정도 검색하다 보면 한계에 다다를 수 있습니다. 너무 다양한 웹사이트에서 정보를 제공하고 있기 때문이기도 하고, 내가 원하는 검색 키워드를 머릿속에 비교적 명확하게 담고 있어야 하기 때문입니다. 이럴 때 이미 직무 관련 정보가 활발히 오가고 있는 별도 채널을 활용한다면 더욱 효율적으로 유용한 정보를 받아볼 수도 있습니다. 처음부터 직무 키워드에 대해 생각하지 않아도 다양한 사람들이 훨씬 빠르게, 정기적으로 관련 정보를 제공하고 있기 때문입니다.

커뮤니티나 SNS에 UI 디자인 키워드를 검색하고 관련 그룹에 가입하면 업계 사람들의 이야기, 최신 트렌드나 아티클 등 관련 정보를 계속해서 팔로우할 수 있습니다. 꼭 디자이너와 직접적인 연관이 없더라도, 다양한 IT 회사에서는 링크드인을 통해 회사의 대외 정보나 매력 포인트를 지속적으로 어필하고 있습니다. 이처럼 SNS나 커뮤니티는 업계 동향, 매력적인 프로젝트 발표 등 다양한 정보를 한꺼번에, 빠르게 소비할 수 있으므로 적극 활용해 보면 좋습니다. 다음은 제가 추천하는 커뮤니티와 SNS입니다.

1. 피그마 포럼

피그마 포럼(forum.figma.com)에서는 피그마에 대한 여러 논의나 요청, 버그 리포트 등을 검색해 볼 수 있습니다. 최신 피그마 기능이나 앞으로 피그마에서 고려하는 제품 로드맵을 빠르게 파악할 수 있고, 직접 버그를 신고하거나 새로운 기능을 요청할 수도 있습니다. 많은 사람들의 투표를 받은 요청은 더 높은 순위로 고려하고, 실제 제품에 반영되기도 합니다.

2. 페이스북 그룹, 카카오톡 오픈채팅

검색에 최적화되어 있지는 않지만, 대중적인 서비스인 페이스북이나 카카오톡에서 직무 연관 그룹이 있는지 찾아보는 것도 좋습니다. 다양한 사람들이 피그마 코리아 페이스북 그룹(www.facebook.com/groups/figmakorea) 같은 관심사 그룹에서 활동하고 있고, 일단 가입해 두면 자신의 페이스북 피드나 카카오톡 채팅 창에서 관련 글을 쉽게, 수시로 볼 수 있다는 장점이 있습니다. 특히 카카오톡 오픈채팅의 경우, 오래 있을수록 검색할 수 있는 정보의 양이 늘어난다는 점도 특징입니다.

3. 링크드인

페이스북이나 인스타그램이 일상 공유 중심의 SNS라면 링크드인(linkedin.com)은 커리어 중심의 SNS라고 볼 수 있는데요. 그런 만큼 다양한 회사들이 자신의 근황을 공유하며 소통하는 창구이기도 합니다. 관심 가는 회사와 업계 유명 인사들을 팔로우하고 관련 소식을 받아 보기도 좋고, 자신의 프로필에 디자이너 이력을 정리하기에도 좋습니다.

4. 서핏

서핏(surfit.io)은 크롬 확장 프로그램으로 시작한 서비스로, 여러 곳에 있는 직무 관련 콘텐츠를 인터넷 시작 화면에서 보여 줍니다. 개인적으로는 하루에 적어도 40회 이상 크롬의 새 탭을 켜놓고 있는데요. 이렇게 굳이 무언가를 검색하지 않아도 첫 화면에서 계속해서 유익한 정보를 보여 주기 때문에 많은 한국 디자이너들이 이용하고 있습니다.

5. 책

인터넷에서 최신 정보를 얻을 수 있다면, 책에서는 더욱 정제된 정보를 얻을 수 있습니다. 업로드 버튼을 누르면 바로 공유할 수 있는 웹 게시글과 달리, 책 하나를 출판하기 위해서는 훨씬 많은 노력이 필요하기 때문입니다. 그러므로 책은 웹 게시글처럼 최신 정보를 얻기는 어렵지만, UX 관련 서적을 탐독하며 좀 더 본질적인 고민을 해볼 수도 있겠습니다.

6. 브런치, 미디엄 등 아티클 플랫폼

온라인에서도 책 출판과 비슷한 콘셉트로 운영하는 아티클 플랫폼이 여럿 있는데요. 브런치(www.brunch.co.kr)나 미디엄(medium.com)이 대표적입니다. 브런치는 국내 아티클 중심, 미디엄은 글로벌 아티클 중심의 연재 플랫폼으로, 사용자가 온라인에서 작가로 활동할 수 있도록 장려하고 있습니다. 특히 브런치는 작가가 되려면 심사를 거쳐야 하는데요. 이런 장치를 통해 다른 SNS 플랫폼보다 정제된 글을 만날 수 있다는 장점이 있습니다.

7. 앱스토어, 구글 플레이 스토어 검색

웹 검색만으로는 앱 속에 있는 정보까지는 찾지 못하는 경우가 많습니다. 우리가 원하는 UX 사례를 검색해 보려면 구글 플레이 스토어(play.google.com/store)나 애플 앱스토어(apple.com/kr/app-store)에서 실제 앱을 내려받아 직접 써보는 것이 가장 좋습니다. 스토어 상위에 있는 다양한 앱 서비스를 사용해 보고, 수시로 스크린샷을 찍어서 UX 플로 사례를 모아 보세요.

✅ 디자인을 위한 구체적인 앱 서비스 레퍼런스 예시는 5~6장을 참고해 주세요.

사내 위키, 히스토리 검색

인터넷 검색으로 여러 정보를 얻을 수 있지만, 지금 당장 우리 제품에 적용하기에는 어려운 경우가 많습니다. 회사의 문화나 상황도 다르고, 프로젝트의 성격도 다르기 때문입니다. 좀 더 우리 서비스에 맞는 고민을 하려면 사내 정보를 검색해 활용할 수 있어야 합니다.

IT 회사에서 디자이너로 일하는 환경은 조직별로 다양합니다만, 함께 처음부터 창업하는 경우가 아니라면 이미 많은 정보가 사내에 있을 것입니다(보기 편한 형태로 정돈되어 있지 않을 수는 있습니다). 다만 초반에는 어떤 식으로 검색해야 하는지 몰라 막막할 수도 있는데요. 그럴 때에는 어떻게 시작하면 좋을지, 내가 처음에 알면 좋을 정보는 어떤 것이 있는지 잘 알 만한 주변 동료에게 물어보는 것도 좋습니다. 단, 도움 요청에도 요령이 필요합니다. 궁금한 게 생각날 때마다 물어본다면 내 동료의 업무에 방해가 될 수도 있기 때문입니다. 일단 검색해 보며 궁금한 것들을 정리한 후 한꺼번에 물어보는 등 효율적인 문의 방법을 고민해 보는 것도 좋습니다.

제 경우 회사나 동료에게 프로젝트에 대한 간략한 설명과 자료를 공유받았다면 그와 연관된 프로젝트나 문서가 있는지 최초 정보에서 꼬리를 물며 검색하며 히스토리를 파악해 나갑니다. 이렇게 정보를 차례차례 파악해 나가다 보면 내가 주체적으로 맡아야 할 부분이나 잘할 수 있는 부분, 당장 급하게 처리해야 할 부분을 분류해 볼 수도 있는데요. 이렇게 분류한 사항에 확신이 없다면 이를 또 한 번 정리해 동료나 리더에게 공유한 후 실제 업무에 적용하기도 합니다.

이처럼 사내 히스토리 검색은 우리가 프로젝트를 진행하며 무엇을 해결해야 하는지 파악하기 위해 중요합니다. 일련의 과정을 통해 프로젝트나 제품 히스토리를 잘 이해한다면 프로젝트 상황에 도움되는 제안을 빠르게 할 수 있을 것입니다. 일반적으로 IT 기업에서는 업무 처리나 사내 정보를 관리하기 위해 지라, 컨플루언스, 노션, 슬랙 등 여러 서비스를 사용하고 있는 경우가 많은데요. 이런 서비스들은 대부분 고도화된 검색 기능을 제공하고 있으니 내가 맡은 프로젝트와 관련된 키워드를 도출하고 이를 시간대별, 업무 수준별, 관련 담당자별 등 다양한 방법으로 검색해 봅니다.

Do it! yourself | **자신에게 맞는 검색 방법 활용하기**　　　　● ● ●

지금까지 소개된 검색 방법을 참고해 자신에게 맞는 방법을 찾아보고, 시도한 과정과 얻은 정보를 기록해 보세요. 아래 순서대로 정리해 보는 것도 좋습니다.

1. 검색한 플랫폼
2. 검색 키워드
3. 발견한 정보들
4. 그중 가장 유의미한 인사이트

08-3 | 개발자에게 효과적으로 디자인 전달하기

치열하게 논의하고 디자인하는 과정을 거쳤다면 이를 효과적으로 전달하는 일도 중요합니다. 디자이너의 의도를 적절한 타이밍에 이해하기 쉬운 형태로 전달할 수 있다면 최종 제품의 완성도를 함께 끌어올릴 수 있기 때문입니다.

디자인 핸드오프

완성한 디자인을 어떻게 공유하면 좋을까요? 피그마에서 제공하는 링크 공유 기능은 클릭 한 번으로 개발자를 디자이너가 원하는 화면으로 이동시킬 수 있어서 매우 유용합니다. 그러므로 적절한 링크를 공유하는 것만으로도 커뮤니케이션 비용을 최소화할 수 있는데요. 이런 식으로 완성된 디자인 시안을 개발자에게 공유하는 것을 **디자인 핸드오프**라고 부릅니다.

피그마를 활용하면 디자인 링크에서 바로 폰트 스펙이나 사이즈 등 코드 관련 스펙을 확인할 수 있는데요. 이때 '제플린'이라는 핸드오프 전용 툴을 활용해 피그마 디자인을 개발자에게 전달할 수도 있습니다. 스케치나 Adobe XD에서도 피그마처럼 자체적으로 디자인을 코드로 변환해서 볼 수 있는 핸드오프 기능을 제공하고 있습니다.

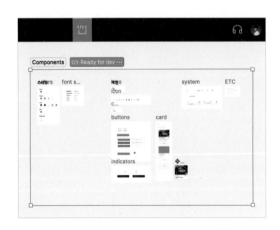

피그마의 Ready for dev 기능. Shift + S 를 눌러
섹션을 지정한 후 코드 버튼을 눌러
개발 진행 가능 여부를 표시할 수 있습니다.

개발자가 보는 디자인 화면 이해하기

디자이너말고 다른 팀원이 원본 디자인 파일을 수정할 수 있다면 어떤 일이 벌어질까요? 의도치 않게 디자인이 바뀔 수도 있고, 뭐가 뭔지 모를 Design 패널 때문에 어떤 것을 참고해야 할지 혼란스러울 수도 있습니다. 게다가 피그마 유료 플랜은 에디터 수만큼 비용을 청구하는데요. 디자이너만큼 적극적으로 피그마를 사용하는 경우가 아니라면 불필요한 비용이 발생합니다.

이런 여러 혼란을 미연에 방지하기 위해, 일반적으로 개발자는 보기 Viewer 권한 속 Dev 모드로 디자인을 확인합니다. 보기 권한인 사람들은 디자인을 살펴보고 코멘트할 수는 있지만, 디자인 원본 파일을 수정할 수는 없습니다. 편집 권한으로 디자인을 하다 보면 뷰어가 어떤 식으로 디자인 화면을 확인하는지 잘 모를 수 있는데요. 그럴 때 오른쪽 상단 Share 버튼 옆의 Dev Mode 버튼을 눌러 개발자가 보는 화면을 확인할 수 있습니다. 디자이너도 Dev 모드를 활성화하면 피그마 디자인의 상세 규칙을 코드로 파악할 수 있으니, 필요할 때마다 활성화해서 개발자가 바라볼 화면을 이해하면 더욱 효과적으로 디자인을 가이드할 수 있습니다. 개발자와 디자이너가 확인하는 화면의 규칙이 다르기 때문입니다.

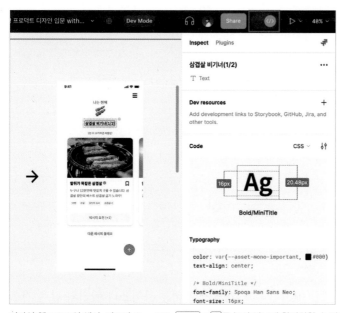

디자인 핸드오프의 예시. 피그마 Dev 모드. [Shift] + [D]를 눌러 빠르게 활성화할 수 있습니다.

추가 설명으로 더욱 풍성하게 디자인 전달하기

핸드오프 시점에 우리가 디자인한 화면은 여러 가지 정보와 기획 의도를 담고 있습니다. 따라서 이를 전달받아 구현하는 개발자는 추가 설명이 없다면 디자인 화면만으로 디자이너의 의도를 전부 알 수 없을 수도 있는데요. 플로를 고민해 가며 화면을 직접 만든 디자이너와 이제 막 공유받은 개발자 사이에 UI나 핸드오프 관련 지식 수준이 다르기 때문입니다. 그러므로 커뮤니케이션이 충분히 이루어지지 않는다면 개발자는 디자이너가 별도로 준비한 정책 가이드나 Dev 모드의 상탯값을 인지하지 못할 수도 있고, 애셋을 디자이너의 의도와 다르게 내보내기 해서 개발에 적용할 수도 있습니다.

따라서 디자이너는 자신이 전달하는 디자인을 누구보다 구조적으로 잘 이해하고 있어야 하고, 구현 과정에서 개발자와 추가로 커뮤니케이션이 필요할 때에는 적절히 설명하고 가이드할 수 있어야 합니다. 이러한 과정을 거쳐 개발자는 기획과 디자인을 더욱 잘 이해한 상태로 화면을 구성할 수 있을 것입니다. 실무에서 발생할 수 있는 예시를 덧붙여 보겠습니다.

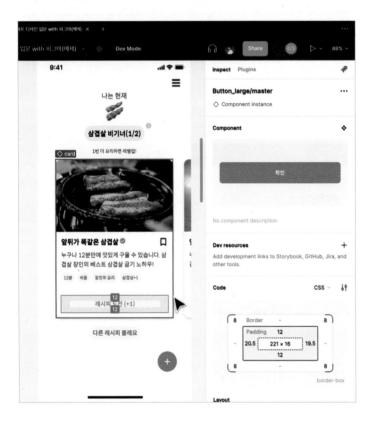

Dev 모드 상태로 버튼 애셋을 선택한 예시입니다. 개발자는 버튼 사이즈나 컬러와 같은 기초적인 스펙을 자신에게 친숙한 언어로 확인할 수 있습니다. 이때 디자이너가 컴포넌트 기능을 활용해 애셋을 체계적으로 작업한 상태라면 개발자의 작업 효율성은 배가 됩니다. 화면처럼 개발자가 보기 편한 형태로 컴포넌트 속 여러 스펙을 추가적으로 확인할 수도 있고, 원한다면 손쉽게 원본 컴포넌트 화면으로 넘어가 화면에 보이지 않는 구체적인 스펙을 참조할 수도 있습니다.

원본 컴포넌트에 관련 설명을 입력하면 개발자가 코드를 작성할 때 주석 처리된 형태로 참고할 수 있습니다. 다른 이해관계자가 아닌 개발자에게만 관련 있는 설명이라면 이런 식으로 설명을 써두고 읽는 방법을 안내할 수도 있습니다.

⭐ 주석 처리

주석 처리는 실제 코드와 이를 설명하기 위한 텍스트를 구분하는 기능인데요. 코드를 짠 개발자의 의도를 부연 설명하기 위해 거의 모든 언어에서 제공하는 기능입니다. 피그마 컴포넌트에도 description이라는 비슷한 기능이 있는데요. 이 기능을 활용해 디자이너가 작성한 설명 글을, 개발자는 Inspect 모드에서 주석 처리된 형태로(친숙한 형태로) 확인할 수 있습니다.

디자인 QA로 검증하기

프로덕트 디자이너의 업무는 디자인 툴을 사용해 UI를 디자인하는 데 국한되지 않습니다. 첫 디자인 시안에 대한 개발 커뮤니케이션이 끝나면 개발자가 실제로 구현한 화면을 공유받습니다. 이제부터 디자이너의 중요한 일인 **디자인 QA** Quality Assurance가 시작됩니다. 실제 사용자에게 나가기 전 제품이 의도대로 잘 구현되었는지 확인하고, 대부분의 고객에게 우리의 기획과 화면을 의도대로 전달할 수 있는지 확인하는 일입니다. 이러한 과정도 프로덕트 디자이너가 제품을 실제 환경에 내보내기 전에 맡는 중요한 업무 중 하나입니다.

디자인 QA에서 고려할 상황 예시

디자이너가 디자인 QA를 할 때 실제로 어떤 사항을 고려해야 할까요? 사용자가 사용하는 전체 환경을 살펴보면 확인해야 할 화면이 정말 많습니다. 그런데 실제 배포하기 전까지 우리에게 주어진 시간은 적고, QA 말고도 해야 할 작업은 많습니다. 과연 이 다양한 화면을 모두 챙길 수 있을까요? 1인 디자이너에게는 현실적으로 불가능할 수 있습니다. 하지만 그런 환경에서도 디자이너는 최대한 많은 고객이 의도한 대로 화면을 접할 수 있도록 노력해야 하는데요. 디자인 QA에서 우선적으로 체크해야 할 사항을 정리해 보았습니다.

1. 우리 서비스를 사용하는 대부분의 사용자 환경에서 구현된 화면과 플로가 의도한 기획과 일치하는가?
2. 최초 디자인 시안과 얼마나 근접한 상태로 구현되었는가?
3. 우리 서비스가 공식적으로 지원하는 하위 호환 버전에서 치명적인 디자인 오류가 발생하는가?

✅ **궁금해요!** **하위 호환이 무엇인가요?**

우리가 만든 소프트웨어가 예전 버전에서도 잘 돌아가게 지원하는 것을 하위 호환이라고 합니다. 오래된 핸드폰이나 컴퓨터에서 이번 OS 버전 업데이트를 더 이상 지원하지 않는다는 공지를 받아 본 적 있나요? 우리가 만들 디지털 소프트웨어도 하위 호환을 어디까지 지원할지 결정해야 합니다. 너무 오래된 버전까지 대응하려다 보면 그만큼 시간이 오래 걸리고, 대부분의 사용자들은 최신 OS를 자동 업데이트하므로 효용이 낮아집니다. 예전 버전에서 적용할 수 없는 UI 라이브러리를 사용했거나, 예전 OS 버전의 폰트가 깨져 보이는 등의 이슈에 어떻게 대응할 것인지 고민해 볼 수도 있겠습니다.

그렇다면 막상 디자인 QA를 할 때 '대부분의 사용자 환경'이라는 것은 어떻게 정의하고 확인해야 할까요? 다음처럼 구체적인 예시 상황을 설정해 보고, 이때 고려할 디자인 QA 환경을 생각해 보겠습니다.

- 예시 상황: 앱 메뉴에서 추천 콘텐츠 속 링크를 클릭하면 앱 바깥으로 이동합니다. 이때 사용자는 외부 브라우저를 사용해 해당 링크의 웹 페이지를 보게 됩니다.
  1. OS 환경, 버전(안드로이드 9)
  2. 기기 종류(갤럭시 노트 10)
  3. 브라우저 환경, 버전(크롬 96)
  4. 본 서비스 배포 환경, 버전(맛보기 앱, 2022-12-14 dev 환경 배포, 1.7.3)

디자인 QA 시 현실적으로 모든 사용자 케이스를 검수할 수는 없습니다. 제품 출시 주기는 짧고, 사용자 환경은 너무 다양하며, 디자이너는 QA 말고도 다양한 업무를 소화해야 하기 때문입니다. 그러므로 디자이너는 프로젝트에 가장 알맞은 QA 방식을 조사, 제안, 합의하여 효율적으로 디자인 QA를 진행하는 것이 좋습니다.

디자인 QA 우선순위 정하기 — 브라우저

웹 서비스를 사용하는 곳이라면 어디에나 브라우저가 있습니다. 앱 속에 있을 수도 있고, 브라우저 자체가 하나의 서비스일 수도 있습니다. SNS 앱에서 링크를 클릭하면 새 창이 뜨는데요. 이는 대부분 그 앱에서 해당 링크의 페이지를 보여 주는 브라우저를 개발한 것입니다.

조금 더 친숙한 예를 들어 볼게요. 컴퓨터를 켜고 인터넷을 들어가기 위해 어떤 행동을 하나요? 대부분 구글 크롬이나 사파리를 실행할 것입니다. 그 밖에 파이어폭스, 마이크로소프트 엣지, 오페라, 네이버 웨일 등 세상에는 수많은 인터넷 브라우저가 있는데요. 디자인 QA를 할 때 이런 다양한 브라우저 환경에서 새로 디자인한 화면이 의도한 대로 구현되는지 확인해야 할 때도 있습니다. 디자인한 화면을 웹에서 개발하고 구현하는 과정 중 브라우저마다 관련 코드를 해석하고 보여 주는 방식이 다르기 때문입니다.

다만 효율성을 위해 디자이너는 집중해서 살펴야 할 사용자 환경을 골라야 합니다. 먼저 사용자가 가장 많은 브라우저 환경을 '필수'로 정의합니다. 대개 최신 버전의 크롬이 기준이 될 것 같지만, 우리 서비스의 고객을 중심으로 확인할 수 있는 브라우저 관련 데이터가 있다면 참고해서 적용하는 것이 좋습니다. 대체로 최신 버전의 크롬이 브라우저 기준이 되는 이유도 이를 사용하는 고객이 많기 때문입니다. 따라서 실제로 우리 서비스 플로에서 가장 많이 사용하는 브라우저 환경을 우선적으로 확인합니다.

두 번째로, 다수는 아니지만 유의미한 수준으로 사용자가 사용 중인 브라우저 환경을 고릅니다. 이때 필수 브라우저와 비교했을 때 구현되는 화면이 상당히 다르게 보이는 브라우저를 고르는 것이 좋습니다. 의도치 않은 이슈를 찾아낼 확률이 높기 때문입니다. 최신 버전 크롬을 필수 브라우저로 선정했다면 사파리나 오페라, 파이어폭스 등을 확인해 보는 것도 좋습니다.

세 번째로, 이번 디자인의 중요도를 체크합니다. 메이저 버전의 앱을 업데이트할 때 확인해야 할 QA 분량은 패치 수준과는 다를 수 있기 때문입니다. 급한 이슈라 빠르게 반영되어야 할 경우, 정말 필요한 화면만 우선적으로 반영하는 것도 좋습니다.

마지막으로, 브라우저 환경 외에도 OS 환경과 버전, 기기 종류, 이번 서비스의 배포 환경과 버전에도 앞에서 설명한 기준을 참고해서 우선순위를 적용합니다.

디자인 QA 예시

다음은 실무 디자인 핸드오프 상황에서 발생할 수 있는 디자인 QA 예시를 모아 보았습니다. 예시 상황을 모두 고쳐야 하는 것이 아니라, 일단 어떤 부분이 이슈가 될 수 있는 상황인지 인지하는 것이 가장 중요합니다. 이후 상황에 따라 문제점을 정리해서 중요도의 우선순위를 정해서 해결해야 합니다. 어떤 문제점이 있을지 디자인 QA 예시를 함께 살펴볼까요?

- 기준 브라우저, 기준 기기에서 발생하는 레이아웃 깨짐(예: 크롬, 아이폰 12의 화면이 시안과 다르게 구현됨)
- 기준은 아니지만 사용자가 많이 사용하는 기기의 레이아웃 깨짐(예: 스크롤되지 않는 화면인데도 화면 바깥으로 나가 UI가 잘림)
- 기준보다 훨씬 큰 기기에서 모바일 UI 디자인이 과도하게 늘어난 상태로 적용됨(예: 아이패드)
- 24dp로 적용되어야 할 아이콘 애셋 내보내기가 잘못되어 21.33dp로 적용됨
- 폰트가 특정 기기에서 적용되지 않음
- 특정 디자인 요소가 보이지 않음(예: 스크롤 시 버튼의 그라디언트)
- 비트맵 이미지 애셋의 해상도가 너무 낮게(1x) 구현됨(예: iOS 14.2에서 온보딩 일러스트의 해상도가 깨짐)
- 아이콘, 버튼 등 애셋의 마진, 패딩이 디자이너가 의도한 대로 반영되지 않음
- 디자인 시스템(미리 정의한 인터랙션, 헥스 코드, 텍스트 스타일)이 제대로 적용되지 않음. 이럴 때에는 개발자에게 정의된 색상을 사용해 달라고 안내해야 합니다. 이를 고려하지 않고 구현하면 처음에는 괜찮아 보일 수도 있지만 앞으로 애셋을 일괄 변경해야 할 때 수정 사항을 일일이 작업할 수도 있기 때문입니다. 디자이너와 개발자가 이 문제를 함께 챙긴다면 QA를 하거나 일괄 수정할 때 시간을 아낄 수 있습니다.
- 다크 모드: 다크 모드 대응 색상이 제대로 적용되지 않은 경우. 2021년부터 다크 모드는 다양한 OS에서 지원하고 있는 기능이므로, 이것도 서비스 개발에 반영할지 결정해야 합니다. 구축 초기부터 다크 모드를 고려해서 디자인 시스템을 만들고 스타일 가이드나 네이밍을 했다면 더욱 수월하게 화면을 관리할 수 있습니다. 2023년에 추가된 배리어블 기능을 활용하면 비교적 수월하게 다크모드 대응 작업을 진행할 수 있습니다.

✅ 궁금해요! **개발자가 원본 컴포넌트를 바로 참고할 수 있게 공유할 수 있나요?**

피그마 보기 권한으로 파일을 열어도 디자인할 때와 마찬가지로 컴포넌트 원본을 조회할 수 있는데요. 조회 방법을 안내하면 더욱 효과적으로 협업할 수 있습니다. 현재 UX 플로에 해당하는 케이스 이외에도, 디자인 시스템 컴포넌트 제작 시 어떤 의도를 갖고 디자인했는지 개발자가 상세하게 알 수 있다면 총체적인 관점에서 컴포넌트를 이해하고 구현할 수 있기 때문입니다.

Inspect 모드에서도 속이 꽉 찬 컴포넌트 아이콘을 클릭해 원본 컴포넌트를 조회할 수 있습니다.

서비스를 효과적으로 출시하려면 디자인에서 고려할 사항을 개발자와 커뮤니케이션하는 것이 중요합니다. 서비스를 처음 개발할 때 이해관계자와 체계적으로 공유하고 가이드하는 것도 좋은 방법입니다. 디자인 QA를 시작하기 전에 베리언트나 색상 스타일 등 다양한 값을 지닌 컴포넌트를 잘 이해했다면 서비스를 더욱 효과적이면서 안정감 있고 빠르게 출시할 수 있기 때문입니다.

적절한 시점에 디자인 리뷰 미팅을 주선하는 것도 좋은 방법입니다. 피그마 컴포넌트를 잘 만들어 두면 누구나 어느 정도 인지할 수는 있지만, 프로젝트 초기에 디자이너가 컴포넌트를 만든 의도와 사용법을 직접 설명하고 개발자에게 피드백을 받아 컴포넌트를 발전시킨다면 완성도와 임팩트를 높일 수 있습니다.

프로토타입이나 UX 플로 작업을 할 때 인터랙션을 함께 가이드하는 것도 중요합니다. 플로를 확인할 때 필요한 프로토타입 링크를 따로 따서 공유하는 것도 좋고, 노션이나 컨플루언스, 지라 등 문서 툴에 해당 프로토타입 플로를 함께 임베드(embed)할 수도 있습니다. 인터랙티브 컴포넌트를 활용해 인터랙션을 컴포넌트에 포함시켰다면 이러한 인터랙션을 적용할 만한 사례나 구조 등도 안내하면 좋습니다.

찾아보기

Web Programming Course
웹 프로그래밍 코스

웹 기술의 기본은 HTML, CSS, 자바스크립트!
기초 단계를 독파한 후 응용 단계로 넘어가세요!

기초 단계

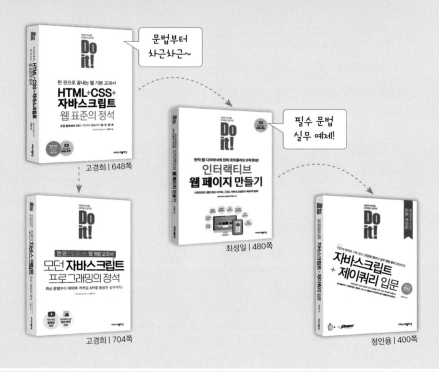

문법부터 차근차근~

한 권으로 끝내는 웹 기본 교과서
HTML+CSS+ 자바스크립트
웹 표준의 정석

고경희 | 648쪽

필수 문법 실무 예제!

인터랙티브 웹 페이지 만들기

최성일 | 480쪽

한 권으로 끝내는 웹 개발 교과서
모던 자바스크립트 프로그래밍의 정석

고경희 | 704쪽

자바스크립트 + 제이쿼리 입문

정인용 | 400쪽

응용 단계

반응형 웹 페이지 만들기

김운아 | 344쪽

클론 코딩 줌 zoom

니꼴라스, 강윤호 | 296쪽

클론코딩 영화 평점 웹서비스

니꼴라스, 김형태 | 248쪽

클론코딩 트위터

니꼴라스, 김준혁 | 256쪽

나는 어떤 코스가 적합할까?

A 웹 퍼블리셔가 되고 싶은 사람

- Do it! HTML+CSS+자바스크립트 웹 표준의 정석
- Do it! 인터랙티브 웹 페이지 만들기
- Do it! 자바스크립트+제이쿼리 입문
- Do it! 반응형 웹 페이지 만들기
- Do it! 웹 사이트 기획 입문
- Do it! 프런트앤드 UI 개발

B 웹 개발자가 되고 싶은 사람

- Do it! HTML+CSS+자바스크립트 웹 표준의 정석
- Do it! 모던 자바스크립트 프로그래밍의 정석
- Do it! 클론코딩 줌
- Do it! 클론 코딩 영화 평점 웹서비스 만들기
- Do it! 클론 코딩 트위터
- Do it! Node.js 프로그래밍 입문

기초
단계

박응용 | 432쪽

김성엽 | 576쪽

김동형 | 856쪽

시바타 보요, 강민 역 | 408쪽

시바타 보요, 강민 역 | 452쪽

시바타 보요, 강민 역 | 424쪽

응용
단계

김창현 | 296쪽

강성윤 | 720쪽

김종관 | 564쪽

나는 어떤
코스가
적합할까?

A 파이썬 개발자가 되고 싶은 사람

- Do it! 점프 투 파이썬
- Do it! 점프 투 파이썬 — 라이브러리 예제 편
- Do it! 파이썬 생활 프로그래밍
- Do it! 점프 투 장고
- Do it! 점프 투 플라스크
- Do it! 장고+부트스트랩 파이썬 웹 개발의 정석

B 자바·코틀린 개발자가 되고 싶은 사람

- Do it! 점프 투 자바
- Do it! 자바 완전 정복
- Do it! 자바 프로그래밍 입문
- Do it! 코틀린 프로그래밍
- Do it! 안드로이드 앱 프로그래밍
- Do it! 깡샘의 안드로이드 앱 프로그래밍
  with 코틀린

AI & Data Analysis Course

인공지능 & 데이터 분석 코스 | 인공지능, 데이터 분석도 Do it! 시리즈와 함께! 주어진 순서대로 차근차근 독파해 보세요!

인공 지능

Do it! 정직하게 코딩하며 배우는 **딥러닝 입문**

박해선 | 328쪽

Do it! 파셉트론부터 GAN까지 핵심 이론 총망라! **딥러닝 교과서**

윤성진 | 432쪽

이론을 더 깊게~

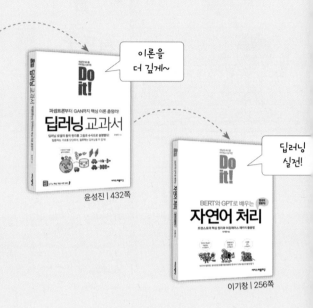

Do it! BERT와 GPT로 배우는 **자연어 처리**

이기창 | 256쪽

딥러닝 실전!

데이터 분석

Do it! 쉽게 배우는 **R 데이터 분석**

Do it! 쉽게 배우는 **R 텍스트 마이닝**

김영우 | 376쪽

김영우 | 344쪽

Do it! 쉽게 배우는 **파이썬 데이터 분석**

김영우 | 472쪽

Do it! 부동산 빅데이터 분석 전 과정 수록! **공공데이터로 배우는 R 데이터 분석** with 샤이니

김철민 | 248쪽

나는 어떤 코스가 적합할까?

A 인공지능 개발자가 되고 싶은 사람

- Do it! 점프 투 파이썬
- Do it! 정직하게 코딩하며 배우는 딥러닝 입문
- Do it! 딥러닝 교과서
- Do it! BERT와 GPT로 배우는 자연어 처리

B 데이터 분석가가 되고 싶은 사람

- Do it! 쉽게 배우는 파이썬 데이터 분석
- Do it! 쉽게 배우는 R 데이터 분석
- Do it! 쉽게 배우는 R 텍스트 마이닝
- Do it! 데이터 분석을 위한 판다스 입문
- Do it! R 데이터 분석 with 샤이니
- Do it! 첫 통계 with 베이즈